CONTES
DE LA VIE NOUVELLE
avec MEHER BABA

CONTES DE LA VIE NOUVELLE

avec MEHER BABA

Racontés par
ERUCH, MEHERA, MANI, MEHERU ET RANO

et présentés par DON E. STEVENS

avec des illustrations de
HEATHER DAWN ROTRAMEL

Traduits de l'anglais et revus par
JEAN GOUSSEFF

COMPANION BOOKS ♥ Asheville

2024

Traduction de *Tales from the New Life with Meher Baba*.

Première édition du texte original anglais publié par les éditions The Beguine Library, Berkeley, Californie, États-Unis en 1976, présentée par D. E. Stevens, Rick M. Chapman, James M. Hastings, et Gary et Patty Freeman.

Deuxième édition revue et augmentée, parue aux éditions Meher Mownavani, Hyderabad, Telangana, Inde en 2024, sous la direction de Ward Parks.

Publié en 2024 par les éditions Companion Books,
Asheville, Caroline du Nord, États-Unis d'Amérique.
www.companionbooks.org

© Copyright 1976, 2024
Avatar Meher Baba
Perpetual Public Charitable Trust,
Ahmednagar, Maharashtra, Inde. Tous droits réservés.

Illustrations : © copyright 2024 Heather Dawn Rotramel.
Tous droits réservés.

ISBN 978-0-956-55304-1

PRÉFACE
DE L'ÉDITION FRANÇAISE

Le 16 octobre 1949, Meher Baba a entamé avec vingt compagnons ce qu'il a appelé une « Vie nouvelle » de désemparement et d'inespérance, se reposant entièrement sur Dieu. Durant les mois précédant ce jour, il a clos toutes ses activités passées, fermé ses anciens ashrams de Meherabad et Meherazad, puis a indiqué à tous qu'il allait rompre ses liens avec ses disciples de l'« Ancienne Vie », qui devaient ainsi renoncer à l'espoir de jamais le revoir. Cette nouvelle, annoncée par surprise, a eu la force d'un cataclysme sur ceux qui, dans le monde entier, avaient structuré toute leur vie autour de leur relation avec lui. Quand il a ajouté qu'il délaissait le statut qu'il avait dans l'Ancienne Vie, où il avait le rôle d'un sadgourou ou maître divinement réalisé, pour devenir un homme ordinaire à la recherche de Dieu, l'effet a été doublement retentissant.

De 1949 à 1952, Meher Baba et ses compagnons ont erré à travers l'Inde, mendiant leur nourriture et logeant souvent à la belle étoile, s'établissant parfois dans un certain lieu pour repartir au bout de quelque temps. Au long de toute cette période, le seul canal de communication qui reliait Baba à ses adeptes de l'Ancienne Vie a consisté en trente-quatre circulaires, les *New Life Circulars* (« circulaires de la Vie nouvelle »), publiées et distribuées depuis le domicile du secrétaire de Baba, Adi K. Irani, à Ahmednagar.

Au début du mois de février 1952, selon ses déclarations publiées dans la première *Life Circular* (« circulaire de la Vie »), il avait « retrouvé la Connaissance, la Force et la Grandeur » de son état de Meher Baba de l'Ancienne Vie, tout en conservant l'« ignorance, la faiblesse et l'humilité de la Vie nouvelle ». Et c'est ainsi, du moins formellement, qu'a pris fin la Vie nouvelle de Meher Baba.

Les disciples de Meher Baba ont toujours considéré la Vie nouvelle comme l'une des périodes les plus mystérieuses et pourtant fondamentale de son ministère. Cependant, parce qu'il avait rompu le contact avec eux, ceux-ci n'avaient qu'une connaissance très superficielle de ces années-là quand il a abandonné son corps physique en 1969. C'est dans ce contexte que Don Stevens, un proche disciple occidental qui avait édité certains de ses ouvrages les plus importants, a pris l'initiative de procéder à des entretiens, enregistrés sur bande magnétique, avec certains compagnons de la Vie nouvelle. The Beguine Library, une maison d'édition américaine, en a publié la transcription quelques années plus tard, sous la forme de l'édition originale anglaise du présent volume, *Tales from the New Life with Meher Baba*.

Durant les quelque vingt-cinq années qui ont suivi cette publication, de nouveaux ouvrages en anglais ont considérablement approfondi et enrichi notre connaissance de la Vie nouvelle. Pourtant, ce qui donne encore aujourd'hui aux *Contes de la Vie nouvelle avec Meher Baba* leur valeur spécifique, c'est la fraîcheur et la vitalité des réminiscences qu'ils évoquent. En 1972, Eruch, Mani, Mehera, Meheru et les autres vivaient encore dans le sillage presque immédiat de la période de la Vie nouvelle et racontaient la plupart de ces histoires pour la première fois. Le choix judicieux de Don de préserver ces conversations sous forme de dialogue invite le lecteur à entrer dans l'esprit du Meherazad du début des années 1970, quand Eruch et Mani dans le Mandali Hall, ou Mehera sur la véranda de la maison de Baba, laissaient leur cœur se déverser, évoquant dans l'intimité de ces lieux cette période telle qu'ils en avaient fait l'expérience.

Les *Contes de la Vie nouvelle* présentent ainsi pour la première fois au public francophone cette période particulière dans la vie de Meher Baba. Quelque temps avant sa mort en 2011, l'enthousiasme autour du projet de ce francophile qu'était Don Stevens a permis de débuter la traduction de

Tales from the New Life with Meher Baba. Alors qu'approchaient les dernières phases de relecture, l'Avatar Meher Baba Trust en Inde, détenteur des droits, décida de publier une deuxième édition de l'original anglais, revue, corrigée et augmentée de notes, d'un supplément et d'une nouvelle introduction. Nous avons saisi l'opportunité de ce travail pour corriger quelques erreurs qui s'étaient glissées dans la première édition et ajouter à la traduction certains des éléments inclus dans la nouvelle édition, en nous inspirant notamment de la nouvelle introduction rédigée par Ward Parks pour les besoins de l'édition française. Nous avons aussi choisi d'aérer le flot du texte, de le segmenter en quelques chapitres, mais surtout d'inclure des illustrations, réalisées par Heather Dawn Rotramel, dans le souci de refléter le mot « conte » inclus dans le titre, qui ajoute un élément universel et intemporel à des récits qui décrivent pourtant des faits bel et bien réels. Dans cet esprit, une chronologie des évènements les plus saillants offriront au lecteur des repères utiles à la lecture.

Le texte original comporte un certain nombre de termes issus des langues indiennes, soit pour décrire des aspects de la vie courante, soit au cours de discussions de nature spirituelle. Pour ne pas alourdir inutilement le texte, nous avons choisi de les présenter en italique sous leur forme invariable, puis de composer les occurrences suivantes en caractères romains et de leur faire suivre les règles de la grammaire française. Ainsi, le terme mandali (adjectif et substantif signifiant littéralement « qui fait partie du cercle ») sera accordé en genre et en nombre selon le contexte. Dans un même esprit de fidélité et d'adaptation, nous avons fait, autant que possible, le choix de refléter dans la traduction le genre des substantifs de langue indienne. Ainsi les mots chapati, bhakri, jholi, dhouni seront utilisés au féminin dans le texte tandis que mela sera masculin. L'orthographe du mot d'origine persane *dāman* (jupe, ourlet, avec un sens mystique) a été francisée en dâmane.

Nous souhaitons évoquer à présent la traduction des mots « Manonash » et « mind ». Comme nous le verrons dans les récits qui suivent, Meher Baba a utilisé ce mot d'origine sanskrite pour désigner une des périodes de la Vie nouvelle. En sanskrit, ce mot est composé de *manas* et *nāśa*, qui signifient respectivement selon le dictionnaire[1] «pensée, esprit (intellect, affectivité, volition, perception); avis, opinion; intention, goût pour; principe vital» et «perte, ruine, disparition, destruction, anéantissement». Meher Baba a traduit lui-même en anglais le terme tantôt par «mental annihilation», tantôt par «annihilation of the mind». Le français n'ayant aucune traduction équivalente à *manas* ou à *mind*, nous avons choisi de traduire *manonash* par «annihilation mentale», et *mind*, en tant que terme isolé dans un contexte similaire, par «esprit», tel que défini ci-dessus, et non dans le sens judéo-chrétien de «principe de vie». Nous avons choisi d'écarter «mental» utilisé de nos jours comme substantif, car ce dernier est fréquemment associé ou confondu avec l'ego; or ce n'est pas ce dont il est question ici. Nous recommandons aux personnes désirant en savoir plus sur ce sujet complexe et énigmatique de consulter *Meher Baba and the God-Determined Step* (en anglais, non traduit à ce jour), par Ramjoo Abdulla, disponible sur Internet en accès libre.

De nombreuses personnes ont participé de façon très diverse afin de rendre ce travail possible. L'édition originale de *Tales from the New Life with Meher Baba* a été réalisée à partir de transcriptions d'enregistrements sur bande magnétique d'entretiens entre D. E. Stevens et Eruch B. Jessawala, Mehera J. Irani, Mani S. Irani, Meheru R. Irani, et Madeleine E. «Rano» Gayley, disciples de Meher Baba. Le texte a été édité par D. E. Stevens, Rick M. Chapman, James M. Hastings et Gary et Patty Freeman, avec des remerciements particuliers à Georgina San Roque, Barbara Amos, et the Society for Avatar Meher Baba. L'introduction, rédigée par Craig San Roque, n'a pas été retenue pour la traduction.

---

1 N. Stchoupak, L. Nitti et L. Renou, *Dictionnaire sanskrit-français*, Paris, Adrien-Maisonneuve, 1959.

La deuxième édition a été réalisée sous les auspices de l'Avatar Meher Baba Perpetual Public Charitable Trust à Ahmednagar, en Inde, sous la direction de Ward Parks.

Nous ne saurions terminer sans remercier chaleureusement Heather Dawn Rotramel pour ses magnifiques illustrations et vignettes et sa participation à la couverture, réalisée par Pranita Laddha envers qui nous avons aussi une immense gratitude. Nous sommes également reconnaissants à Sylvie Bonnaire, Guy Bourdiau, Armelle Lefebvre, Marie Millet, Anne Moreigne, Corinne Rauch Defoulounoux et James Rauch pour leur aimable et formidable travail de relecture et de corrections, ainsi qu'à Sheila Krynski pour ses précieux conseils et son expertise. Ce livre n'aurait pas pu voir le jour sans le soutien de Claude Longuet, Debbie Sanchez, Sevn McAuley, la fondation « Beads On One String », l'association des amis de Meher Baba et l'Avatar Meher Baba Trust. Nous les remercions du fond du cœur.

De nombreux livres écrits par Meher Baba ou à son sujet sont disponibles en français et en anglais. Nous invitons chaleureusement les lecteurs qui souhaitent se familiariser avec sa vie et ses écrits à entrer en contact avec l'association des amis de Meher Baba[1] (meherbaba.fr). Ils peuvent aussi consulter le site de l'Avatar Meher Baba Trust (avatarmeherbabatrust.org), et le site d'information européen meherbaba.eu/fr.

---

1 Association des amis de Meher Baba, 7, rue d'En Bas, 10130 Chessy-les-Prés, France.

AVANT-PROPOS

MEHER BABA, ou « Père compatissant », fut l'un des plus fascinants maîtres contemporains de la vie intérieure. Né Merwan Irani à Poona, en Inde, en 1894, il fut rebaptisé Meher Baba par les toutes premières personnes qui ont ressenti pour lui un amour plus fort que s'il n'était qu'un simple être humain.

En janvier 1969, Meher Baba a abandonné son corps, pour utiliser son langage. Cela ne semble pas avoir freiné la vitalité des forces qu'il a mises en mouvement dans le monde contemporain. Cette observation nous laisse penser qu'il était de ceux qui ont cette éternelle capacité à toucher du doigt la Vérité, qui est la marque des grands hommes célèbres, scientifiques, poètes, musiciens, mystiques et philosophes; de ceux qui fournissent à l'humanité, au long des âges, les clés et le soutien qui lui sont nécessaires dans sa quête continue du sens de son existence. Parmi les signes les plus importants qui l'identifient comme un très grand maître, ajoutons le fait qu'il a déclaré sans détour qu'il est l'Avatar, ou le Christ, de notre époque, et qu'il a observé le silence de 1925 jusqu'à ce qu'il abandonne son corps en 1969.

Meher Baba nous a présenté de nombreuses énigmes; les réponses qu'il a fournies à nombre de ces questions sont restées mystérieuses. Une des plus obscures de toutes a été la « Vie nouvelle » qu'il a menée avec quelques disciples triés sur le volet, de 1949 à 1951. Il n'avait jamais été possible de recueillir l'essence même d'une telle expérience auprès de ceux qui y ont participé. Les histoires présentées dans les pages qui suivent décrivent des péripéties profondément émouvantes, mais elles posent en même temps des questions très déroutantes dans le domaine de la recherche intérieure.

Après plus de vingt-cinq années de vie intime avec un groupe de disciples dévoués, dans une atmosphère de relation gourou-disciple conforme globalement et strictement à la structure classique, Meher Baba annonça un jour de 1949 qu'il avait l'intention de rompre avec tous ses liens antérieurs pour s'embarquer avec quelques-uns de ses proches dans une Vie nouvelle. Cet ouvrage décrit les aspects extérieurs, et peut-être certains des aspects intérieurs de cette période, grâce aux souvenirs de plusieurs des participants à cette Vie nouvelle.

Vingt-cinq autres années se sont écoulées depuis ces événements. Des trous de mémoire et des incohérences apparaissent. Je n'ai pas tenté de les concilier, ni de les interpréter. La puissance de cette histoire parle d'elle-même. Elle pèsera de tout son poids dans l'inspiration de ceux qui sont à la recherche de la réalité cachée derrière l'énigme de leur vie.

D. E. Stevens

Madrid, 2 avril 1974.

Cette Vie nouvelle n'a pas de fin. Même après ma mort physique, elle sera gardée vivante par ceux qui mènent une vie de renoncement complet à la fausseté, aux mensonges, à la haine, à la colère, à l'avidité et à la luxure ; et qui, dans ce but, ne commettent aucune action lascive, ne causent de tort à quiconque, ne médisent pas, ne recherchent ni possessions matérielles ni pouvoir, n'acceptent aucun hommage, ne convoitent pas les honneurs ni n'esquivent le déshonneur, et ne craignent rien ni personne ; par ceux qui s'en remettent totalement et uniquement à Dieu, et qui aiment Dieu purement et simplement parce qu'ils l'aiment ; qui ont foi en ceux qui aiment Dieu et en la réalité de sa manifestation, et qui n'attendent cependant aucun bienfait matériel ou spirituel en retour ; ceux qui ne lâchent pas la main de la Vérité et qui, insensibles aux calamités, font face aux épreuves avec courage et de tout leur cœur, dans une totale bonne humeur, et qui n'attachent aucune importance aux castes, aux croyances et aux cérémonies religieuses.

Cette Vie nouvelle vivra d'elle-même éternellement, même s'il n'y a personne pour la vivre.

Meher Baba
1er mars 1950

SOMMAIRE

Préface de l'édition française	i
Avant-propos, par Don E. Stevens	v
Cette Vie nouvelle n'a pas de fin, par Meher Baba	vii
Introduction, par Don E. Stevens	1
Chanson de la Vie nouvelle, par le Dr Ghani	2
Le récit d'Eruch	5
Le récit de Mehera et Meheru	185
Le récit de Mani	241
Chronologie	271

INTRODUCTION

PEU DE TEMPS après que Meher Baba eut abandonné son corps, Eruch, alors que nous étions ensemble à Ahmednagar, fut disposé à raconter quelques-uns de ses souvenirs de la Vie nouvelle. Plusieurs femmes mandalies, ayant eu vent du projet, furent également ravies d'ajouter les leurs. Comme Murshida Duce m'avait fortement incité à préserver ce genre de documentation sous une forme durable pour la postérité, j'ai demandé si je pouvais enregistrer les récits, ce qui fut accepté.

Mettant nettement en valeur l'aspect humain du Dieu-Homme, les enregistrements évoquaient avec une si riche fragrance la vie avec l'Avatar que j'ai demandé si je pouvais en faire une transcription, dans le but de la publier pour rendre ces archives plus accessibles. À nouveau, la réponse fut affirmative.

C'est alors que les difficultés sont apparues. Le projet original était personnel et certaines parties se présentaient sous forme de dialogue. Par ailleurs, la comparaison des récits des uns et des autres révélait des incohérences. La décision à prendre était la suivante : soit conserver la forme originale enregistrée et la réviser seulement pour permettre une lecture plus aisée, soit réécrire la totalité sous la forme d'une suite d'histoires. Les mandalis qui avaient participé aux enregistrements m'ont laissé le choix. Bien que j'aie mis plusieurs mois à prendre cette décision, il n'y a jamais eu vraiment de doute dans mon esprit. Les premiers enregistrements publics de documents originaux doivent être aussi proches de l'original que possible. Puis, à partir de cette base incontestable, les écrivains pleins de talent et les commentateurs des générations à venir pourront donner de magnifiques interprétations pour plaire à tous les goûts. Je savais que si j'avais moi-même essayé de le faire, j'aurais perdu la saveur exquise de la présence du Bien-aimé qui s'exprime à travers les récits des mandalis.

D. E. Stevens
Madrid, 19 juin 1975.

CHANSON DE LA VIE NOUVELLE
DE MEHER BABA ET DE SES COMPAGNONS

Écoutez les paroles silencieuses de Meher Baba
Elles expriment l'histoire de tous les amants de Dieu.
Si vous voulez entreprendre la Vie nouvelle,
Alors, de tout cœur, renoncez à ce monde éphémère.

Sur notre chemin, Dieu est notre seul soutien,
Par notre serment s'avivent nos desseins.
Nous chantons une ode de l'infortune,
Nous convions malheurs et calamités.

Sur les espoirs, point de pleurs, envers les promesses, pas de griefs ;
Aucune soif des honneurs, aucune peur de la disgrâce ;
Aucune sorte de médisance, ni de crainte de personne.
De notre vie présente, voilà bien la couleur.

Plus de trouble dans les pensées, des attachements, plus rien ne reste
Pas d'arrogance, ni de colère, pas de désirs, ni de concupiscence.
Plus de lien avec les dogmes, plus de soucis, ni de l'âme, ni du corps.
Le sheikh et le brahmane voguent dans un seul navire.

Pour nous, il n'y a ni grand ni petit,
Il n'y a plus de maître, de disciple et de Seigneur.
Ensemble, unis dans un lien fraternel,
nous faisons nos délices de la souffrance et de la peine.

Ce monde et le suivant, l'enfer et le paradis,
Les pouvoirs et la magie, les apparitions et les miracles,
Toutes ces chimères, nous les avons chassées de notre cœur.
Ce qui compte désormais, c'est ici et maintenant.

Très chers, écoutez avec votre cœur ces mots de Baba :
« À présent ma valeur est à la vôtre pareille,
pourtant, mes ordres, qu'ils soient bons, mauvais ou étranges,
suivez-les sans délai, avec Dieu comme secours.

« Même si le malheur et l'infortune s'abattent sur vous depuis les cieux,
Que de vos mains ne s'échappe le dâmane de la Vérité.
Le désespoir et la désolation peuvent bien ravager votre jardin,
Avec foi, vous y replanterez vignes et bosquets.

« Allez le cœur percé de lames et le sourire aux lèvres !
Car voici une énigme que je vous dévoile :
Votre misère recèle une telle fortune
Que les rois jalouseront votre indigence.

« Il ne fait aucun doute que Dieu existe, et en vérité est le Prophète
À chaque époque, l'Avatar, un saint à chaque instant,
Mais pour nous, il n'y a qu'impuissance et délaissement ;
Cette Vie nouvelle, comment pourrais-je la décrire autrement ? »

Une traduction de la chanson
composée en ourdou par le Dr Ghani
le 31 octobre 1949

« Laisse l'oiseau tranquille ! Nous avons commis une grave erreur. »

LE RÉCIT D'ERUCH
avec Mani et Rano

Nous avons commis une grave erreur
Les oiseaux de la mosquée d'Imampur, décembre 1951

Don Stevens — Nous sommes le 2 janvier 1972. Nous nous trouvons à Meherazad, installés dans le cabanon d'Eruch. Celui-ci va nous raconter le dernier jour de voyage de la Vie nouvelle de Baba, qui s'est déroulé pas très loin d'ici.

Eruch *(prononcer « É-reutch »)* — Il y a un endroit à environ douze kilomètres d'ici qui s'appelle Imampur, où Baba a fait halte la nuit avant d'atteindre Meherazad. Nous étions tous fatigués, car nous avions parcouru environ 24 kilomètres à pied ce jour-là. En chemin, Baba avait en outre continué à faire son travail, à rencontrer des gens, des *mast*, des fous, des pauvres, etc. Nous avions donc fait de nombreux détours, et n'avions atteint Imampur qu'à la nuit tombée, vers huit heures et demie du soir.

Là, Baba a désigné ce qui ressemblait à une maison, mais nous nous sommes souvenus que c'était une vieille mosquée utilisée comme gîte d'étape. Il nous a alors dit que nous allions rester là pour la nuit.

Du temps des Anglais, les officiers s'en servaient comme gîte, mais après l'Indépendance, les musulmans ont demandé qu'on la leur confie pour qu'ils puissent à nouveau l'utiliser comme mosquée. Elle leur appartient maintenant, mais ils ne l'entretiennent pas très bien. Quand nous y sommes entrés, elle était vide et n'avait pas été nettoyée; il y avait beaucoup de saletés. Il m'a fallu faire le ménage pour permettre à Baba de s'y reposer pour la nuit. Comme toujours, je devais m'occuper de son repas ; il nous a ensuite assigné nos tours de garde et a dit aux mandalis de dormir dehors comme d'habitude. J'ai fermé la porte de l'extérieur et j'ai commencé à monter la garde.

Au bout d'un certain temps, une demi-heure peut-être, Baba a frappé dans ses mains. Je suis entré dans la pièce pour lui demander ce qu'il voulait. Au début, tout cela avait lieu dans l'obscurité car nous n'avions ni lanterne, ni lampe de poche. Puis j'ai trouvé des allumettes que j'ai dû utiliser pour voir la réponse de Baba, puisque Baba observait le silence. Il a dit par gestes : « Qu'est-ce que ce ronflement qu'on entend ? Est-ce que les mandalis dorment à côté ? ». Je lui ai répondu que oui, mais qu'ils n'étaient pas si près. Baba m'a néanmoins demandé de les réveiller et de leur dire d'aller s'installer plus loin. J'ai donc réveillé les mandalis, qui étaient fatigués. Ils étaient trois, en plus de moi : Baidul, Gustadji et Pendu. Je leur ai dit de s'éloigner de là où dormait Baba, ce qu'ils ont fait ; et j'ai continué à monter la garde.

Au bout d'un certain temps, Baba m'a appelé à nouveau, et tandis que j'utilisais les allumettes pour observer ses gestes, il s'est plaint d'un bruit encore pire à l'intérieur de la pièce. Cela m'a surpris, car il n'y avait personne d'autre. Comment pouvait-il donc y avoir du bruit ? Baba m'a demandé de rester à l'intérieur pour en trouver l'origine. Tout à coup, j'ai entendu un bruissement d'ailes, et j'ai alors dit à Baba : « Il y a des oiseaux là-bas ». J'ai tenté de trouver où ils étaient. Puis j'ai dit : « Il y a un nid d'oiseau ».

Je me suis alors penché à nouveau pour voir les gestes de Baba, car il était couché sur un tapis placé à même le sol ; pas le genre de tapis qui est à la mode de nos jours, mais une natte très rugueuse qu'utilisent les bergers. Nous en avions une pour Baba dans nos affaires, et une pour chacun d'entre nous. J'avais étendu la mienne pour que Baba puisse s'y coucher, et il se servait de la sienne pour se couvrir le corps, car nous étions en hiver, c'était le mois de décembre. Après avoir informé Baba que j'avais découvert un nid dans la pièce, j'ai attendu ses ordres. Il m'a fait signe de jeter l'oiseau dehors ; je me suis donc dirigé vers le nid pour tenter, dans l'obscurité, de saisir l'oiseau pour le faire sortir.

Soudain, Baba a frappé dans ses mains avec insistance. Baba utilisait différentes sortes de claquements pour signifier différentes sortes de messages. Il y avait le claquement tranquille, il y avait l'applaudissement, et il y avait celui qui demandait une attention immédiate : il fallait alors tout laisser tomber et venir sur-le-champ.

Quand j'ai entendu ce signal, j'ai donc laissé l'oiseau pour revenir immédiatement auprès de lui. À nouveau, à l'aide d'une allumette, je me suis mis à déchiffrer ses gestes. Il m'a dit : « Laisse l'oiseau tranquille. Nous avons commis une grave erreur. » Puis Baba a commencé à me dire avec ses gestes qu'il était injuste de sa part de m'avoir donné cet ordre, et il m'a rappelé les directives inflexibles qu'il avait édictées pour sa Vie nouvelle. L'une d'entre elles stipulait que ceux d'entre nous qui étaient en service devaient le rappeler à l'ordre s'il donnait des ordres qui entraient en conflit avec les principes de base de la Vie nouvelle, comme le fait de ne pas faire preuve de cruauté, ne pas exprimer sa colère, et ainsi de suite.

C'était mon tour de garde, et je faisais partie des personnes à qui on avait dit de lui rappeler ces règles, mais je ne l'avais pas fait. J'avais accordé plus d'attention à suivre ses ordres et j'avais oublié ma responsabilité, qui était de lui rappeler les directives. C'était une grande erreur de ma part.

Tout cela se passait au beau milieu de la nuit, et là, Baba me faisait des signes pour tenter de me faire comprendre que nous avions commis une très grave erreur dans la Vie nouvelle. J'ai simplement dit oui et il a répondu, par gestes, que je devais lui rappeler cet incident le lendemain.

Nous nous sommes levés tôt le matin, et c'était ce jour-là que nous devions arriver à Meherazad. Nous devions nous lever bien avant que Baba sorte de sa pièce, car, bien sûr, nous devions être prêts à nous occuper de lui. Parfois, l'heure de la pause et du coucher correspondait avec celle du lever. Nous avions alors à peine une demi-heure pour nous allonger avant qu'il soit l'heure de se lever à nouveau.

Ce matin-là, à Imampur, nous étions prêts après nous être lavés à l'eau froide. Puis Baba m'a appelé et je l'ai aidé à se laver le visage. Vois-tu, Baba nous donnait toujours la possibilité de le servir, même s'il pouvait facilement se laver le visage lui-même. Je ne veux pas dire que je devais lui laver le visage, mais plutôt que je l'aidais à se laver le visage. Je versais de l'eau dans ses mains, puis je tenais la boîte à savon, et ensuite nous prenions le savon et nous l'appliquions sur le visage. Puis je tenais sa serviette. Il nous permettait de faire toutes ces petites choses pour lui, pour nous donner une occasion de le servir. Tout cela l'agaçait, mais malgré cela, comme il était infiniment plein de compassion, il nous donnait toujours la possibilité de lui rendre service.

Mani — Maladroitement…

Eruch — Oui, nous étions terriblement maladroits. Tu sais à quel point c'est difficile, quand le robinet coule, de laisser quelqu'un d'autre t'aider. On se sent tellement gauche. Mais il nous laissait faire, car il avait une compassion infinie, et cela nous rendait heureux. Il nous permettait à tous de penser que nous faisions quelque chose pour l'aider. C'est pour cela que je dis que « je l'aidais » à se laver le visage et à se rafraîchir. Puis il m'a dit de rassembler les autres mandalis, les trois qui restaient sur les vingt-deux[1]. C'était le dernier jour de la Vie nouvelle où nous devions marcher à pied et mendier la nourriture.

J'ai appelé les autres pour qu'ils viennent auprès de Baba, qui m'a dit de raconter toute l'histoire de la nuit précédente. Ensuite, il nous a fait comprendre que c'était une très grave erreur de ma part. J'étais censé lui rappeler la règle essentielle stipulant qu'il ne devait donner aucun ordre

---

[1] En fait, Meher Baba a entamé la Vie nouvelle en 1949 avec vingt compagnons seulement. Ed.

susceptible d'engendrer de la cruauté envers quiconque ou quoi que ce soit, et jeter dehors le nid aurait été d'une cruauté abominable. L'oiseau nichait avec ses oisillons et avait fait du bruit. Qu'y avait-il de mal à cela ? Pourquoi Baba devrait-il se comporter si cruellement envers ces petites créatures ? J'aurais dû lui rappeler cette règle, mais j'avais oublié ; Baba m'aurait fait jeter l'oiseau dehors, et cela aurait été la pire chose qui serait arrivée pendant la Vie nouvelle.

« Par chance, a dit Baba, j'ai rappelé la règle à Eruch à temps, car il l'avait complètement oubliée. » J'ai alors dit que c'était de ma faute, bien sûr. Baba a dit : « Maintenant, la seule chose à faire, c'est ceci : vous allez – tous les quatre – retirer vos sandales et me frapper avec. C'est un ordre que je vous donne. » Il nous fallait donc obéir à cet ordre.

Don — Combien de temps avez-vous dû le faire ?

Eruch — Deux ou trois coups de la part de chacun. Et il ne s'agissait pas juste de le tapoter du bout des sandales. Il était très sérieux, crois-moi. L'ordre devait être exécuté sans la moindre concession. Il s'agissait de frapper quelqu'un avec sa chaussure. Baba n'aimait pas que l'on fasse semblant. Nous avons donc tous fait ce qu'il demandait. Puis Baba nous a dit que le mieux était qu'il nous ordonne de lui cracher dessus. Nous avons dû exécuter cet ordre-là aussi, et puis c'en a été terminé.

Don — Mais en ce qui concerne cette grave erreur, Eruch ? Comment te sentais-tu ? Comment ressens-tu le fait que l'Avatar puisse commettre une erreur ?

Eruch — Ce n'était pas juste une erreur : c'était une opportunité. Tout ce que Baba prend sur lui est une occasion de plus qu'il donne à l'humanité de montrer comment l'homme devrait se comporter, sur terre, pendant cette vie.

Mani — Baba permet à ces choses d'arriver, pas pour lui, mais pour nous.

Don — Ce n'était donc pas une erreur de sa part, mais une opportunité ?

Eruch — Non, c'était bien une erreur. Baba, en tant qu'homme, avait commis cette erreur. Rappelle-toi, il est *devenu* homme. Il n'a jamais *joué à* *être* un homme, il est *devenu* un homme. C'était donc son erreur, mais c'était l'expression de l'immense compassion du Dieu-Homme. Il prend sur lui la responsabilité de toute l'histoire.

Mani — C'est ça.

Eruch — C'est la grande merveille que Dieu réalise quand, périodiquement, il descend en tant qu'homme et se mêle aux hommes en tant qu'homme, car il s'est fait homme. S'il ne prend pas la souffrance sur lui, il ne lui est pas possible de partager ou de réduire la souffrance humaine en prenant le fardeau sur lui. Ce genre de petit incident se reproduisait régulièrement. Son erreur en tant qu'homme n'est pas une erreur commise par Dieu. C'est un homme qui commet une erreur. Et c'est en tant que Dieu-Homme qu'il montre à l'humanité que nous ne devrions pas nous comporter de cette façon. Mais si nous le faisons, par inadvertance ou faiblesse, alors il y a certains remèdes que nous devons prendre. On doit devenir humble, contrebalancer l'action pleine d'arrogance, et c'est cette expression d'humilité qu'il nous a montrée. Étant notre compagnon, il a partagé ce petit secret avec nous. Et nous avons pu le frapper de nos chaussures et lui cracher dessus uniquement parce que nous étions si bien entraînés que nous étions obligés de lui obéir.

Nous étions comme des machines, vois-tu, mais nous avions aussi un cœur, et depuis ce jour-là nous n'avons pas oublié l'incident. Nous nous sommes comportés ainsi afin d'obéir au commandement de Baba, mais l'autre facette persiste encore dans nos cœurs : nous avions été responsables de ce que le Dieu-Homme avait été placé dans cette situation humiliante. Si je m'étais souvenu des ordres de Baba, cet incident ne se serait peut-être pas produit. Mais dire cela est aussi une manifestation d'arrogance de ma part. C'est lui qui veut donner l'exemple au monde, et donc il nous fait oublier, il nous fait nous souvenir, il nous fait faire des actions. C'est l'autre aspect des choses. Mais malgré tout, nous sommes humains ; nous ne sommes pas insensibles.

Il a consumé les rituels dans le feu
Manonash, décembre-janvier 1951-52

Mani — Baba est venu d'Imampur à Meherazad sans faire de halte, mais une fois arrivé, il est allé directement à la colline appelée Seclusion Hill ou colline de la Réclusion. Je me souviens qu'on nous avait dit, à Mehera et moi, d'aller à sa rencontre, mais il marchait au loin vers Seclusion Hill, avec ses mandalis, en passant par l'autre côté de la colline ; nous sommes donc parties d'ici pour le rejoindre. Baba est monté au sommet après nous avoir vues quelques instants.

Don — Combien de temps est-il resté sur Seclusion Hill ?

Eruch — Autant que je me souvienne, de sept à dix jours. Il y avait deux cabanons sur la colline à cette époque.

Don — Ceux qui furent descendus plus tard et accolés pour construire celui-ci ?

Eruch — C'est ça, pour fabriquer le cabanon où nous nous trouvons à présent. On l'a construit en prenant les tôles de fibrociment amiantées, le sol et les deux fenêtres des deux abris : nous avons tout recyclé, sauf une porte. Comme il y avait deux cabanons, on devrait avoir deux portes, mais ici on n'en a mis qu'une.

Au bout de quelques jours passés sur Seclusion Hill, Baba nous a demandé de descendre dès que possible les abris de la colline. En fait, il a utilisé le mot « immédiatement ». Nous nous sommes donc mis tous les quatre à travailler là-haut, tandis que Baba est descendu. Il me semble qu'il est resté quelques jours dans sa chambre, ici à Meherazad, jusqu'à ce que le cabanon soit remonté ici. Nous avons fait transporter les différentes pièces du haut de la colline, et on a appelé Padri à Meherabad pour qu'il vienne ici les réassembler. Nous étions en plein mois de décembre, mais nous sommes néanmoins restés en plein air sur la colline jusqu'à la fin des travaux.

Une fois le cabanon achevé, Baba l'a en quelque sorte divisé en plaçant ici une séparation. Tu vois ces clous, là ? Eh bien, il a suspendu une bâche à cet endroit pour créer une pièce quasiment distincte. C'était le « bureau », là où nous sommes assis. Et aussi, est-ce que tu as vu, dans le bureau d'Adi à Ahmednagar, les maquettes ? Une urne zoroastrienne qui porte le feu sacré, une église, un temple hindou, un temple bouddhiste et une mosquée, le tout sculpté dans du marbre tendre ?

Don — Je ne les ai jamais remarquées. Je ferai plus attention la prochaine fois.

Eruch — On peut les apercevoir dans une vitrine quand on entre dans le bureau d'Adi. Ces petites maquettes avaient été placées sur les deux étagères que tu vois ici. J'en ai un souvenir très clair, car c'est moi qui les y ai disposées. Puis Baba m'a dit de ne plus y toucher. Il s'installait ici sur une chaise, mais j'ignore ce qu'il faisait car il me demandait alors de fermer la porte et de m'asseoir à l'extérieur. Quand il frappait dans ses mains, je devais rentrer et lui lire tous les textes qu'il me donnait.

Baba a appelé cette période la phase de *Manonash*. « Manonash » signifie « annihilation mentale ». Bien sûr, il est impossible d'annihiler l'Esprit universel. Si l'Esprit universel était anéanti, ce serait aussi le cas de chacun de nos esprits. L'annihilation que visait Baba s'est réalisée, mais cela ne veut pas dire qu'il avait besoin d'annihiler *son* esprit. À mon avis, pendant cette période, le travail de Baba s'est concentré sur l'annihilation de l'esprit des disciples qui y aspiraient. Au travers de cette phase particulière, il les a aidés à atteindre ce but. Je peux me tromper, mais c'est ce que je suppose personnellement. Au bout de quelques jours, Baba m'a demandé d'écrire quelques mots sur un bout de papier. Je ne me rappelle pas leur contenu exact, mais cela avait un rapport avec les rites, les rituels et les cérémonies. L'idée était la suivante : « Les cérémonies, les rites et les rituels de toutes les religions dans le monde sont ainsi consumées par les flammes ». Puis Baba a lu le bout de papier sur lequel j'avais écrit ces quelques mots et l'a mis dans sa poche.

Le soir, il m'a demandé de creuser un trou derrière ce cabanon, ce que j'ai fait. Puis il m'a dit de ramasser un peu de bois pour le disposer dans le trou. Bien que Baba et nous quatre vivions à Meherazad à ce moment-là, nous n'avions aucun contact avec les autres mandalis et les femmes. Nous étions, pour ainsi dire, des étrangers. On nous apportait même notre nourriture depuis Ahmednagar, de chez ma sœur, là où se trouve le Trust Office à présent. Nous avions arrêté de mendier le jour où nous sommes arrivés à Meherazad. Baba m'avait fait prendre contact avec ma sœur pour lui dire que, comme la Vie nouvelle se prolongeait dans la phase de Manonash, Baba serait ravi si elle pouvait préparer nos repas chez elle. Et c'est ce qu'elle a fait : nous n'avons donc eu aucun contact avec Meherazad pendant cette période-là. Même l'eau, nous la prenions dans un autre endroit.

Mani — Où Baba dormait-il ?

Eruch — Juste en face, dans la chambre que Pendu utilise maintenant.

Mani — Et où est-ce que tu dormais ?

Eruch — Là, par terre.

Don — Donc cette pièce était avant tout un bureau ?

Eruch — C'était vraiment son « bureau » pendant le travail de Manonash. Et par là, de l'autre côté de la séparation, il y avait une pièce destinée au repos. À propos de Baba, il y a une chose très importante à savoir, Don. Même s'il n'utilisait qu'une seule pièce, s'il y travaillait, il mettait un signe pour signaler que c'était là que le travail se faisait. Son lieu de travail était toujours distinct de son espace de détente. Dans la même pièce, il prenait ses repas de ce côté-là et s'y reposait, mais le travail s'effectuait de ce côté-ci. Quand il travaillait, il recréait toujours l'atmosphère d'un bureau.

Don — Et donc, qu'en est-il de ce trou creusé et du bois ?

Eruch — J'y viens. Le soir, tout était prêt. Au coucher du soleil, Baba nous a appelés et il a allumé la *dhuni* ou dhouni, comme on l'appelle. « Dhouni » signifie « fumée mêlée à des flammes ». Sais-tu que chaque douze du mois on allume la dhouni, selon les instructions de Baba ?

Don — Encore aujourd'hui ?

Eruch — Oui, encore de nos jours. Le souvenir de cette dhouni se perpétue ainsi. Ce soir-là, Baba a allumé le feu, et nous nous sommes assis autour, nous trois (nous étions quatre en tout) à ses côtés. Je n'ai jamais oublié ce qu'il a fait alors. Il s'est levé, et il nous a demandé de nous lever, nous aussi. Puis il a croisé les bras et nous les avons aussi croisés. Et tout d'un coup, Baba a sorti le bout de papier de sa poche. Il m'a demandé de lire le texte à voix haute, avec force, à la lumière du feu. C'est ce que j'ai fait, et quand j'ai eu fini, il a pris le morceau de papier, l'a déchiré et l'a jeté dans le feu. Alors – rappelle-t'en, c'est important – il s'est assis sans bouger jusqu'à ce que le bois se consume entièrement et que le feu s'éteigne. Puis il nous a dit de recouvrir le trou de la dhouni, pour préserver les cendres dont personne ne devait se servir plus tard.

Elles sont encore et toujours conservées. Sais-tu, Don, que les cendres d'une dhouni sont tellement sacrées que les gens en prennent des poignées, les mettent dans des petits sachets et les gardent chez eux ? Quand survient un décès dans la famille, on applique la cendre sur le front de la personne décédée. Chaque jour, dans certaines maisonnées fidèles à Baba, on applique ces cendres sur le front en symbole ou en souvenir de la dhouni de Baba, comme un signe exprimant le renoncement complet au sein d'une vie de famille. Ces cendres-là en particulier – nous en avons deux pleines boîtes en fer blanc – Baba les a emballées de ses propres mains et les a scellées de manière à ce que personne n'en fasse usage, ni même ne les touche.

Mani — Ces boîtes se trouvent maintenant à Meherabad dans la pièce où nous avons vécu, nous les femmes, et où l'on conserve les choses associées à Baba. Après que Baba a abandonné son corps, nous y sommes montées pour faire le tri parmi les objets et les conserver. Nous avions pris l'habitude de mettre là-bas, dans cet endroit à Meherabad, ce dont nous n'avions pas besoin ici, à Meherazad. Quand nous avons soulevé ces boîtes de métal, elles étaient tellement lourdes qu'on aurait cru qu'on y avait mis des pierres. Puis quelqu'un a dit : «Ce sont des cendres!», ce à quoi j'ai répondu : «Ce n'est pas possible. Les cendres, c'est léger!»

Nous avons donc dû les ouvrir, et nous avons vu que *c'étaient bien* des cendres. Puis nous nous sommes souvenues que Baba avait dit de les garder telles quelles. Nous en avons parlé à Eruch, qui nous a raconté toute l'histoire.

Eruch — Les femmes à Meherazad ne savaient rien de tout cela à ce moment-là. On a emporté les boîtes après que Baba les avait emballées.

Mani — Il faut que je mette une étiquette dessus un jour.

Don — Et comment, si nous sommes censés ne pas les toucher! À mon sens, Baba, proclamait alors officiellement : «À présent, c'en est fini des rituels des religions formalisées, pour ce qui est de leur pouvoir ou efficacité».

Mani — Il les a consumés de ses propres mains.

Eruch — Il les a consumés dans le feu. En même temps il voyait la fin de tout cela. Il a emballé les cendres de ses propres mains dans les boîtes de métal et a dit : «N'y touchez pas».

Don — Mais, Eruch, est-ce que cela ne signifie pas qu'on va voir les religions et les rituels s'écrouler petit à petit dans le monde? Que les gens ne vont plus rien y trouver et qu'elles vont finir par s'éteindre?

Eruch — C'est ce qu'il va se passer. Qu'observe-t-on aujourd'hui?

Don — Je dois reconnaître que cela a l'air d'aller dans ce sens. Mais je pense à une autre chose que Baba a dite tant de fois : «Je ne suis pas venu pour établir une nouvelle religion, mais pour revivifier ce qui a été donné auparavant». Apparemment pas par les cérémonies, en tout cas.

Eruch — Pas par les cérémonies, non.

Mani — Mais par le cœur de la religion.

Eruch — Les cérémonies ne sont pas de la religion. Tous ces rites et ces rituels ne sont pas de la religion. Hier, tu as dû voir celui qui faisait tournoyer un bâtonnet d'encens ?

Don — Oui, et je l'ai même vu faire tomber le bout incandescent et je me suis demandé s'il n'allait pas faire un trou dans le tapis de Baba en le brûlant.

Eruch — En effet. Il pratiquait un simple rituel, une cérémonie, et cela le rend heureux. Il ne sait rien du tout, ou si peu, des raisons de cette coutume, et personne d'autre ici n'en sait plus que lui, d'ailleurs. De la même manière, les prêtres et les laïcs connaissent mal les raisons originelles qui sous-tendent ces rites. Ils ne savent pas ce qu'ils font. Ce sont ces cérémonies, ces rites et ces rituels que Baba a consumés dans les flammes de la dhouni.

Tout ce travail sur les rites et les rituels à Meherazad a eu lieu vers la fin de la phase de Manonash. Celle-ci avait débuté à Hyderabad, qui est maintenant la capitale de l'État d'Andhra. Alors qu'il séjournait là-bas, dans un pavillon, pendant la Vie nouvelle, Baba nous a un jour demandé de trouver une grotte dans les environs.

Don — Est-ce qu'il avait précisé les caractéristiques qu'elle devait avoir ?

Eruch — Non, aucune. Ce qu'il voulait, c'était une grotte près de Hyderabad qui ne soit ni trop loin, ni trop près de la ville.

Mani — Il y a beaucoup de grottes naturelles dans cette région.

Eruch — La façon dont nous avons trouvé cette grotte-là est typique de la manière qu'avaient parfois les choses de se produire avec Baba. Il se trouve qu'un jour que nous étions au marché à Hyderabad, nous avons entendu parler d'un homme qui fabriquait des nattes de bambou. Nous sommes donc allés le trouver, et au cours de la conversation, nous en avons profité pour lui demander s'il connaissait une grotte dans les parages, facile d'accès, où on pourrait y faire halte quelques jours. Il a répondu par l'affirmative en se proposant de nous y accompagner. Nous étions ravis. Le jour suivant, Pendu et moi y sommes donc allés avec lui. En voyant la grotte, nous avons immédiatement dit oui. Le seul problème était l'absence d'eau sur la colline, mis à part une mare d'eau stagnante. Elle était très sale, et nous craignions que cela ne convienne pas à Baba.

Don — Des restes de la mousson, sans doute ?

Eruch — Oui.

Don — Cela s'est passé juste à la fin de la mousson, sans doute en octobre ?

Eruch — C'est cela. Nous avons demandé à cette personne de procéder à quelques aménagements dont nous avons été très satisfaits. Il y avait aussi le sanctuaire d'un certain saint, d'un *wali*. Cette tombe avait ceci de particulier qu'elle n'était pas protégée par un toit, malgré la grande vénération dont ce wali jouissait dans la région. Il a des milliers de fidèles. Nous avons appris, plus tard, que quelque temps auparavant, ils avaient décidé de construire un abri au-dessus du tombeau, mais leurs tentatives bien intentionnées avaient échoué à chaque fois, le vent emportant tout au bout de quelques jours. Ils ont fini par abandonner l'idée de mettre une toiture sur la tombe de ce wali.

Nous avons emmené Baba pour qu'il inspecte les lieux. L'endroit lui a plu, et il nous a ordonné de continuer le travail. Il nous a aussi donné quelques instructions pour la construction d'une pièce séparée dont il allait avoir besoin.

Don — Pièce qui devait être construite dans la grotte ?

Eruch — Non, pas dans la grotte. Juste au sommet de la colline où se trouvait le lieu saint. À mi-hauteur de cette colline, de l'autre côté du sanctuaire, se trouvait une autre grotte. Elle n'était pas sur le versant de la colline qui faisait face au village, mais de l'autre côté. Baba avait aussi bien aimé cette grotte-là, qui n'avait pas besoin de pièces séparées. La grotte choisie était idéale, Baba pouvait l'utiliser telle quelle.

On a alors fixé une date pour y apporter tous nos petits bagages. Nous devions y rester quelques jours, et Baba nous a annoncé qu'ensuite, une fois son travail terminé, nous nous rendrions à la prochaine destination à pied. Il a dit qu'il commencerait le travail de Manonash dans cette grotte.

Nous avons fait nos préparatifs, et le jour est venu où nous devions déménager nos affaires. Parmi les bagages se trouvaient les cinq emblèmes fabriqués dans cette pierre tendre et blanche dont je t'ai déjà parlé, emballés dans une malle : l'église chrétienne, le temple bouddhiste, l'urne à feu zoroastrienne, la mosquée musulmane et le temple hindou.

C'étaient les « jouets » avec lesquels Baba allait s'amuser quand il allait commencer son travail de Manonash. Nous ne savions pas ce qu'il comptait en faire, mais en tout cas il voulait que nous les transportions sur la colline. Je les ai emballés ; Gustadji, Baidul, Pendu et moi devions apporter les bagages là-bas. Puis je devais rapporter la voiture à Baba. Le jour suivant, Don (Donkin) devait nous ramener sur les lieux avec Baba en voiture, et enfin le travail allait pouvoir débuter.

Quand nous sommes arrivés tous ensemble au pied de la colline, j'ai garé la voiture dans un coin adéquat. Les autres mandalis sont partis en avant pour inspecter les lieux et s'assurer que les travaux étaient bien achevés, pour que nous puissions ensuite monter les bagages. Quand j'ai arrêté la voiture, des gamins se sont rassemblés autour d'elle et se sont mis à me poser plein de questions. C'est pour cette raison que j'ai dû être particulièrement prudent, et que j'ai fermé toutes les portes à clef.

Pendant ce temps, les mandalis n'avaient même pas gravi la moitié de la colline. Je me suis mis en route pour les rejoindre. Tout à coup, la voiture a commencé à bouger, alors que j'étais encore à moins de dix mètres. Je me suis dit que j'allais bien réussir à l'arrêter : j'ai donc essayé de m'y accrocher tandis qu'elle prenait de la vitesse dans la pente. J'ai dû lui courir après comme un fou, essayant de m'agripper à quelque chose, mais il n'y avait aucune prise, même pas un marchepied. Les fenêtres étaient toutes fermées : je n'avais donc aucun moyen de diriger la voiture ou d'y pénétrer. En fait, je ne faisais qu'effleurer la voiture tout en courant derrière.

Mani — Mais tu avais verrouillé les portes ?

Eruch — Oui, j'avais fermé les portes, et je n'avais aucun moyen de les rouvrir, car la voiture allait déjà à vingt kilomètres à l'heure et prenait de la vitesse. Aux alentours, il y avait des palmiers rôniers — un genre de palmiers-dattiers. Ils sont souvent très hauts, mais parfois ils penchent vers le sol.

Tu ne me croiras pas, mais la voiture a sauté *par-dessus* plusieurs de ces arbres, et elle a sauté sur des rochers, comme un cabri, je te dis ! À ce moment-là, les mandalis étaient redescendus pour observer la scène. Ils étaient comme hypnotisés. Ils ne savaient pas quoi faire. Pour la première fois de ma vie, et j'espère la dernière, j'ai eu vraiment peur. Je ne m'inquiétais pas pour la voiture ou nos affaires. Il n'y avait quasiment plus de bagages, mais j'étais très inquiet pour les maquettes. Baba m'avait dit d'y faire extrêmement attention, parce qu'il avait fallu beaucoup de temps pour les obtenir d'Agra. Au fait, c'est vrai, elles avaient été réalisées à Agra, dans le nord, près de Delhi. Tu connais le Taj Mahal ?

Mani — Avec cette pierre blanche et tendre qu'ils utilisent pour fabriquer les maquettes du Taj Mahal.

Don — Celles-là ont donc été réalisées conformément aux descriptions précises qu'avait données Baba.

Eruch — Oui, à partir des spécifications de Baba. On avait dû veiller à beaucoup de détails pour qu'elles soient parfaites, tu sais, et j'avais très peur pour elles. Je me disais qu'elles devaient toutes être en miettes.

Don — Sans doute des mois de perdus.

Eruch — Des mois, oui. Mais qu'est-ce qu'a fait la voiture au bout d'environ un kilomètre ? Elle était allée s'embourber dans une rizière.

Don — Quel miracle !

Eruch — C'était un miracle, je dois dire. J'ai repris peu à peu mon souffle, et je suis descendu vers la voiture et j'ai ouvert la porte. Je me disais que la pompe à essence et tout le reste devait être cassés. Baba m'avait demandé de rapporter la voiture pour l'emmener, lui et Donkin, à la grotte tôt le lendemain matin. Je ne savais pas quoi faire. Je me suis assis sur le siège du conducteur et j'ai tenté de démarrer le véhicule. La voiture a démarré, mais s'est tout de suite mise à faire un bruit très particulier, un bruit effrayant en fait. Je me suis dit : « Tout est fichu ». Et puis je suis resté assis hébété, complètement désespéré. J'étais terrifié, vois-tu, vraiment terrifié.

Entre temps, nous attendions un chargement de bois que nous avions commandé pour notre usage. Tu vois ce que l'on appelle des « fagots » ? Nous devions faire du feu là-bas. Nous avions donc commandé du bois.

Don — Livré par camion, et pas par un char à bœufs ?

Eruch — Oui, par camion. Son conducteur est donc arrivé avec le chargement tandis que j'étais assis dans la voiture. Il est venu vers moi et m'a dit : « Qu'est-ce qu'elle a, cette voiture ? Pourquoi vous l'avez garée dans la rizière ? »

Je lui ai répondu : « Ne m'en parlez pas ! Vous auriez dû être là il y a une demi-heure. » Puis je lui ai demandé de m'aider à sortir la voiture. Nous l'avons tirée de la rizière à l'aide du camion et l'avons mise dans un endroit hors de danger. Là, sur terrain plat, nous avons essayé de comprendre ce qui s'était passé en regardant dessous. De la paille de riz s'était prise dans le moteur : je l'ai donc retirée. Puis j'ai redémarré la voiture, et tu ne vas pas le croire : tout fonctionnait à merveille. La voiture n'avait absolument rien. Elle a démarré normalement. C'était la paille de riz qui était à l'origine de ce bruit bizarre. Il n'y avait rien de cassé, et pour couronner le tout, la voiture n'avait même pas une rayure.

Don — Et les maquettes étaient intactes ?

Eruch — Oui ! Bien sûr, il m'a fallu tout d'abord transporter la malle qui les contenait en haut de la colline, puis les sortir de leurs précieux emballages pour voir s'il y avait quelque chose de cassé. Rien du tout ! Pas le moindre accroc! Absolument rien n'avait été endommagé. C'est juste qu'il était arrivé quelque chose à la voiture qui m'avait donné la peur de ma vie.

Mani — Elle a fait un saut dans l'évolution et s'est transformée en biche.

Don — Et Eruch a fait un saut dans son involution à travers les plans.

Eruch — C'était quelque chose à voir! Nous n'avons jamais oublié cette aventure. Parfois, nous évoquons cette histoire, et nous nous rappelons ce qui s'est passé ce jour-là. C'était un cauchemar, pour tout te dire.

Don — Est-ce que c'est parvenu aux oreilles de Baba?

Eruch — Oui, le soir même, quand je suis rentré. Baba m'a demandé pourquoi j'étais en retard. Est-ce que tout s'était bien passé? Il était très content d'entendre toute l'histoire, et cela l'a fait bien fait rire. C'est tout, rien de plus.

Don — Juste un petit rire?

Eruch — La chose que je n'ai jamais pu comprendre, de toutes les facéties que cette voiture nous a faites, c'est qu'elle allait tout d'abord vers l'avant, puis elle s'arrêtait devant un gros rocher, et puis elle se mettait à reculer!

Don — Elle reculait? Mais comment?

Eruch — Oui, elle reculait, je te dis. Elle s'arrêtait quelques secondes, puis se remettait à rouler et à reprendre de la vitesse dans la direction opposée. Puis elle s'arrêtait à nouveau, reculait ou bien prenait un virage, puis allait à nouveau vers l'avant, tout en sautant par-dessus les arbres, les rochers et ainsi de suite.

Don — Eruch, est-ce qu'elle était au point mort?

Eruch — Oui, elle était au point mort.

Don — Ah bon, parce qu'autrement elle n'aurait pas pu reculer.

Eruch — Mais j'avais mis le frein à main et tout était en ordre quand j'ai laissé la voiture. Je fais toujours très attention avec les véhicules, car il m'est parfois arrivé des mésaventures en serrant mal le frein à main. Et là, je devais faire aussi particulièrement attention au terrain. Ce n'est qu'après avoir examiné la voiture avec attention que j'ai fermé les portières. Plutôt bizarre, le comportement de cette voiture.

Tu sais ce que fait Gustadji quand arrive ce genre de choses ? C'est plus Gustadji qui a faire rire Baba que ma propre narration de l'histoire. Il l'a embellie en ajoutant des points de vue différents. Comme il observait le silence, il devait mimer la scène. Il sautait d'un endroit à un autre, imitant parfois les enfants, parfois la voiture. Baba l'a trouvé très amusant.

Quand a débuté le travail de Manonash, le jour suivant, la nouvelle de l'assassinat du Premier ministre pakistanais s'était répandue dans toute la ville. La colline où nous étions installés se trouve dans un lieu-dit qui s'appelle Khojaguda, où — cela va te faire sourire — on gardait les eunuques sous le régime des Moghols. Khoja signifie eunuque. Il y avait un besoin d'eunuques pour le harem du palais d'été, qui avait été construit non loin de cette colline. Il était immense, et les femmes y passaient leurs vacances d'été. C'était un lieu très plaisant, avec une palmeraie. Du fait de ces antécédents, résidaient encore là de nombreux musulmans, qui ont immédiatement répandu la nouvelle que le chef du gouvernement pakistanais avait été assassiné. Je m'en souviens bien, c'était le jour où nous avons débuté le travail sur la colline pour la période de Manonash. Nariman nous informe que ce politicien assassiné s'appelait M. Liaquat Ali Khan.

Don — Eruch, revenons, si cela ne te dérange pas, à la description des cinq différentes maquettes.

Eruch — Baba nous avait demandé d'obtenir depuis Agra des représentations des cinq religions suivantes : le bouddhisme, représenté par un temple bouddhiste, une mosquée pour les musulmans ; un temple hindou ; l'église des chrétiens ; et l'urne à feu du temple du feu des zoroastriens ou *agyari*.

Don — Il y en a donc quatre qui ont la forme d'un bâtiment, tandis que le cinquième est symbolique.

Eruch — C'est cela. Il a la forme du récipient qui contient le feu. «Agyari». «Ag» veut dire feu, et «yari» veut dire amitié.

Don — Quand Baba t'a décrit ces maquettes, est-ce qu'il t'a dit ce qu'il comptait en faire?

Eruch — Non, pas du tout. Il m'a juste demandé de me procurer cinq maquettes représentant les cinq religions. Il nous a fallu échanger de nombreux courriers à ce sujet. Nous avions besoin de la maquette d'une église : il fallait donc que le sculpteur ait vu à quoi ressemblait une église, là-bas, pour en faire la reproduction. Il nous fallait un temple hindou : il a donc réalisé un temple hindou typique. Il n'avait aucune idée de ce qu'est un temple du feu parsi, l'agyari comme nous l'appelons. Nous lui avons dit : «Ne vous faites pas de souci à ce sujet. Tout ce que nous voulons, c'est un récipient qui contient du feu», et nous lui avons fourni un croquis, car personne n'a le droit de pénétrer dans le bâtiment d'un temple du feu. Les zoroastriens ne laissent entrer personne.

Don — Mais les gens de confession zoroastrienne sont autorisés à pénétrer dans la partie interne du temple, n'est-ce pas?

Eruch — Non, même les zoroastriens pratiquants n'ont pas accès à cette partie interne du temple, exception faite de ceux qu'on qualifie de prêtres. Ils ne deviennent pas tous des prêtres en exercice, mais ceux qui en ont la qualification ont une sorte d'autorisation. Comme Meherjee. Il n'est pas prêtre, mais il fait partie de la classe des prêtres.

Don — Il peut donc entrer dans la partie intérieure?

Eruch — S'il le veut, il le peut, mais seulement après avoir retiré ses vêtements occidentaux. Il s'habille alors d'une longue tunique, de longs pyjamas, d'un turban spécial, et il doit se couvrir la bouche et le nez.

Don — Une question en ce qui concerne le temple hindou. Le style que je connais le mieux est une évocation du mont Kailash, avec un dôme plus élevé à l'arrière et une partie avant plus basse, comme le temple de Kailash dans les grottes d'Ellora. Mais ce temple-ci n'a pas cet aspect-là.

Eruch — Non, car il existe plusieurs formes différentes de temples hindous. Il n'y a pas de schéma strict. Il existe différents types de temples : des temples dédiés à Shiva, des temples dédiés à Ram et à Krishna, et des temples dédiés à Jain Muni. Ils sont tous différents les uns des autres. Es-tu allé au Mont Abu ?

Don — Oui, peut-être te rappelles-tu que Baba m'avait conseillé d'y aller en 1962, pendant mes vacances.

Eruch — Tu y as donc visité le temple jaïn, qui est bien différent de tous les autres, n'est-ce pas ?

Don — Oui, très différent.

Eruch — C'est donc le temple jaïn, entièrement réalisé en marbre. Le plan est différent. Mais ceux qui ont été sculptés pour Baba à Agra symbolisent l'hindouisme, l'islam, le zoroastrisme, le bouddhisme et le christianisme. C'est tout ce que Baba voulait représenter.

Don — Pourrais-tu nous dire ce que Baba a fait de ces cinq maquettes pendant la période de Manonash, ou bien a-t-il gardé cela pour lui ?

Eruch — Tout ce que je peux te dire, c'est qu'il m'a demandé de les sortir de leur boîte et de les placer sur des étagères. Comme il n'y avait pas d'étagères dans la grotte, il m'a dit de les placer sur le rebord d'une pierre qui se trouvait là ; je les ai posés simplement côte à côte, c'est tout, et puis j'ai dû partir. Je ne sais pas ce qu'il en a fait.

Don — Il était donc seul avec elles dans la grotte.

Eruch — Oui, tout comme il était seul à Meherazad dans le cabanon de Manonash, avec les maquettes placées sur des étagères.

Don — Cela, c'est après qu'il a fait descendre les deux cabanons depuis Seclusion Hill, pour qu'ils soient reconstruits en un seul, et lorsqu'il se tenait là et que tu restais de temps à autre assis à l'extérieur?

Eruch — Oui. Je ne sais pas ce qu'il en a fait. Tout ce que je sais, c'est que j'ai dû les disposer et quitter la pièce. Il fermait la porte, et ce qu'il en faisait, je l'ignore. Mais il faisait son travail à l'aide de ces symboles qui représentaient les religions.

Don — Pour Baba, ce sont les cinq religions principales?

Eruch — Oui.

Don — Est-ce qu'il y a eu d'autres choses qu'il a faites pendant cette période de Manonash? Tu dis que l'épisode de Hyderabad a eu lieu quarante jours environ avant son arrivée à Meherazad, et que les activités liées à la Vie nouvelle ont cessé. Tu dis que c'était une période de déplacements qui se caractérisait par différentes manières de voyager, et qu'elle s'est achevée quand vous êtes revenus à Meherazad.

Eruch — Pas tout de suite après notre arrivée à Meherazad. Quand nous sommes revenus à Meherazad, Baba a travaillé encore plusieurs jours. Puis une nuit, il nous a demandé d'allumer le feu de la dhouni, et il a brûlé ce morceau de papier sur lequel étaient écrits ces mots que Baba avait dictés. J'ai considéré cela comme la fin de la phase de Manonash. Mais la Vie nouvelle est éternelle, comme Baba l'a dit. Elle sera présente même s'il n'y a personne pour la vivre.

Don — Est-ce qu'il y avait d'autres activités, ou d'autres manières de passer ses journées qui étaient caractéristiques de la période de Manonash?

Eruch — Nous étions complètement séparés des compagnons de l'Ancienne Vie qui étaient à Meherazad. Baba menait aussi ses activités de manière complètement séparée des mandalis qui s'y trouvaient. Nous n'avions aucun contact avec les mandalis de l'Ancienne Vie qui vivaient juste à côté de nous, même pas pour obtenir à manger ou à boire. Notre vie se déroulait complètement à l'écart. Dans la période de Manonash, Baba est resté un de nos compagnons. Par exemple, quand nous avons quitté Hyderabad, nous sommes venus à pied et je me souviens que Baba réagissait quand Gustadji était trop fatigué. Il l'observait, et voyant que Gustadji s'épuisait, nous demandait de faire du stop pour qu'un camion nous emmène. Un camion nous prenait donc en stop, et Baba et le reste d'entre nous, nous nous installions sur le chargement avec nos modestes bagages. Parfois Baba demandait de louer un char à bœuf pour transporter nos affaires sur une courte distance, tandis que nous marchions à côté. D'autres fois, il nous disait de monter sur le char à bœuf avec les bagages, et nous voyagions ainsi sur une courte distance. Puis, le jour suivant, nous reprenions la marche. C'est ainsi qu'il nous a ramenés de Hyderabad à Meherazad.

Don — Bien, Eruch, donc pour résumer ce que tu viens de dire, le principal aspect extérieur de la période de Manonash, c'était le travail que Baba a effectué avec ces cinq maquettes.

Eruch — Oui, c'est tout à fait vrai. Extérieurement – pour nous –, il nous a semblé que c'était cela qui comptait. Mais je voudrais à nouveau insister sur le fait que nous ne nous sommes jamais sentis en dehors de la Vie nouvelle, même pendant la période de Manonash. Ce n'était qu'un de ses aspects, car les conditions générales restaient les mêmes. Nous devions être ses compagnons. Il était notre compagnon. Nous devions obéir à tous les ordres qu'il donnait, quels qu'ils soient. Nous devions arborer un sourire enjoué et ne jamais montrer de marques d'affliction ou de mauvaise humeur. C'était contraire aux ordres de la Vie nouvelle. La totalité des directives et instructions qui avaient été formulées au départ, et tous les ordres permanents restaient en vigueur.

Don — Tu as dit que le début de la période de Manonash dans la grotte de Hyderabad a eu lieu à peu près quarante jours avant le retour à Meherazad. Combien de temps environ Baba a-t-il continué son travail de Manonash avant que la dhouni soit allumée à Meherazad ?

Eruch — Je ne me rappelle pas le nombre exact de jours, mais je peux dire que cela a dû durer une quinzaine de jours ou trois semaines.

Don — Donc, en tout, la période de Manonash a dû s'écouler environ sur huit semaines ?

Eruch — Oui, en incluant le voyage.

Don — En effet, le voyage en constituait la plus grande partie. Il y a autre chose qui m'intrigue. En revenant à ta traduction littérale de Manonash comme « annihilation de l'esprit », il me semble étrange qu'une période caractérisant l'annihilation de l'esprit soit centrée sur ces cinq maquettes représentant les cinq grandes religions.

Eruch — Mais comme je te l'ai dit, il nous est impossible de comprendre le travail qu'il a fait pendant la période de Manonash. Qui devait voir son esprit annihilé ? Qu'est-ce que c'était ? La seule chose que je peux imaginer, c'est qu'il a accéléré l'annihilation de l'esprit des véritables disciples qui aspiraient à cette annihilation.

Don — Est-ce que vous, les mandalis qui étiez avec lui, avez remarqué certaines choses qui vous sont arrivées, en ce qui concerne vos propres fonctions mentales ?

Eruch — Rien du tout. Nous étions si préoccupés à obéir et à exécuter les ordres et les désirs de Baba que toutes ces choses nous étaient totalement insignifiantes. Les plus grandes vérités spirituelles nous étaient tout aussi insignifiantes, parce que notre attention était entièrement centrée sur la personnalité de Baba et ses moindres souhaits. Nous ne nous arrêtions jamais pour réfléchir à toutes ces choses. « Qu'est-ce qui se passe ? » « Qu'est-ce que c'est que tout cela ? » Nous devions le suivre, c'est tout.

Nous le suivions les yeux bandés, aveugles à toute activité extérieure et toute autre chose. Nous étions dans le feu de l'action, mais jamais nous n'y prêtions la moindre attention. Toute notre attention était centrée sur la recherche de la satisfaction de Baba – afin qu'il ne soit pas mécontent de nous, qu'il ne nous exclue pas de la Vie nouvelle, et qu'il nous garde comme ses compagnons — de sorte que nous ne devions lui déplaire en aucune manière, parce qu'il y avait tant d'ordres à obéir, tant de consignes à suivre. Tout le reste n'avait strictement aucune importance. Même quand Baba contactait ses masts et les pauvres pendant la Vie nouvelle, nous considérions toutes ces choses-là comme naturelles car nous vivions quelque chose d'exceptionnel : nous savions qu'il était notre compagnon dans la Vie nouvelle. Nous l'avions accepté comme le plus grand de tous, le Plus Haut d'entre les Hauts.

Les prémices de la Vie nouvelle

Meherabad, août-octobre 1949

Eruch — Nous avons commencé par la fin, revenons maintenant au début. De plus en plus de gens cherchent à en savoir plus sur la Vie nouvelle et comment nous l'avons vécue au quotidien. Elle gravitait entièrement autour de certaines directives que Baba nous avait données.

Tout s'est passé après la Grande Réclusion, quand Baba était resté dans le bus bleu pendant une quarantaine de jours. Comme cet épisode a été décrit dans d'autres publications, nous n'avons pas besoin de revenir là-dessus. Quand Baba est sorti de la Grande Réclusion, il a commencé à nous dire, à la surprise de ceux qui vivaient avec lui à Meherazad, qu'il avait un projet pour « ceux qui devaient le suivre ». Nous nous sommes demandés ce que nous avions fait toutes ces années. Est-ce que nous le suivions lui, ou nous-mêmes ?

Un jour, il a commencé à dicter les lignes générales de son projet. Il a édicté des règles et imposé une stricte discipline pour ceux qui allaient le suivre dans ce qu'il appelait la Vie nouvelle. La principale d'entre elles consistait à n'attendre aucune récompense spirituelle ou matérielle. Nous devions le suivre dans la Vie nouvelle comme ses « compagnons », et lui-même serait notre compagnon. Cette vie serait marquée par un désemparement et une inespérance complets, et il nous faudrait mendier notre nourriture.

De plus, nous voyagerions à pied, et ce qui est sûr, c'est que nous allions devoir vivre dans l'instant présent ou le « maintenant », comme il disait. Nous ne devrions jamais penser au passé, au présent ou à l'avenir, mais juste nous appliquer à vivre avec lui comme un de ses compagnons. « En même temps, disait-il, même si je serai votre compagnon, vous devrez obéir sans faille à tous les ordres que je vous donnerai, qu'ils soient bons ou mauvais. »

Nous avons alors fixé un jour où tous ses proches sont venus le voir à Meherabad et où il leur a dévoilé son projet. À la fin, il a ajouté une condition : ceux qui voulaient venir avec lui dans la Vie nouvelle devraient simplement dire oui ou non, et rien d'autre. On a arrêté une date à laquelle chacun rendrait sa décision. Presque tous voulaient dire oui. Mais il y en avait un certain nombre qui hésitait à le faire car ils craignaient que leur présence ne soit un fardeau pour Baba. Baba a alors demandé à certaines des personnes qui avaient dit oui de rester et de s'occuper de ceux qui dépendaient de lui dans l'Ancienne Vie, de sorte qu'elles ne se sentent pas abandonnées en son absence.

Baba nous a fait comprendre qu'une fois embarqués dans la Vie nouvelle, elle ne s'arrêterait jamais et il nous faudrait tourner le dos à notre famille, notre épouse, nos enfants, notre foyer et tout le reste.

Don — Pour le restant de vos jours ?

Eruch — Pour le restant de nos jours. Il nous a dit que nous ne pourrions même pas revoir nos compagnons de l'Ancienne Vie : les mandalis de l'Ancienne Vie, les membres de notre famille, nos amis et autres *Baba-lovers*[1]. Il nous fallait tourner entièrement le dos au monde, et mener une vie de désemparement et d'inespérance en compagnie de Baba lui-même.

Baba a dit qu'il ferait le même travail que ses compagnons. Si, par exemple, nous allions quelque part nous abriter pour la nuit et que les lieux étaient tellement sales qu'ils avaient besoin d'un nettoyage, il s'en chargerait lui-même pendant que nous irions mendier notre nourriture. Baba laverait les casseroles et les poêles, et ce serait lui qui nettoierait son assiette.

D'habitude, nous ne laissions jamais Baba faire ce genre de chose, tu sais. Comme il avait une immense compassion, il nous donnait en règle générale la possibilité de le servir, mais pendant la Vie nouvelle il ne voulait pas que

---

1 Littéralement, « amants de Baba », expression généralement utilisée pour désigner les personnes qui ressentent un amour de nature spirituelle envers Meher Baba. NDT

nous le servions. Il voulait être avec nous comme l'un d'entre nous, comme un compagnon. Aujourd'hui, les gens viennent nous dire que la Vie nouvelle a dû être un enfer. La réponse que je leur ai toujours donnée, c'est que la présence de Baba avec nous changeait tout. Bien qu'il ne fût qu'un compagnon et non le Dieu-Homme, ni Dieu sous forme humaine, ni même un Sadgourou ou un saint, sa simple présence était telle que nous n'avons jamais ressenti de manque. C'était vraiment une vie saine et agréable, dénuée de toute privation, bien que semée de difficultés.

Don — Cela semble extraordinaire, Eruch, parce que les conditions, telles que tu les décris, ont plutôt l'air d'impliquer de grandes privations.

Eruch — Oui, car tu as forgé ton propre jugement d'après la description que j'ai faite de certains incidents. Mais ce que je veux dire est la chose suivante : il y a l'épreuve sur le plan physique, mais bien plus grande est celle de la souffrance mentale que l'on traverse en esprit. Nous n'avons pas fait l'expérience de cette tension plus profonde, car certains ordres de Baba nous rendaient plus forts. Par exemple, nous ne devions jamais exprimer notre mauvaise humeur. Au bout de quelques jours, celle-ci avait disparu. Notre attention de chaque instant se portait si intensément sur notre travail avec Baba que ce genre de choses ne nous effleurait même pas l'esprit. Nous avions vraiment quitté le monde et nous nous sentions comme libérés. Nous ne savions pas si nous allions avoir de quoi manger le lendemain, mais cela nous était égal, car nous avions entrepris une vie de désemparement et d'inespérance complets, et nous avions une détermination sans faille : pour nous, il fallait continuer de cette manière, quoi qu'il arrive.

Les tribulations du D' Daulat Singh

Belgaum, octobre 1949

Don — Eruch, puis-je revenir un instant sur l'ordre de Baba de ne pas exprimer son irritation ? C'est un ordre extrêmement difficile à exécuter, car la mauvaise humeur survient d'habitude du fait de soucis et de frictions avec le monde extérieur, de tensions avec les personnes qui vivent près de nous. Vous étiez un groupe formé de pas mal de personnes vivant très près les unes des autres. On peut imaginer, par exemple, qu'Eruch s'énerve un jour contre quelqu'un qui aurait commis un impair, ou quelqu'un qui lui aurait cassé les pieds ou qu'un des membres du groupe soit exaspéré par le ronflement bruyant de Gustadji.

Eruch — C'est vrai, mais l'ordre stipulait que si quelqu'un nous énervait, nous ne devions pas exprimer cet agacement en la présence de Baba.

Don — Si un compagnon de la Vie nouvelle t'agaçait, tu ne pouvais le montrer en aucune manière devant Baba ? Et ainsi ta mauvaise humeur disparaissait ?

Eruch — C'est cela.

Don — Ce n'était donc pas toi qui la réprimais ?

Eruch — Non, elle s'évanouissait, tout simplement.

Don — Pour tout le monde ?

Eruch — Je ne peux pas parler au nom de tous. Je ne peux pas percer le cœur et les sentiments de tous ceux qui étaient avec nous, tu sais, mais je peux parler en mon nom. Il y avait cependant quelques exceptions, et je vais donc maintenant te donner quelques exemples d'expériences très douloureuses que nous avons vécues et comment Baba les a résolues. C'est très intéressant.

Il y avait une personne assez âgée, appelée D' Daulat Singh, qui était totalement dévouée à Baba. C'était quelqu'un de très en vue à Srinagar, au Cachemire. Si ce que j'ai entendu dire est vrai, non seulement il y exerçait la médecine, mais il était aussi le maire de la ville. Après la partition, il avait dû quitter le Cachemire et venir en Inde s'installer quelque part dans le Sud. Il a continué, malgré toutes ses épreuves, à croire en Baba, et il faisait partie des personnes qui avaient accepté les conditions que Baba avait imposées pour la Vie nouvelle. Baba lui avait permis de venir avec nous.

Nous avons entamé la Vie nouvelle le 16 octobre 1949. Dix jours à peine s'étaient écoulés avant notre arrivée pour un long séjour à un endroit nommé Belgaum. Baba l'a appelé le centre de formation de la Vie nouvelle, où il avait prévu de nous entraîner à mener la Vie nouvelle en suivant son propre exemple. À Belgaum, il nettoyait lui-même ses quartiers, lavait ses ustensiles de cuisine, transportait les seaux, portait des bassines remplies de terre et aidait à rendre l'endroit habitable. Mon devoir dans la Vie nouvelle, chanceux que j'étais, était d'être avec Baba en permanence. C'était l'un de ses ordres permanents. Une nuit, alors qu'il se reposait et que je dormais à ses côtés, il m'a réveillé et m'a dit : « Viens, allons faire une ronde dans le camp. » Comme tu le sais, nous étions vingt-deux dans la Vie nouvelle, et quatre d'entre nous étaient des femmes. Toutes ces personnes étaient dispersées sur un assez grand espace.

Don — À la belle étoile ?

Eruch — Non, il y avait un campement, un abri, construit spécialement dans ce but, avec des parties séparées pour les hommes et les femmes. Baba avait sa place entre les hommes et les femmes. Il m'a pris avec lui et je l'ai suivi dans l'obscurité. Nous sommes allés d'un endroit à un autre, et nous avons fini par remarquer qu'un de nos compagnons n'était pas couché, mais assis à sangloter. Pour lui, cela signifiait la fin de la Vie nouvelle, car Baba l'avait pris sur le fait en plein chagrin. Cette personne, c'était le Dr Daulat Singh. Il est mort aujourd'hui, mais il a laissé derrière lui de nombreuses histoires intéressantes au sujet de sa vie avec Baba, non seulement pleines d'intérêt mais édifiantes. C'était un exemple pour nous tous.

Quand nous sommes arrivés auprès de lui, Baba lui a donné une tape dans le dos, et lui a dit : « Eh bien, docteur, qu'est-ce que tu fais ? » Bien sûr, il s'exprimait par gestes et je devais prononcer les mots. Le Dr Daulat Singh s'est mis à sangloter encore plus fort, oubliant complètement d'obéir à l'ordre permanent.

Baba a dit : « Qu'est-ce que tu fais ? Tu ne peux plus rester dans la Vie nouvelle avec moi. Tu n'es plus dans la Vie nouvelle. Maintenant, tu vas oublier tout cela et aller dormir, et demain je te dirai ce que tu vas faire. » Puis Baba a continué en lui disant qu'il lui donnerait aussi un autre ordre, un ordre spécial : « Ne t'inquiète surtout pas : l'ordre que je vais te donner va te plaire. » Observe la compassion et la gentillesse dont était empli notre Compagnon. On peut tirer énormément d'enseignements de tout cela. Il était très ferme et très strict, et en même temps il avait toujours un mot gentil pour nous réconforter.

Puis Baba a quitté les lieux mais l'expression de son visage ne présageait rien de bon. Je l'ai suivi, profondément ému. Nous étions tous très attachés à ce vieil homme. Il débordait d'amour pour Baba. J'ai médité là-dessus quand Baba est parti se coucher. Puis je suis allé me coucher aussi. Le lendemain, le procès du Dr Daulat Singh allait avoir lieu.

Don — Cela s'est passé pendant ce que tu appelles la période de formation ?

Eruch — Oui. Le procès a eu lieu le lendemain matin. On a convoqué le Dr Daulat Singh, Baba lui a rappelé ce qui s'était passé pendant la nuit et lui a demandé pourquoi il avait désobéi à son ordre. Il s'est mis de nouveau à pleurer comme un gosse. Il a dit : « Baba, c'était plus fort que moi. J'avais des pensées qui me troublaient. Cela n'a rien à voir avec la Vie nouvelle. Je suis très heureux ici, et la Vie nouvelle n'a rien à voir dans tout cela. C'est mon esprit qui m'a troublé. »

Baba lui a demandé : « Alors, quel est ton problème ? Quel est ton souci ? Qu'est-ce qui t'a fait pleurer et sangloter comme ça ? Il a répondu à Baba : « Vous aviez appelé tous vos disciples à Meherabad pour dire oui ou non, et j'étais l'un d'entre eux. Mais entre le moment où j'ai dit oui et le 16 octobre quand nous avons pris le départ, ma fille s'est fiancée. Elle voulait que je reste parce que le mariage devait avoir lieu le 19 octobre. J'étais pieds et poings liés. J'avais donné ma parole que j'allais vous suivre. J'ai donc quitté toute la famille et plus rien d'autre ne m'a causé de souci. Je savais que je serais capable de vous suivre sans m'inquiéter, mais tout-à-coup, je me suis rappelé les derniers mots qu'avait prononcés ma fille. »

« Et qu'est-ce qu'ils disaient ? » a rétorqué Baba. Le Dr Daulat Singh a hésité un instant puis s'est mis à raconter : « Baba, elle m'a dit que comme je connaissais la date de son mariage, j'aurais pu rester trois jours de plus avant d'aller retrouver Baba. Mais qu'elle avait eu beau parlementer et me supplier de rester, je la quittais malgré tout. Elle m'a dit que je n'étais plus son père. À ce moment-là, je n'ai pas fait attention à ce qu'elle avait dit, et je suis donc parti pour vous rejoindre, Baba, mais ce soir tout cela m'est soudain revenu en mémoire. J'en ai ressenti un douloureux serrement au cœur. J'ai simplement réagi en laissant couler mes larmes. »

Baba a déclaré : « Quoi qu'il ait pu se passer, il t'est impossible maintenant de rester avec moi. Il ne t'est maintenant plus possible d'être mon compagnon dans la Vie nouvelle et je t'ordonne de rentrer chez toi. Dis aux tiens que tu es rentré parce que ta fille te le demandait, mais que tu dois toujours continuer de mener cette Vie nouvelle : continuer d'être l'un des compagnons. Je te considérerai encore comme mon compagnon. Tu mèneras la Vie nouvelle loin de moi. »

Il est rentré chez lui. C'était quelque chose de voir ce vieil homme porter ses quelques affaires sur la tête. Il nous a tous quittés, il est parti pour de bon. Nous nous sommes séparés de lui et de tous nos contacts de l'Ancienne Vie. Pendant longtemps, nous n'avons pas su ce qui lui était arrivé. Mais quelles histoires on a entendu plus tard ! Quelle vie épouvantable il a menée !

Un jour, nous sommes partis depuis le camp de formation vers le nord, vers Bénarès, et après avoir séjourné dans différents endroits, Baba est enfin revenu vers le plateau du Deccan. Cela faisait un an et demi, voire plus, que nous étions dans la Vie nouvelle, et nous étions alors installés à Satara. Baba tenait une réunion avec les compagnons dans l'une des pièces où nous étions installés. Soudain, il a repéré quelqu'un assis sur le bas-côté de la route, au loin. Il m'a demandé de me renseigner pour savoir qui était cette personne. C'était quelqu'un d'âgé, qui semblait épuisé. Quand je me suis rapproché, je n'en ai pas cru mes yeux. C'était le Dr Daulat Singh lui-même, avec son bol pour mendier, toujours dans la même tenue de la Vie nouvelle.

Je lui ai demandé : « Dr Daulat Singh ? ». Il a dit : « Oui. Est-ce que Baba est là ? » J'ai répondu que oui, et il m'a demandé s'il pouvait venir à la porte de Baba pour mendier. J'ai répondu : « Je ne sais pas, mais sachez que c'est Baba qui vous a repéré et m'a envoyé vous chercher. »

Cela l'a rempli de joie et de bonheur. Il est venu à la porte de Baba et lui a mendié de la nourriture. Baba s'est levé de sa chaise, lui a donné à manger et puis l'a embrassé avec un sourire jovial. Il lui a demandé de raconter tout ce qui s'était passé, juste pour que nous entendions ce que c'était de mener la Vie nouvelle loin de lui, et pour la comparer avec ce qu'elle était à ses côtés. Quelle différence ! Il nous a raconté ses nombreuses tribulations.

Après nous avoir quittés, il est revenu chez lui à Hyderabad. Les premiers jours qui ont suivi son retour, sa femme et ses enfants l'ont accueilli avec beaucoup de joie. Mais par contre, cela ne leur a pas plu qu'il continue à sortir de la maison pour mendier sa nourriture dans la rue. Il suivait les instructions de Baba, qui lui avait dit de rentrer chez lui et d'y rester, mais de mendier sa nourriture. Un jour, deux jours, trois jours à mendier, cela leur était égal, mais à force, cela a fini par les contrarier fortement. Ils venaient d'une très bonne famille, comme tous leurs voisins de quartier. L'idée qu'il mendie leur déplaisait beaucoup.

Sa femme et ses enfants sont allés rapporter ce problème au chef de la communauté, en disant que le docteur était en train de devenir fou. Mais ce dernier était catégorique. Il voulait suivre la Vie nouvelle de Baba. Alors les habitants ont commencé à le frapper avec leurs chaussures et à le chasser de la rue pour tenter de le ramener à la raison. Mais rien ne pouvait le faire plier, même lorsqu'ils le frappaient avec leurs chaussures, ou même des pierres. Finalement, sa propre famille a fait la même chose : sa femme et ses enfants l'ont frappé violemment. Puis ils l'ont mis dehors en lui disant qu'ils ne voulaient plus de lui. Voilà pourquoi il errait d'un endroit à l'autre, à mendier sa nourriture.

Baba était immensément heureux et l'a embrassé. Il lui a dit : « Maintenant, tu es libéré de la Vie nouvelle. Rentre chez toi, reprends ton ancien métier de médecin, et rappelle-toi qu'un jour je me rendrai dans ta maison. Je veux tu sois heureux maintenant. »

Le Dr Daulat Singh est donc rentré chez lui. Cela demande pas mal de culot à quelqu'un de revenir chez soi alors qu'il a été battu et mis à la porte par sa propre famille. Mais c'est ce qu'il a fait. Il a repris son activité et il est rapidement devenu un médecin réputé. Sa famille lui a permis de revenir à la maison et s'est mise de nouveau à le respecter.

Quand Baba est revenu des États-Unis en 1952, après l'accident, il s'est mis en route à nouveau pour des tournées à la recherche de masts. Un jour, nous sommes arrivés à Hyderabad et Baba nous a demandé : « Es-tu au courant que le Dr Daulat Singh vit à Hyderabad ? » J'ai répondu : « Oui, Baba, j'ai son adresse. » Baba : « Allons chez lui. »

Il était très tôt le matin, autour de six heures. J'ai demandé à quelques personnes où se trouvait la maison, et quand nous sommes arrivés à sa hauteur, j'y suis entré.

« C'est votre voiture ? Baba est là ? » J'ai répondu : « Oui, il est dans la voiture. Il est venu vous rendre visite. Vous vous souvenez de sa promesse ? Baba nous avait dit de lui rappeler sa promesse qu'il viendrait un jour. » Il était fou de joie. Il s'est mis à sautiller comme un cabri, a couru à la voiture, a ouvert la porte, a embrassé Baba et il est rentré dans la voiture. Il ne savait pas quoi faire ; il était sans voix.

37

On a fait monter Baba dans le salon. Le Dr Daulat Singh s'est assis à ses pieds et a appelé sa femme et ses enfants. « Prenez le *darshan* de Baba. Il est venu chez nous. Quelle bénédiction ! » Et il n'a rien pu dire de plus. Il avait complètement perdu son souffle, et il s'est donc tu.

Au bout d'un certain temps, Baba a dit : » Je me suis souvenu de ma promesse, et maintenant je vais te laisser. Continue à exercer et viens à chaque fois que je t'appellerai. Je suis très satisfait de ton amour. J'en suis rempli. Je ne veux rien de plus. » Il s'est alors levé pour partir.

Tandis que Baba sortait de la maison, le Dr Daulat Singh s'est mis à pleurer, à se lamenter et à se frapper la poitrine. Il ne savait pas quoi faire. Il s'était imaginé que Baba allait rester avec eux un certain temps et qu'il pourrait lui donner quelque chose à manger, ou un peu de thé, plus tard dans la matinée.

Par la suite, il a pris l'habitude de venir voir Baba puis de rentrer chez lui. Il est mort à son service, en parlant de Baba autour de lui. Il parlait avec audace de Baba en tant qu'Avatar aux personnes de la communauté sikhe. Tous les Baba-lovers de la communauté sikhe de sa ville sont le fruit de son travail.

Don — À t'entendre, Eruch, être avec Baba dans la Vie nouvelle n'était pas une épreuve.

Eruch — Non. Ce que j'essaie de te montrer, c'est à quoi ressemblait le quotidien avec Baba, en tant que son compagnon dans la Vie nouvelle. Mais il y a une dernière chose au sujet du Dr Daulat Singh que je ne veux pas oublier. Je voudrais revenir au jour où il avait dit, à Meherabad, qu'il était prêt à rejoindre Baba dans la Vie nouvelle, comme tous ceux, nombreux, qui avaient dit oui. Quand la réunion s'est terminée, le Dr Daulat Singh s'est assis sur la véranda qui se trouve en bas de Meherabad. Tu as sans doute dû voir cette véranda.

Don — Oui, elle est spacieuse, large et ombragée.

Eruch — Il y avait un banc à cet endroit-là. Il était assis dessus, détendu, sans avoir la moindre idée que Baba allait sortir sur la véranda. Baba l'a parcourue en long et en large une fois, deux fois, et le Dr Ghani était là à fumer une cigarette. Baba est allé vers lui, a pris la cigarette de sa bouche et a fait un geste au Dr Daulat Singh pour lui dire de la fumer. Le Dr Daulat Singh a été très heureux de le faire.

«C'est bien, mon garçon», a dit Baba au Dr Daulat Singh en lui donnant une tape dans le dos et en rendant la cigarette au Dr Ghani. «C'est bon, tu feras l'affaire», a-t-il dit. C'est tout. Il faut que tu saches que le Dr Daulat Singh était un sikh, et que les sikhs ne fument pas. Leur religion le leur interdit. Mais la religion du Dr Daulat Singh consistait à aimer Baba et à lui obéir. Le Dr Daulat Singh croyait en Baba et le considérait comme le Dieu-Homme, l'Avatar.

Le seul être libre du monde entier

Sur la route, destination Dehra Dun, décembre 1949

Eruch, *poursuivant* — Nous avons à présent terminé l'histoire de Daulat Singh. J'ai souligné, Don, à quel point il lui était difficile de mener la Vie nouvelle loin de Baba. Je vais maintenant te raconter d'autres histoires qui te prouveront pour de bon que la Vie nouvelle avec Baba n'a jamais semblé difficile à ses compagnons, en dépit de toutes leurs épreuves.

Don — Pourrais-tu ensuite me donner aussi d'autres d'exemples pour illustrer comment disparaissaient peu à peu les frictions entre les compagnons, pour autant que tu le saches, même s'ils vivaient presque les uns sur les autres ?

Eruch — Oui, je peux aborder le sujet aussi, mais il faudra que tu me le rappelles plus tard.

Don — C'est vraiment inhabituel, parce que dans la plupart des cas, les tensions évoluent exactement dans le sens inverse : elles continuent à empirer et finissent par devenir insupportables.

Eruch — D'accord, mais il faudra que tu me rappelles d'aborder la question. Comme je te l'ai dit plus tôt, nous étions encadrés par certaines instructions strictes de Baba. Elles agissaient sur nous comme des menottes. Nous étions même, pour ainsi dire, comme ligotés dans une camisole de force, et en même temps Baba rendait tout cela très facile. La seule chose à faire, c'était de nous appliquer à essayer d'être heureux.

Baba nous a dit : « Toutes ces règles se résument à une petite chose qui me sera d'une grande utilité dans ma Vie nouvelle, et qu'il vous sera possible de réaliser sans difficulté, vu que vous êtes mes compagnons : que votre compagnie soit pleine d'entrain. » En aucune circonstance nous ne pouvions faire grise mine. S'il nous était possible de nous conduire ainsi, de rester tout simplement de bonne humeur en permanence sans nous soucier de quoi que ce soit, tout irait comme sur des roulettes.

Don — A-t-il dit clairement de ne se soucier de rien ?

Eruch — Oui, de rien du tout.

Don — Il a donc insisté là-dessus. C'est un fil conducteur que l'on retrouve tout au long du ministère de Baba : « *Don't worry, be happy*, ne vous inquiétez pas, soyez heureux ».

Eruch — Malgré cette vie de désemparement et d'inespérance les plus complets que nous étions censés mener, il a dit cela de la même manière : « Ne vous inquiétez pas, soyez heureux. » Et nous nous sommes vraiment efforcés d'obéir à cet ordre. Les compagnons qui étaient avec Baba étaient pleinement convaincus qu'ils n'allaient pas revenir. Les déclarations de Baba les en avaient persuadés. Et une fois qu'ils en ont été sûrs et certains, le monde a cessé d'exister à leurs yeux car ils avaient quitté leurs possessions, leurs familles, leurs épouses, leurs enfants, leurs frères, leurs sœurs, leur mères, les anciens, le monde entier. Ils ne se sont plus soucié de rien. Ils se sont risqués à subir n'importe quelle épreuve. Sur un préavis d'un mois, d'un seul mois, ils ont renoncé à tout et ont suivi Baba. Si cela, ils avaient été capables de le faire, rien d'autre dans la vie ne pouvait les préoccuper, n'est-ce pas ? Ils étaient déterminés à mener cette Vie nouvelle avec Baba.

Ainsi nous avons donc entamé la Vie nouvelle. Comme je te l'ai dit auparavant, le camp de formation était à Belgaum, un endroit au sud de Poona. Après avoir terminé le programme prévu là-bas, nous sommes partis vers le nord[1]. En moyenne, nous avons dû marcher quinze à vingt-cinq kilomètres par jour, en fonction de la santé des compagnons. Parfois, nous avons marché jusqu'à trente-quatre kilomètres en une journée. Nous avons marché tant et plus avec Baba.

---

1   Baba et ses compagnons se sont rendus dans le nord en train pour séjourner à Bénarès et ses environs. C'est en quittant ces lieux que la marche a repris, à partir du 12 décembre 1949. Ed.

Naturellement, en route, il nous fallait de la nourriture pour nous permettre d'avancer. Quand Baba nous demandait de nous arrêter la nuit, c'est lui qui choisissait le lieu où nous allions nous reposer. C'était en général un verger, une mangueraie, ou parfois un champ, à découvert. Cela dépendait du lieu où nous nous trouvions quand la nuit tombait. Alors, selon les directives de Baba, nous nous dispersions dans les alentours pour mendier de la nourriture, notamment des céréales.

Si, sur notre chemin, nous passions par un village ou une ville, Baba nous faisait signe de nous mettre à mendier de la nourriture pour le groupe. Nous acceptions tout ce que les villageois avaient à donner. Nous ne précisions jamais ce qu'ils étaient censés nous offrir.

Don — Si vous ne passiez pas par un village et que vous n'aviez pas de céréales quand c'était l'heure de camper, est-ce que vous alliez dans un champ pour en ramasser ?

Eruch — Non. Nous trouvions une hutte de paysan. Baba nous avait donné l'ordre de ne rien voler, tu sais, de ne commettre aucun délit.

Don — C'est ce que je voulais savoir.

Eruch — Normalement nous devions aller au village le plus proche pour nous procurer un repas, ou bien pour trouver le grain ou la farine en vue de sa préparation. Les femmes avaient pour tâche de ramasser du petit bois et des bûchettes pour le feu la nuit.

À présent, je vais te donner quelques exemples pour te montrer comment, à mon avis, Baba nous facilitait cette vie de mendicité. Comme je te l'ai dit hier, j'avais le devoir de rester en permanence avec Baba, et donc, quand nous prenions la route chaque matin, je devais marcher à ses côtés, puis derrière nous suivaient les quatre femmes, et ensuite le reste des mandalis.

Baba partait dès les premières heures de la matinée. C'était magnifique à cette heure-là ; je me sentais comme le seul être libre du monde entier. Seul comptait pour moi le fait que j'étais aux côtés du Dieu-Homme — que nous

ne devions pas considérer comme le Dieu-Homme, mais comme notre compagnon. C'était un véritable enchantement. Au loin, Baba montrait de la fumée qui s'élevait, comme cela se produit tôt le matin.

Don — Oui, j'ai toujours remarqué cela en arrivant en avion en Inde.

Eruch — Baba pointait son doigt vers l'horizon pour dire : « Regardez, il y a un feu là-bas, on est en train de nous préparer le petit-déjeuner. » Alors, il m'arrêtait et me demandait d'aller à travers champs pour mendier notre petit-déjeuner. Je quittais Baba et me dépêchais de traverser la campagne, pour couvrir d'ailleurs souvent une grande distance.

Les instructions de Baba étaient qu'après avoir rejoint le village et mendié notre nourriture, je devais le rejoindre à une certaine distance sur la route, car il ne s'arrêtait pas pour autant de marcher sous prétexte que je mendiais. Il avançait et il fallait que je le rattrape. Tu peux t'imaginer la vitesse et la concentration qu'il me fallait pour mendier la nourriture pour Baba et les femmes. Pendant ce temps-là, les hommes qui continuaient à suivre Baba avaient aussi leurs obligations à remplir, et si l'opportunité se présentait, eux aussi allaient mendier.

Don — Mais tu étais « le mendiant éclaireur » en quelque sorte ? Les autres allaient mendier un peu, mais Baba t'envoyait à l'avance ?

Eruch — C'était juste pour le petit-déjeuner quand Baba voyait de la fumée s'élever d'un certain endroit. La vue de la fumée ouvrait l'appétit du Dieu-Homme, en quelque sorte, et il me demandait d'y aller mendier de quoi manger.

Je vais te raconter une ou deux anecdotes qui se sont produites lors de ces séances de mendicité matinale. Comme je l'ai dit, je marchais très vite pour ne pas rater Baba ni le faire attendre, parce qu'après avoir marché un peu, si je ne l'avais pas rattrapé, Baba s'arrêtait et m'attendait de l'autre côté du village. Normalement, Baba ne faisait jamais de détour et ne ralentissait jamais pour mendier. Je me précipitais donc pour mendier immédiatement de quoi manger, comptant rejoindre le groupe avant que Baba ne trouve finalement nécessaire de faire une pause pour attendre mon retour.

Quand je mendiais, je gardais à l'esprit cette astuce qui provenait d'une histoire racontée par Upasni Maharaj, le Maître de Baba. Au cours de son récit, il nous suggérait, si l'occasion se présentait, de ne jamais mendier par la porte principale, mais par celle de derrière, car les femmes ont le cœur plus tendre. Si vous allez à la porte principale, les hommes vont vous chasser. Il faut donc aller à la porte de derrière, chercher la cuisine et parler aux femmes. J'avais toujours le conseil d'Upasni Maharaj en tête.

En Inde, dans les villages, les maisons n'ont souvent pas de porte de devant et de derrière. Il n'y a souvent qu'une seule porte, et même parfois aucune. Dans tous les cas, quand je disais aux femmes : « Ma, donne-moi de la nourriture », j'arrivais à les émouvoir. Et elles s'exécutaient et m'en donnaient. Parfois aussi, c'était une vieille femme de la maisonnée qui jetait un œil pour voir qui mendiait, puis me donnait à manger. De temps en temps, elles me donnaient deux ou trois de ces galettes épaisses que les fermiers cuisent pour leur petit-déjeuner, en me disant d'attendre un peu le temps de préparer des légumes frais. Et pourtant, elles ignoraient complètement à qui la nourriture était destinée.

Don — Elles faisaient tout cela d'elles-mêmes ?

Eruch — Oui, de leur propre initiative, sans poser de questions. Très rarement me demandaient-elles même où nous nous dirigions. Si c'était le cas, je répondais que nous allions vers le nord. Parfois, elles me demandaient combien nous étions, ou si j'étais seul, et certaines se demandaient pourquoi, à mon jeune âge, j'étais là à avoir, semble-t-il, renoncé au monde. Je leur disais : « Je suis avec un groupe d'amis, mes compagnons, et le chef du groupe. » Parfois je l'appelais « mon frère aîné ». Mais Baba nous avait ordonné de ne jamais dévoiler son nom.

Ces gens me donnaient ainsi des galettes et des légumes cuisinés que je rapportais à Baba, le Dieu-Homme. Tu n'imagines pas toutes les choses qui nous étaient offertes ! Parfois, on me donnait assez de nourriture pour nous tous. Baba m'avait ordonné de tout accepter, quelle que soit la quantité.

Après avoir mendié ce que je considérais comme suffisant, j'allais aussi vite que possible là où j'estimais que Baba serait arrivé. Une fois que j'avais rejoint Baba, qui cheminait avec les quatre femmes et les hommes qui suivaient derrière, la troupe entière faisait halte, mais les hommes restaient toujours à distance. Baba prenait tout ce que j'avais apporté, et le divisait de ses propres mains, en donnant à chacun deux portions pour la matinée. Cette nourriture, partagée par Baba, était suffisante pour un petit-déjeuner complet. Des galettes fraîches, des légumes frais, le tout distribué par le Dieu-Homme ! Nous étions pleinement rassasiés. À l'occasion, il y avait des bâtons de canne à sucre pour le dessert. Baba donnait un morceau à chacun d'entre nous, et puis nous nous remettions en route après l'avoir mangé.

Il y a un épisode très touchant qui me vient à l'esprit. D'habitude, quand Baba m'envoyait vers un village pour mendier de quoi manger, je devais aller de hutte en hutte. À la première, on ne m'offrait qu'un peu de pain et pas de légumes, donc je passais à la hutte suivante, puis la suivante, jusqu'à ce que j'aie reçu une quantité suffisante pour deux portions chacun à répartir entre vingt-deux personnes au moins, et aussi un peu pour Baba. Ainsi, d'habitude, il me fallait traverser presque tout le village. Une ou deux huttes n'étaient pas suffisantes, car nous étions un grand groupe.

Un jour, comme beaucoup d'autres, je suis parti, sur ordre de Baba, pour me mettre à mendier dans un village pour notre petit-déjeuner. La première hutte où je suis allé était habitée par une vieille femme. Quand je l'ai vue couchée là, j'ai crié fort : «Ma, *bhiksha*, donne-moi quelque chose à manger». Il n'y a pas de bonne traduction du mot «bhiksha». Ce n'est pas «aumône», ni même «nourriture». «Bhiksha» veut dire quelque chose qui est offert à un mendiant. Est-ce qu'il existe un mot en anglais pour cela ?

Don — Je n'ai rien qui me vient à l'esprit, Eruch.

Eruch — Ce n'est pas «aumône», car ce n'est pas distribué comme on pratique la charité, tu vois.

Don — Pitance, peut-être.

Mani — Ici *bhiksha* veut dire des ingrédients non préparés, comme de la farine, des céréales, du sucre brun, du beurre, etc.

Eruch — C'est ça. Le premier mot que Baba voulait que nous prononcions était «Ma», ce qui signifie «mère». Et les deuxième, troisième et quatrième mots sont «prémsé bhiksha didjiyé». Ce qui veut dire : «Offrez-nous avec amour tout ce que vous donnez».

Voilà donc ce que nous disions quand nous mendiions notre nourriture. Ce matin-là, quand je suis allé au village et que j'ai appelé cette vieille femme, elle s'est levée en disant : « Attends, attends, mon fils, attends, je vais te donner quelque chose », et elle s'est mise à ouvrir quelques boîtes dans sa hutte. Pas une seule boîte ne contenait quoi que ce soit. Elle m'a alors dit d'attendre à sa hutte puis elle est partie mendier pour ma cause ! En faisant le tour du pâté de maisons, elle a pu m'obtenir une bonne quantité de nourriture.

Don — *Elle* a fait ça ?

Eruch — Oui, elle a fait ça. Elle ne m'aurait pas laissé partir les mains vides, vois-tu. Je me rappelle encore bien cette vieille femme, partie mendier pour le Dieu-Homme, qui m'avait envoyé mendier pour lui.

Don — Qu'as-tu fait pendant ce temps-là ?

Eruch — Elle m'avait dit de ne pas quitter sa maison, je me suis donc assis devant sa porte pendant qu'elle faisait le tour de la rue. Elle a rapporté des *bhakri* (les galettes que mangent les paysans) toutes fraîches, des légumes et du chutney, m'a donné le tout et m'a dit au revoir.

Don — Et as-tu raconté cette histoire à Baba ? Quelle a été sa réaction ?

Eruch — Il était ravi.

Mani — Baba a dit à Eruch de continuer à marcher, et il est arrivé là où nous les femmes, nous étions. Il s'est assis sur une pierre au bord de la route et nous a raconté l'histoire de la vieille femme qui avait mendié de la nourriture pour le Dieu-Homme !

Don — Quelle est l'autre anecdote ?

Eruch — Voici comment s'est passée l'autre histoire. Alors que je marchais avec Baba sur la route vers une destination qu'il avait fixée pour le soir, il m'a envoyé mendier. Je suis parti avec l'espoir de recevoir une bonne quantité de riz et de lentilles (c'est-à-dire du riz et des dal). Le riz et les lentilles constituent notre régime de base que nous favorisions quand c'était possible. Si ce n'était pas le cas, nous devions bien sûr accepter tout ce qui nous était offert. Nous ne pouvions pas demander quelque chose en particulier.

À l'approche du village d'à côté, voyant son aspect plutôt opulent, je me suis dit que je pourrais récolter une bonne quantité de céréales et de lentilles. Tout le monde avait vraiment faim ce jour-là. Tandis que je marchais à grand pas d'une rue à l'autre pour tenter d'en obtenir assez pour nous tous...

Mani — Ce n'était pas une rue, mais plutôt une ruelle.

Eruch — Une venelle ou une ruelle villageoise, c'est ça ; quoiqu'il en soit, un homme m'a arrêté en chemin. C'était un vieil homme, et il y avait deux ou trois autres hommes avec lui. Il m'a pris dans ses bras, m'a embrassé sur la joue et m'a dit : « Jeune homme, où vas-tu avec tant de hâte ? » Je lui ai répondu : « Je dois aller mendier de quoi manger pour mon groupe. » « Mon fils, pourquoi veux-tu quitter le monde et vivre ainsi ? » « Cela fait plaisir à mon grand frère, ai-je répondu, et à moi aussi. »

Il a dit alors : « Est-ce que tu sais la chance que tu as d'avoir un tel penchant à ton âge, à quel point tu es béni ? » Je lui ai répondu : « Eh bien, tout ce que je sais, c'est que j'ai vraiment de la chance d'être aux côtés de ceux qui m'accompagnent maintenant ». « Ne te précipite pas », a-t-il dit. Il est allé chez lui, m'a sorti de l'huile, des condiments en quantité, du sel, du sucre, du riz et assez de lentilles pour faire un bon festin. En plus de tout ça, il m'a aussi fourni des fagots de bon bois de feu. Alors, il m'a quitté en me disant avec une bonne accolade : « Malgré tout, puis-je te demander quelque chose ? Une fois que tu auras terminé ton pèlerinage ou ce que tu prévois de faire, est-ce que tu reviendras chez moi pour vivre dans ma maison comme mon fils ? » Je lui ai répondu que je ne pouvais pas le promettre et je suis parti, mais je me souviens très clairement de ses mots et de la scène. C'était une rencontre très touchante avec quelqu'un qui m'était inconnu, et je ne sais pas pourquoi il m'a parlé ainsi, mais il a fourni tout ce dont l'ensemble du groupe avait besoin pour la journée entière.

Don — Est-ce que Baba a eu une réaction particulière ?

Eruch — Non. Bien sûr, Baba nous demandait toujours de raconter les petites anecdotes que nous rapportions du village. Il n'a pas semblé…

Mani — Parfois Baba nous racontait une histoire qu'Eruch lui avait confiée quand il nous donnait la nourriture qu'il avait rapportée. Est-ce qu'Eruch t'a parlé de ces femmes qui préparaient des *chapati* toutes chaudes sur une poêle? Tu vois, quand nous marchions pendant la Vie nouvelle, Baba et Eruch étaient d'habitude devant nous, puis à une certaine distance, il y avait Mehera, moi-même, Goher et Meheru. Nous marchions dès l'aurore dans le froid – dans le froid glacial – et même si nous avions nos manteaux sur nous, nous ne pouvions pas les boutonner tellement nos doigts étaient gourds. Mais après nous être mis en route avec Baba, c'était vraiment merveilleux. Nous passions par des champs de moutarde aux fleurs jaunes, et des beaux paysages, en marchant toujours et encore.

Vers les six heures et demie, sept heures, quand les habitants du village commençaient à préparer leur petit-déjeuner, nous étions tout à fait prêts à manger nous aussi. Mais le fait d'avaler un morceau ou non, à ce moment-là, dépendait du bon vouloir de Baba. Je me rappelle une fois qu'il est revenu vers nous, alors qu'Eruch continuait à marcher à l'avant, et pour discuter un peu avec nous. « Vous avez faim ? » a-t-il demandé. Nous lui avons répondu que oui, et Baba est reparti vers Eruch et lui a dit quoi faire. Baba s'est assis avec nous et nous avons attendu longtemps, une heure et quart peut-être. Puis, voyant qu'Eruch était de retour, il est allé à sa rencontre, a pris dans ses mains ce qu'il avait mendié pour nous, puis est revenu vers nous et a distribué cette nourriture à chacune d'entre nous. Ensuite il nous a raconté cette histoire, car il avait demandé à Eruch de quelle façon cela s'était passé.

Eruch — Baba insistait toujours pour savoir comment la nourriture avait été donnée, ce qu'ils avaient dit, ce que j'avais dit.

Mani — Nous avons compris qu'Eruch s'était rendu à une maison du village – une hutte, plutôt – qui avait un foyer au sol avec un beau fagot en train d'y brûler. Devant, il y avait une femme en train de préparer des *bhakri*, les galettes locales, sur une poêle. Une galette était déjà en train de cuire quand Eruch est arrivé et s'est tenu là, masquant l'entrée de la hutte, parce que les huttes sont basses.

Elle a dit : « Oui ? » et il a demandé de la nourriture, et elle a répondu : « Attends, attends, c'est presque prêt », faisant allusion au pain tout chaud qu'elle préparait. C'était sans doute le repas familial du matin, voire de toute la journée, car c'est dans leurs habitudes. Nous le savons bien. Ils ont juste assez de nourriture pour ce repas, et ensuite il n'y a plus rien à manger dans la maison.

Elle a donné à Eruch deux bhakris, et un légume cuit appelé *bora* pour accompagner la bhakri, ce qui suffisait à quatre ou cinq personnes. Baba était très content et très touché, je m'en souviens bien, il passait son temps à dire : « C'est délicieux, n'est-ce pas, c'est délicieux, n'est-ce pas ? » Cela ne faisait aucun doute, et c'était chaud en plus ! Que désirer de plus, un matin par temps froid, sur le bord de la route : ne pas manger simplement du pain et du beurre, mais cette galette toute chaude et servie par Baba lui-même ! Baba était très touché par tout cela.

En revanche, une autre fois c'étaient Kaka et Nilu qui ont été envoyés. Nous nous étions installés pour la nuit près d'une ville, peut-être dans une mangueraie comme souvent, ou bien dans un autre endroit, à l'écart et assez vaste pour nous tous. Les mandalis dormaient toujours à la belle étoile, sous les arbres. Nous, les quatre femmes, allions dans la caravane pour la nuit. À cette occasion comme à d'autres, on avait envoyé quelques mandalis mendier de la nourriture, avec amour. Cette fois-ci, c'était le tour de Kaka et Nilu, vêtus d'une longue robe et du turban de la Vie nouvelle.

Eruch — Un turban vert.

Mani — Oui, ils portaient ces vêtements, tout simplement parce que Baba leur avait dit de le faire. Ils faisaient ce que Baba désirait. Si Baba leur avait demandé de porter une couronne, ils se seraient exécutés, cela n'aurait pas fait la moindre différence. Mais ils n'étaient pas des mendiants dans le sens traditionnel du terme ; ils faisaient juste ce que Baba leur demandait de faire. Il faisait si froid en cette saison qu'ils avaient enfilé tout ce qu'ils avaient, un vieux pull, un manteau matelassé que quelqu'un avait donné en bhiksha sur la route, et par-dessus le tout, la robe. Déjà, ni Kaka ni Nilu n'étaient minces. Ils avaient bonne mine, ils étaient bien-portants, robustes, rondelets, on pourrait presque dire gros, mais avec tous leurs habits ils avaient vraiment l'air replet et gras. Quand ils sont allés demander de la nourriture en ville, un homme est sorti de sa maison et leur a dit d'un regard noir : « Vous là ! Vous avez une carrure de lutteurs et vous n'avez vraiment pas l'air d'avoir faim, et pourtant vous êtes là à mendier. C'est quoi votre problème ? Pourquoi vous ne cherchez pas du travail ? »

Eruch — Il a dit : « Faites un combat de boxe pour gagner de l'argent. »

Mani — « Vous feriez certainement de bons lutteurs, mais vous êtes de bien piètres mendiants ! Vous devriez avoir honte de vous ! et ainsi de suite, et ainsi de suite. Bien sûr, ils sont revenus les mains vides. Kaka l'a bien pris, mais Nilu ! C'est déjà difficile pour un brahmane d'aller mendier, surtout s'il se rappelle ses ancêtres, ses traditions, etc. Il grommelait : « Comment on s'est fait insulter ! »

Don — Mais il leur fallait bien changer d'attitude au moment de voir Baba, n'est-ce pas, sans quoi ils enfreignaient ses règles strictes ?

Eruch — En présence de Baba, ils ne pouvaient pas être de mauvaise humeur.

Don — Il ne fallait pas être bougon, ni manifester sa déception.

Mani — Il fallait ne rien montrer de la sorte. Cette histoire n'avait aucune importance pour Nilu sur le plan personnel, mais il y avait eu là un autre hindou qui lui avait dit toutes ces choses, à lui, un brahmane, et tout cela parce qu'il mendiait pour Baba.

Don — Quelle injustice !

Mani — Mais tu sais, Don, traditionnellement, les écritures, les textes et les coutumes enjoignent aux hindous de toujours donner à manger à une personne qui vient à leur porte, de ne jamais refuser, car qui sait, un jour cette personne pourrait être Ram lui-même sous l'aspect d'un homme – Dieu sous forme humaine. Donc, même s'il s'écoule des centaines d'années entre chaque venue de l'Avatar, on donne l'aumône sans se soucier si le mendiant ou le *sadhu* est un vrai ou un imposteur. Quoi qu'il arrive, il ne faut jamais refuser, car on ne sait jamais qui peut frapper à la porte un jour.

Don — Bien sûr, Mani, s'ils étaient malins et au courant de ce que Baba nous a enseigné, ils ne donneraient rien pendant six cents ans, et puis pendant les cent ou deux cents années suivantes, ils passeraient leur temps à donner à tout le monde.

Eruch — Ce serait bien de raconter l'histoire de Shabari. C'est une histoire très touchante qui date du temps de Ram, il y a environ sept mille ans. Quand Baba est venu sous la forme de Ram.

Don — Sept mille ans, selon toi?

Eruch — Oui, presque. Il y avait une fidèle de Ram qui s'appelait Shabari, une Bhilni, qui attendait que Ram passe par sa hutte. Une «Bhilni» est une femme d'une certaine caste qui vit presque nue dans la forêt, une sorte d'aborigène pour ainsi dire. Shabari était une âme très avancée qui aimait Ram, même si elle était née dans cette communauté simple. Jour après jour, elle attendait Ram, dans l'espoir qu'il passe devant sa hutte. Comme elle faisait partie de cette caste méprisée et qu'elle n'avait rien à offrir au Dieu-Homme, elle allait dans la forêt et cueillait les meilleurs fruits qu'elle pouvait trouver, les goûtait, rejetait tout ce qui était amer et conservait le reste tout prêt à être offert à Ram.

Bien sûr, goûter un fruit destiné au Dieu-Homme est un blasphème innommable. Cela ne se fait pas du tout. Tout d'abord, la classe des brahmanes considère que seuls les brahmanes peuvent offrir de la nourriture au Dieu-Homme. Et qu'une *femme* de basse caste goûte le fruit, sans même se servir d'un couteau, mais en croquant dans le fruit et en le *goûtant*, c'est quelque chose de totalement inimaginable.

Mani — Si on cueille des fleurs dans un jardin pour les offrir, on n'en hume jamais le parfum soi-même.

Eruch — Autrement, on subtilise le parfum pour soi. À quoi cela sert d'offrir quelque chose qui a déjà été utilisé ? On ne doit même pas les sentir furtivement. Elles doivent être dans l'état le plus intact.

C'est la même chose avec la nourriture. On doit la préparer seulement de la main droite après s'être lavé, quand son corps est propre. Avec l'esprit et le cœur purs, on élabore alors la nourriture de façon particulière, avec rien d'autre que la répétition du nom de Dieu. Voilà les traditions à observer.

Mais laissons de côté tous ces rituels et intéressons-nous dans cette histoire à la personne qui offre à manger. Selon la tradition, cette femme-là n'avait pas le droit de le faire. Malgré cela, elle attendait que Ram traverse cette partie de la forêt pendant sa période d'exil, et qu'il passe devant sa hutte. Elle attendait jour après jour, toujours prête à lui offrir quelque chose quand il arriverait. Un jour, il s'est trouvé que Ram est effectivement passé par là. Elle l'a vu et l'a invité dans sa hutte ! Ainsi, Ram s'est installé là pour manger les fruits qu'elle avait déjà goûtés, et depuis lors, elle a été immortalisée dans chaque spectacle et chaque pièce de théâtre qui dépeint l'histoire de la vie de Ram. À cause de son amour pour l'humanité, Ram s'est abaissé au point de manger des fruits qui avaient été goûtés par une personne de basse caste. Il est donc très important que quiconque passe à votre porte ne puisse pas repartir les mains vides, surtout quand il vient mendier de la nourriture.

Don — Est-ce que c'est aussi une caractéristique de la tradition musulmane, ou simplement de la tradition hindoue ?

Eruch — C'est la tradition hindoue, mais en Inde elle est aussi observée par les musulmans.

Don — Eruch, pourrais-tu me parler un peu de votre mode de vie pendant cette période ? Mani dit que les hommes dormaient à la belle étoile et que les femmes se retiraient dans la roulotte.

Eruch — Baba avait une petite tente pour lui. Il me semble qu'elle appartenait à Elizabeth. J'étais chargé de la planter pour Baba tous les soirs. Elle ne pouvait loger qu'une personne, et elle était extrêmement bien conçue : à l'entrée, il y avait des rabats avec une fermeture éclair ; il y avait donc de l'air, mais pas de moustiques.

Don — Est-ce que la roulotte où dormaient les femmes est celle qui se trouve derrière, le long de ton cabanon ?

Eruch — Oui. On l'appelle la caravane.

Don — Elle était tirée par quels animaux ?

Eruch — Deux bœufs, dont un anglais. Il y en avait eu deux à Meherazad, mais l'un d'eux est mort juste avant la Vie nouvelle. Baba a demandé à Sarosh d'apporter dans sa voiture deux veaux, anglais, à Ahmednagar.

Don — Oui, Sarosh m'a raconté l'histoire de Baba qui l'envoie chercher les deux veaux et ses difficultés à les trouver. Et je crois qu'une autre fois, il lui a fallu trouver deux cochons.

Eruch — On a amené les deux veaux à Baba, qui les a nourris avec du lait en bouteille. On le voit en photo en train de les nourrir. Ils sont devenus, en grandissant, des bœufs costauds que Baba a appelés Rajah et Wadjir. Rajah signifie « roi » et Wadjir « premier ministre ».

Don — Quand il pleuvait pendant vos trajets à pied, qu'arrivait-il aux hommes ? Est-ce que vous vous contentiez de vous couvrir la tête sous la pluie ?

Eruch — Non, même pas. Notre couvre-chef, c'était le ciel. Nous avions cette couverture rêche appelée *ghongadi* qui était censée nous protéger de la pluie, mais pas des averses de pluie battante. Donc on se faisait tremper puis on séchait, c'est tout.

Cette vie-là, ce n'était pas qu'un voyage

Bhiksha à Calcutta et autres anecdotes, novembre 1950

Don — Est-il arrivé à Baba de mendier ?

Eruch — Oui. À Bénarès et à Satara, c'est Baba qui s'est chargé de mendier. Mais pas seulement dans ces deux villes, il l'a aussi fait à Calcutta. C'est une histoire très touchante, d'ailleurs – on va la raconter, maintenant que tu as posé la question.

Pendant la période de notre Vie nouvelle, Baba nous a emmenés à Calcutta, où se trouve le temple de Kali, célèbre lieu de pèlerinage. Ramakrishna Paramhansa a été prêtre dans ce temple, et il y a obtenu la Réalisation alors qu'il vénérait Dieu. Le temple s'appelle Dakshineshwar[1], et bien qu'à l'époque il se trouvait à quelques kilomètres de Calcutta, aujourd'hui il est situé dans les faubourgs. On peut y voir la chambre de Ramakrishna avec son lit et tous ses effets.

Quand nous sommes arrivés à Calcutta, Baba a exprimé le vœu d'aller à Dakshineshwar et de s'y asseoir un moment. Pour son travail, il a choisi le réfectoire du domaine où, après que Ramakrishna est parvenu à la Réalisation, ses disciples se rassemblaient pour prendre leur repas. À Dakshineshwar, des petits bâtiments et des temples en grand nombre entourent le temple de Kali, et l'un d'entre eux est le réfectoire où Baba a exprimé le désir de faire son travail.

C'était compliqué pour nous à organiser, mais il nous a bien fallu le faire. J'ai contacté le responsable de l'endroit et l'ai supplié de nous permettre d'utiliser le réfectoire quelques heures sans être dérangés.

---

1 Bien que le texte original mentionne Kali Ghat, un autre grand temple de l'agglomération de Calcutta, nous avons eu accès à une lettre qu'Eruch a écrit à Don Stevens le 17 mai 1977 pour corriger l'erreur qu'il avait commise pendant l'entretien en confondant les deux temples. Nous avons donc suivi ses indications et corrigé cette erreur. Ed.

Ce réfectoire est une simple pièce nue, enduite de bouse de vache. On s'accroupit par terre, à la manière des Indiens, et on prend sa nourriture sur une feuille de bananier ou dans une assiette fabriquée avec des feuilles.

Une fois dans le réfectoire, je me rappelle que Baba a retiré tous ses vêtements pour ne garder qu'un *langot*. Est-ce que tu sais ce qu'est un langot ?

Don — Un pagne ?

Mani — C'est ça, un pagne.

Eruch — Il s'est alors assis. Je ne sais pas ce qu'il a fait par la suite, parce qu'il nous a demandé d'attendre dehors et de fermer la porte. Au bout d'un certain temps, une demi-heure ou trois-quarts d'heure peut-être, il a frappé dans ses mains et nous sommes entrés. Baba a alors enfilé tous ses vêtements, l'habit habituel de la Vie nouvelle constitué d'un turban et d'une grande et longue sorte de toge.

Il nous a dit alors que nous avions une mission très importante à accomplir ici et que nous devions suivre ses instructions à la lettre. Nous lui avons répondu que nous étions prêts à faire ce qu'il voulait. Il a dit alors que les directives étaient les suivantes : je devais être aux côtés de Baba pendant qu'il allait mendier. Derrière lui, il y aurait Pendu qui porterait un sac plein de pièces de monnaie, et derrière Pendu les autres mandalis.

Cette phase de la Vie nouvelle a eu lieu juste après l'événement, en 1950, où Baba est revenu dans son Ancienne Vie le temps d'une journée, a collecté de l'argent – vingt-huit à trente mille roupies environ – et s'est dirigé vers la région de Calcutta où sévissait une famine. Là, Baba est venu en aide à ceux qui en avaient besoin, sans que quiconque sache qui il était. Il allait directement dans les villages où les gens étaient en train de mourir. Nous avons vu la famine de très près. Personne ne savait que nous étions là, ni ce que nous faisions. Mais avant de se rendre dans les villages, il a fait ce travail dans le réfectoire de Dakshineshwar, puis est sorti et il a lui-même commencé à mendier de la nourriture, suivi par Pendu qui donnait des poignées de pièces aux pauvres. Imagine la scène !

Il s'est passé alors un incident très touchant. Peu après s'être éloignés des alentours du temple de Kali, nous sommes revenus vers la route principale en empruntant une longue voie d'accès, le long de laquelle des marchands ambulants proposaient des bâtonnets d'encens, des idoles de Kali, des photos de Ramakrishna, de Vivekananda et tous les objets qu'on trouve toujours dans les lieux de pèlerinage. Nous sommes passés devant tout cela, et quand nous avons atteint la route, Baba s'est arrêté et a dit : « Maintenant, on commence à mendier. »

Baba a regardé des deux côtés, a choisi la direction à prendre et nous nous sommes mis à mendier. Les deux-trois premières maisons n'ont pas répondu. Soit personne ne sortait, soit ceux qui sortaient nous disaient : « Non, désolés, passez votre chemin. »

Don — Est-ce que tu parlais au nom de Baba ?

Eruch — Oui, je devais parler pour lui. Mais quand je parlais, les gestes de Baba étaient tels que personne ne prêtait attention aux mots qui sortaient de ma bouche. Les gens pensaient que c'était Baba lui-même qui parlait, car ses mouvements étaient tels que les mots semblaient s'échapper de sa propre bouche. À peine j'avais dit « Ma, prémsé bhiksha didjiyé » que Baba tendait sa sacoche et son récipient de cuivre. Notez que tous ces objets sont conservés dans le musée.

Comme je viens de le dire, dans les premières maisons, nous nous sommes heurtés à l'indifférence ou au refus. Certains habitants nous disaient de demander à leurs voisins. Baba continuait scrupuleusement, demandant la bhiksha de porte à porte, jusqu'à ce que nous nous trouvions face à une certaine maison. Si j'étais à Calcutta, je serais capable de te la montrer. Baba a été reçu là-bas de manière très touchante, sans que personne ne sache qui il était.

Alors qu'on était devant cette maison et que j'appelais à voix haute, une jeune fille est sortie pour voir ce qu'il se passait. Elle a couru à l'intérieur et appelé des dames âgées qui nous ont dit : « Veuillez attendre ici. Ne partez pas de cet endroit avant d'avoir pris de quoi manger. Attendez, s'il vous plaît, nous allons préparer à manger. »

Baba me fit un geste ; sa manière de me faire un geste dans ce genre de situation, c'était de me donner un coup de coude pour attirer mon attention. J'observais ses mains sur le côté, qui me disaient qu'il y avait environ sept personnes dans notre groupe : il fallait donc que je dise à ces dames que si elles allaient nous préparer de la nourriture, il fallait que ce soit pour sept. Elles ont répondu : « Ne vous en faites pas, nous allons préparer à manger pour vous tous, mais veuillez bien patienter. » Mais, tu sais, quand Baba commence à désirer manger ou autre chose, il n'a aucune patience.

Nous avons donc attendu cinq minutes. Puis, de nouveau, nous avons fait retentir : « Ma, prémsé... », etc. Elles se sont précipitées : « Ne partez pas, nous sommes déjà en pleine préparation ! » Elles avaient commencé à préparer de quoi manger pour nous, et puis elles ont décidé de nous donner plein d'autres choses, on ignore pour quelle raison, Don. Toute cette famille, ces hommes, ces femmes et ces enfants, ils avaient tellement d'amour ! Je ne sais pas ce qui les a inspirés à préparer de la nourriture pour nous tous, en nous suppliant d'attendre que ce soit prêt. Ils sont vraiment bénis. Ils ont rempli nos besaces et nos pots de métal jusqu'à ras bord, et Baba était content. Il a alors exprimé sa grande satisfaction à toute la famille, nous sommes partis, et Baba a arrêté de mendier.

Don — Vous avez tous arrêté de mendier ?

Eruch — Non, juste Baba. J'ai ce souvenir de lui, quittant cette petite maison à Calcutta ce jour-là et partant loin, très loin. Puis, il s'est assis sous un arbre et il nous a tous distribué la nourriture.

C'était vraiment quelque chose, d'aller de maison en maison avec Baba qui mendiait à l'avant, et juste derrière lui de l'argent qui était distribué à tout-va. Pendu avait l'ordre de donner à quiconque s'approchait et lui demandait. Chacun a dû recevoir de cinq à dix roupies.

CETTE VIE-LÀ, CE N'ÉTAIT PAS QU'UN VOYAGE

Don — Est-ce que Baba t'envoyait toi, Eruch, en premier pour mendier, ou envoyait-il différentes personnes ?

Eruch — Il envoyait différentes personnes. Quand nous sommes arrivés à Bénarès, je n'ai pas reçu l'ordre de mendier, mais chaque fois que nous voyagions à pied, j'étais toujours le premier à être envoyé. Quand nous étions installés dans des villes ou aux alentours, quelqu'un y allait, Ghani par exemple, suivi d'autres personnes, chacun prenant une direction différente. D'habitude, ils n'allaient pas dans le même quartier, sauf si Baba les envoyait deux par deux. Mais je n'ai jamais eu quelqu'un à mes côtés ; j'ai toujours dû y aller tout seul.

Don — Et lors des voyages à pied, tu étais le premier qu'il envoyait ?

Eruch — Oui. Donc, nous allions d'un endroit à l'autre en mendiant notre nourriture. Mais comme je te l'ai dit, Don, la Vie nouvelle, ce n'était pas que cela. *Cette* vie-*là*, ce n'était pas qu'un voyage. Pendant la Vie nouvelle, Baba nous a aussi laissé entrevoir son autorité.

Don — Même si vous ne deviez pas le considérer comme l'Avatar, mais simplement comme un compagnon ?

Eruch — Oui, comme un compagnon, mais quel compagnon ! un sacré compagnon !

Mani — On n'oubliait pas un seul instant que Baba était le maître.

Don — J'en suis persuadé, après tout l'entraînement que vous aviez subi.

Mani — Non, c'est plutôt parce que cela émanait naturellement de lui ; il ne pouvait pas le cacher.

Don — L'Avatar *doit être* l'Avatar.

Eruch — Je vais te raconter quelques épisodes où nous pouvions voir se manifester son autorité, où il l'exerçait sans même voir les gens, ou sans essayer de forcer qui que ce soit à faire quelque chose.

De temps en temps, après quelques jours de voyage, quand nous approchions une bourgade ou une ville, il se tournait vers nous le soir et disait : « Et si nous nous reposions une semaine, par exemple ? C'est un beau verger que nous avons ici, c'est un endroit spacieux, et l'emplacement est commode ; que pensez-vous de l'idée de prendre du repos pendant, disons, sept jours ? »

Nous étions fous de joie. Mais qu'en était-il de la nourriture ? Mendier dans les villes était beaucoup plus difficile que dans les villages, car ces personnes soi-disant civilisées y sont un peu rudes avec les mendiants et les pèlerins. Elles ne veulent pas partager les bienfaits que Dieu leur a donnés, ou qu'ils ont gagnés. De leur côté, les villageois étaient très innocents, et donnaient abondamment, avec plein d'amour.

Baba évacuait la question de la mendicité en disant : « On verra, mais qu'est-ce que vous pensez de l'idée ? » Nous lui répondions : « C'est un endroit bien, on aimerait beaucoup rester là, mais comment va-t-on faire pour manger ? »

Il répondait : « Voici ce que vous allez faire : pourquoi ne partez-vous... » Il désignait alors le Dr Ghani et Adi, ou bien Patel et Babadas, ou Babadas et Adi, ou enfin Nilu et Kaka, une équipe quelconque de deux personnes. « Allez en ville et dites-leur simplement que nous sommes un groupe d'une bonne vingtaine de personnes et que nous nous demandons si vous pouvez nous nourrir ? »

Mani — Ils allaient voir une famille précise, des gens qui pouvaient se permettre de donner.

Eruch — Oui. « Vous serez inspirés, disait-il. Allez. Vous saurez à qui vous adresser. Posez-leur la question tout simplement, mais ne divulguez ni mon nom ni quoi que ce soit à mon sujet. Quoiqu'il arrive, ne révélez rien. » Il nous le rappelait constamment. Nous devions leur demander de la nourriture à la condition que l'hôte ou l'hôtesse ne cherche jamais à venir voir le groupe ou le chef du groupe. Autre chose : nous ne devions pas aller récupérer la nourriture à leur porte. Ils devaient envoyer leurs employés nous la livrer là où nous nous trouvions. Nous campions toujours aux abords de la ville.

Don — Comment entriez-vous en contact avec ces personnes ?

Eruch — C'est ce que je vais t'expliquer à présent. J'essaie juste de te montrer l'autorité que Baba manifestait dans la Vie nouvelle. Quand nous partions à la recherche de ce genre de personnes, Baba nous assurait que nous serions capables de les reconnaître. Nous nous mettions alors à leur recherche. Voici comment les deux compagnons échangeaient leur point de vue : « Qu'est-ce que tu penses de cet homme dans la rue ? » « Non, je ne pense pas qu'il fasse l'affaire. » Alors nous continuions à marcher. « Bon, et celui-ci, qu'est-ce que tu en penses ? À mon avis, il faut aller le voir. » Mais peut-être que l'autre avait une objection à faire. Très vite, cependant, apparaissait quelqu'un qui semblait être la bonne personne, et nous prenions notre courage à deux mains et allions l'aborder. Il s'arrêtait, et il ne comprenait généralement pas du premier coup ce que nous lui demandions. Qu'est-ce que ça veut dire ? Deux personnes débarquent de nulle part pour me dire : « Monsieur, arrêtez-vous un instant s'il vous plaît et écoutez notre histoire ? » Nous lui racontions notre histoire, et il répondait : « Bien, et alors ? Où vous dirigez-vous ? »

« Nous sommes en pèlerinage, répondions-nous, et nous nous dirigeons vers le nord. Nous sommes très fatigués. Nous sommes un groupe d'une vingtaine de personnes, notre chef nous a demandé d'aller trouver quelqu'un en ville, et vous nous semblez être la personne qu'il nous faut. Est-ce qu'il vous serait possible de nous fournir à manger pendant sept jours environ ? Nous sommes très fatigués. Nous voulons camper quelques jours, et notre campement se trouve en dehors de la ville. » Puis nous donnions l'adresse, qui était à une distance de cinq à huit kilomètres de la ville.

« Ah bon ? Mais où allez-vous vous installer ? Dehors ? » « Oui, Monsieur, nous dormons dehors. » « Vous restez tout le temps dehors ? » « Oui, monsieur. Parfois, nous trouvons un abri. » « Voulez-vous m'accompagner chez moi ? Je vais vous montrer ma maison. » Alors nous allions avec lui jusqu'à sa maison et notions l'adresse.

« Combien de personnes, dites-vous ? » « Une vingtaine ». « Vous viendrez donc ici prendre de quoi manger. »

« Monsieur, nous aimerions avoir à manger deux fois par jour, et le soir, quand vous ferez livrer la nourriture, assurez-vous qu'il en reste assez pour le petit-déjeuner. » Les instructions de Baba stipulaient que la personne devait fournir le petit-déjeuner, le déjeuner et le dîner.

« Ah bon ? Vous voulez que je vous livre trois repas par jour pour vingt personnes pendant sept jours ? » « Oui, monsieur. Mais à condition que vous ne voyiez ni notre chef ni même le groupe. » « Ah bon ? Je ne peux pas rencontrer vos camarades ? » « Non. S'il vous est possible de suivre ces instructions, que le chef de notre groupe nous a données quand il nous a envoyés, il sera content. »

« Mais qui êtes-vous donc, c'est quoi votre groupe ? » « Oh, nous venons de ci, de là » et ainsi de suite, nous disions tout ce qui nous venait à l'esprit, mais sans proférer de mensonge. Alors il répondait immédiatement : « C'est d'accord. Faites-en sorte de venir à, disons, midi, et cinq heures le soir. »

« Mais, monsieur, le chef de notre troupe nous aussi donné l'instruction suivante : c'est à vous de nous livrer la nourriture. » « D'accord, d'accord, ce sera moi qui la fournirai. » « Non, votre serviteur devra venir là-bas faire la livraison. Nous ne viendrons pas ; nous serons occupés là-bas par notre travail. »

« Ah bon, donc je dois la faire livrer par mon serviteur. C'est bon, je vais m'en occuper. Je l'enverrai par tonga, par rickshaw, par taxi, ou autre. Mais où serez-vous tous ? » « Nous le dirons à votre employé. » « Je peux venir voir l'emplacement. » « Non, monsieur, la condition, c'est que vous ne pouvez pas venir sur les lieux vous-même. »

Cet homme était très intrigué. À chaque fois que nous contactions quelqu'un, et je crois que cela s'est produit ainsi une demi-douzaine de fois dans différentes villes, cette personne était très intriguée. Puis elle ordonnait à son employé de venir avec nous voir les lieux, mais avant de le quitter, nous lui faisions promettre de nous envoyer la nourriture, sinon nous allions tous être affamés. Il nous répondait : « N'ayez crainte, vous aurez de quoi manger. Vous pouvez y aller. » Et puis la nourriture arrivait.

Mani — Et pas juste de quoi manger. Des bons plats, délicieux, et après nos jours de disette, c'était... ah !

Eruch — Même si la nourriture nous était fournie, Baba souvent n'acceptait pas ce qui nous était envoyé. « Dites à l'employé de dire que c'était trop salé aujourd'hui. » Et Baba ajoutait en souriant, « Est-ce qu'il pourrait nous fournir un petit extra ? Nilkanth (c'est-à-dire le Dr Nilu), qui est amateur de sucreries, en aimerait quelques-unes. Pourrions-nous demander qu'on nous ajoute un dessert pour le dîner ? Allez le lui dire. »

Alors, les compagnons qui avaient initié le contact devaient prendre sur eux la responsabilité de contacter notre bienfaiteur pour lui dire que nous désirions un dessert pour le dîner, ou un bon chutney de pickles, et ainsi de suite. On nous fournissait toujours tout ce que nous demandions.

Don — Eruch, as-tu jamais essuyé un seul refus, une fois que tu avais fait ton choix sur la personne à qui demander ?

Eruch — Pas une seule fois quand c'était mon tour ; et je n'ai jamais entendu dire qu'aucun des autres ait essuyé un refus. Quand il fallait organiser ce genre de chose, nous contactions la bonne personne et elle s'exécutait.

Mani — Je me souviens d'un endroit où vous deviez organiser ce genre de livraison, et les gens avaient reçu l'instruction de livrer la nourriture à une certaine distance, afin qu'ils ne puissent pas voir Baba. Puis l'un d'entre vous devait aller récupérer la nourriture. À Moradabad, par exemple, je me souviens de ces personnes qui se tenaient calmement comme des paria, à une certaine distance de notre groupe, avec d'immenses bouilloires en aluminium remplies de jus de canne à sucre, à attendre très calmement un mot de votre part disant que le chef du groupe l'acceptait. Ils étaient probablement venus en voiture et s'étaient faufilés le plus près possible, mais encore suffisamment loin pour qu'ils ne puissent voir ni Baba ni aucun d'entre nous.

Baba nous a dit : « Regardez-les ! » « Mais qui sont-ils ? », avons-nous répondu. Baba nous a dit d'attendre. Puis on a envoyé un des mandalis qui est revenu avec ces énormes bouilloires brillantes pleines de jus de canne à sucre. Baba a soulevé les bouilloires aussi aisément que si cela avait été des tasses et a versé du jus à chacun, puis on a rendu les bouilloires vides. Pendant tout ce temps, la famille se tenait là-bas, humblement, calmement, n'osant pas dire quoi que soit qui puisse causer une offense ou déplaire, et si *heureuse* que leur don soit accepté.

Don — Mais ils ont vu Baba ?

Mani — Seulement à la fin de notre séjour à cet endroit. Avant de partir, Baba a dit : « D'accord, vous pouvez me voir une fois. » Mais c'est une autre histoire qu'Eruch te racontera.

Eruch — La condition stipulait de ne pas voir Baba du tout, de ne pas le contacter.

Don — D'accord, mais quand il versait le jus de canne à sucre ?

Eruch — Non, car la distance était trop grande. Ils ne pouvaient pas distinguer Baba du groupe.

Mani — Nous pouvions les voir, parce qu'ils étaient debout, seuls, à une certaine distance de nous.

Don — Et ils ne pouvaient pas voir Baba ?

Mani — Non, c'était le but.

Une véritable offrande d'amour

Le séjour à Bénarès, novembre-décembre 1949

Eruch — Voici une autre histoire en lien avec celle-ci. Une fois, Baba a voulu rester à un endroit pendant un certain temps, et il a choisi Bénarès pour cela. Vu que c'était un site très sacré et un lieu de pèlerinage particulièrement renommé, Baba voulait que ses compagnons de la Vie nouvelle en aient un aperçu. Il nous a dit que nous allions y rester peut-être un mois ou peut-être plus. C'est à ce moment-là que Baba a demandé la caravane à Padri.

Don — Ah bon, la caravane n'était pas arrivée ?

Eruch — Non, Padri était en train de la construire. Il était responsable de sa construction, et on lui a dit qu'il devait l'apporter à Bénarès. Baba a choisi Adi et quelqu'un qui s'appelait Babadas pour aller là-bas en éclaireurs. Il s'agissait de trouver quelqu'un d'assez généreux pour nous héberger dans un pavillon convenable pendant quarante jours, gratuitement bien sûr, car nous étions des mendiants. Ce même individu devait être également en mesure de nourrir le groupe pendant une durée d'un mois à quarante jours. S'appliquaient aussi les stipulations habituelles que cette personne ne pourrait pas voir Baba, ne pourrait pas tenter de s'approcher de lui ni d'aucun membre de son groupe ; d'ailleurs elle ne devait pas savoir qui était Baba.

Don — En somme, une véritable offrande d'amour, de plein gré et sans contrepartie.

Eruch — Sans aucune contrepartie. Il était aussi stipulé que la nourriture devait être livrée même s'il y avait une cuisine dans la maison, et que les repas ne devaient pas être préparés sur les lieux. Le pavillon devait être à l'entière disposition de Baba et de son groupe et n'être utilisé en aucune manière pour la préparation des repas ou leur livraison. La nourriture devait être déposée au portail de l'habitation, et l'hôtesse ou l'hôte ne devait pas essayer de voir Baba ou le groupe. Comme d'habitude, on devait nous fournir le petit-déjeuner, le déjeuner et le dîner.

Mani — À ce moment-là, la règle était que la nourriture devait consister de choses simples, rien de luxueux, juste du *dal*, du riz, et un légume pour le soir, par exemple des épinards, et un petit-déjeuner frugal. Ce ne devait pas être une occasion pour les réjouissances; même si nos hôtes étaient tentés de nous préparer un dessert ou des légumes verts et du chutney, en fait, ils étaient censés ne rien cuisiner d'autre que du riz et du dal. Il y avait du riz et du dal pour l'après-midi, et le seul plat de légumes et les pommes de terre étaient réservés pour le soir, et puis il y avait le petit-déjeuner.

Eruch — Avec ces instructions, Adi et Babadas sont partis devant nous à Bénarès. Grâce à l'aide intérieure de Baba, ils ont pris leur courage à deux mains et ont abordé quelqu'un qui a écouté leur histoire et en a été très impressionné. Avec amour, il a accepté de mettre à disposition un pavillon pour tout le groupe et a dit oui à toutes les autres demandes : qu'un lieu soit réservé aux femmes dans la même enceinte, qu'il y ait une chambre à part pour Baba, un autre logement pour les vingt-deux compagnons; et il a acquiescé à toutes les autres conditions que Baba avait posées.

Cet homme a promis de donner le lendemain sa réponse définitive à nos demandes. Il a alors téléphoné à ses amis et a fini par trouver un pavillon pour notre groupe. Puis il lui a fallu trouver quelqu'un qui puisse cuisiner pour un si grand nombre de personnes.

La personne qu'Adi et Babadas avaient choisie, sous la direction de Baba, était l'un des plus célèbres chirurgiens ophtalmologues de l'Inde, un certain Dr Nath. En s'attelant à mettre en place ce que nous demandions, il a immédiatement accepté de nous fournir de quoi manger, mais la condition de ne pas utiliser la cuisine du pavillon était très difficile à satisfaire. Tandis qu'il essayait de régler ces détails, Babadas est parti à la rencontre de Baba à la gare de Bénarès, comme cela avait été convenu.

Quand la majeure partie du groupe est arrivée tôt le matin, nous avons trouvé Adi et Babadas qui nous attendaient. Nous étions tous debout sur le quai de la gare et tout d'un coup, Baba a désigné un couple au loin sur la passerelle. Il s'est tourné vers moi en me disant : « Nous sommes vus. Il y a quelqu'un là-bas. »

Comme le pont était loin de l'endroit où Baba se trouvait sur le quai, j'ai répondu : « Baba, ce sont simplement des gens qui viennent regarder. Ce sont sans doute des passagers, ou des gens qui sont venus dire au revoir, ou quelque chose de ce genre. »

Il a insisté : « Non! Va voir qui c'est ». Bien sûr, la Vie nouvelle signifie obéir aux ordres. Il a donc fallu que j'aille parcourir toute cette distance, grimper sur la passerelle pour me rendre jusqu'à l'endroit où ils se trouvaient. Et devine qui j'ai trouvé? Le Dr Nath et sa femme. Je n'ai rien dit car je ne savais pas quelles étaient les dispositions qu'Adi et Babadas avaient prises ni les directives que Baba avait pu donner à ce couple. Vu que je n'étais au courant de rien, je suis revenu. Mon devoir était de les identifier, je l'ai fait, et je suis revenu auprès de Baba.

Baba a simplement claqué des doigts « Venez, faites vos bagages immédiatement. Nous ne pouvons pas rester ici – notre hôte n'a pas suivi mes instructions. » Puis Baba a appelé Adi et Babadas, qui ont demandé ce qu'il se passait. Baba a alors dit : « Pourquoi n'avez-vous pas expliqué très clairement à nos hôtes qu'ils ne devaient pas venir voir notre groupe ou Baba lui-même? » « Mais ils ne sont pas venus, Baba. » Baba : « Comment pouvez-vous en être sûrs? » Ils ont répondu : « Comment peuvent-ils venir si tôt le matin? Nous leur avons dit très clairement qu'ils ne devaient pas s'approcher de Baba ou de notre groupe. »

Mani — Ils n'avaient pas dit « Baba » aux Naths, bien sûr.

Eruch — Non, ils n'avaient pas dit « Baba ». Donc, ensuite Baba a pointé son doigt vers le côté opposé de la passerelle. « Vous voyez ce couple là-bas? C'est le Dr Nath et sa femme. » Adi et Babadas se sont demandé comment Baba le savait. Baba, étant un compagnon, ne pouvait naturellement pas utiliser sa prescience. Il n'était pas le *Dieu-Homme* dans la Vie nouvelle, donc Adi et Babadas se sont posé la question. Baba m'a dit alors de raconter l'histoire.

J'ai dit : « Baba les a vus et m'a envoyé pour découvrir qui étaient ces gens. » Puis ils ont demandé si j'étais sûr que le couple en question était bien le Dr Nath et sa femme. J'ai répondu : « Oui, j'en suis sûr, car je leur ai posé la question et ils m'ont répondu par l'affirmative. » Baba m'a renvoyé pour leur dire que Baba, c'est-à-dire mon grand frère – je l'appelais mon grand frère – était très heureux de ce que M. et Mme Nath avaient fait pour que le groupe s'installe ici, mais qu'il regrettait maintenant que le groupe ne puisse pas rester, car ils n'avaient pas obéi à ses instructions de ne pas essayer de les voir, lui et le groupe. Maintenant le groupe allait partir et trouverait un autre hébergement. Baba m'a dit aussi de les remercier très chaleureusement de leur offre remplie d'amour.

Je suis allé et leur ai dit, et ils ont éprouvé beaucoup de peine, voire de l'effroi quand ils ont entendu mon message. Ils ne savaient pas quoi faire. Ils considéraient ce qui s'était passé comme un grand péché. Quelque chose en Baba suscitait en eux ce sentiment – quoi exactement, je ne sais pas – mais je le voyais dans leur comportement.

Ils m'ont supplié de ne pas m'en aller comme ça. Ils m'ont imploré de convaincre Baba qu'ils n'étaient pas venus pour le voir ou pour voir le groupe. Ils étaient juste venus proposer de nous transporter car ils avaient entendu dire qu'il y avait quatre femmes frêles dans le groupe. Or, le pavillon qui avait été préparé pour nous était si loin de la gare qu'il ne leur aurait pas été possible de marcher toute cette distance, après les longs trajets qu'elles avaient effectués.

C'est pour cette raison qu'ils étaient venus proposer leur voiture, mais comme ils étaient venus avec leur propre véhicule, ils ne pouvaient pas encore repartir chez eux, car tôt le matin il n'y avait pas encore de transport public. Bien sûr, il se trouve qu'ils attendaient au loin sur la passerelle sans penser le moins du monde à voir le groupe ou le chef du groupe. «S'il vous plaît, assurez votre chef que c'est vrai!» Je suis revenu après leur avoir promis de le faire. Je voudrais préciser que parcourir toute cette distance, monter et descendre du pont prenait beaucoup de temps et d'effort, mais je ne pouvais qu'obéir aux ordres de Baba. C'était notre devoir et notre travail.

Je suis retourné auprès de Baba, j'ai essayé de le rassurer quant à leurs intentions, et il a fini par céder. Il a dit : «Va leur dire que ton compagnon est ravi de leur proposition, mais qu'il a dit qu'il ne pouvait pas accepter d'être transporté gratuitement. Il va donner une roupie, car il n'a pas d'argent, mais il peut au moins donner une roupie symbolique. Il acceptera leur proposition uniquement si cette condition leur convient.»

Je lui ai demandé : «S'ils acceptent, dois-je leur dire que vous prendrez la voiture et que vous emmènerez les femmes avec vous jusqu'au pavillon?» «Oui», a-t-il répondu. «Donc, je n'aurai pas besoin d'y retourner pour leur en dire plus?» «Non.»

Donc, j'y suis allé, je leur ai dit tout ce que Baba m'avait ordonné de dire, je les ai remerciés, ils ont accepté la roupie et je suis revenu auprès de Baba. Alors Baba et les femmes se sont empressés d'aller à la voiture. Le conducteur connaissait le lieu qui avait été choisi et les a emmenés directement là-bas. Le reste d'entre nous y sommes allés à pied, nos quelques bagages étant transportés sur une charrette à bras jusqu'au pavillon.

Maintenant, la question de la nourriture. Il se trouve que le Dr Nath avait à Bénarès un assistant à l'université, qui s'appelait Dr Khare (prononcer «Kharé»). C'était l'époque où l'université de Bénarès était très célèbre : tout étudiant indien rêvait d'y être admis. Cette personne était aussi un chirurgien ophtalmologue qui avait étudié sous la direction du Dr Nath. Ce dernier, très occupé, pouvait compter sur le Dr Khare pour tous les détails pratiques. Il a donc décidé de confier cette tâche à cet assistant.

Le Dr Nath lui avait expliqué qu'un groupe de personnes était arrivé, et avait décrit les conditions et stipulations à respecter pour prendre soin d'elles. Il était très intrigué par tout cela et avait à cœur de ne refuser aucun de leurs souhaits. Il lui a donc demandé s'il pouvait l'aider à organiser la préparation et la distribution de la nourriture, en précisant qu'un régime très frugal suffisait.

Par son père et sa mère qui étaient de Rath, dans le district de Hamirpur, le Dr Khare avait entendu dire que Baba et son groupe étaient partis à pied depuis Ahmednagar, mais il ne pouvait pas être sûr qu'il s'agissait bien d'eux. Il a d'abord demandé si le chef du groupe observait le silence, ou s'il avait entendu quelque chose de ce genre. Non, personne n'avait mentionné que l'un d'entre eux gardait le silence.

Don — C'est le Dr Nath qui parle au Dr Khare ?

Eruch — Oui, les deux docteurs ont discuté de ce sujet ; j'en ai eu connaissance plus tard parce que je devais aller les voir très fréquemment, pendant notre séjour d'une quarantaine de jours à Bénarès.

Don — Tu devais aller voir personnellement ces deux docteurs ?

Eruch — Oui. Donc, pour continuer, personne chez le Dr Nath ne savait si quelqu'un d'entre nous observait le silence. Personne n'avait la moindre idée de la nature de notre groupe, sauf que c'était un groupe.

Don — Et le chauffeur ?

Eruch — Le chauffeur n'a rien su. Il n'était pas assez observateur, et de toutes façons ce sont les femmes qui faisaient la conversation, donc naturellement...

Don — Donc, naturellement, le «gentleman» n'a pas eu l'occasion de parler.

Eruch — Exact. En conséquence, ni le Dr Nath ni le Dr Khare n'ont obtenu de renseignement sur nous. Mais ils voulaient savoir. Et bien sûr, la nourriture *était bien* livrée.

Don — Par le Dr Khare ?

Eruch — Par Khare? Non! Par le Dr Nath. Nous ne savions pas que le Dr Nath avait eu une conversation ni qu'il s'était arrangé avec le Dr Khare. Nous ne l'avons su que plus tard, et tu entendras par la suite comment nous l'avons su; c'est une autre histoire, que je raconterai plus tard. Donc, le Dr Nath avait la nourriture toute prête et nous l'a fait annoncer. Bien sûr, nous avions complètement oublié le petit-déjeuner ce jour-là, parce qu'il avait fallu beaucoup de temps pour arriver sur les lieux.

Mani — Quand nous sommes arrivés, ce n'est pas une maison que nous avons trouvée, mais un palais.

Eruch — C'est vrai, c'était comme un palais. Il y avait un pavillon séparé pour Baba et les femmes, et des logements séparés pour les vingt-deux compagnons. Puis il y avait des dépendances pour les serviteurs, une cuisine, une fontaine, des jardins, et le tout pouvait être fermé par le portail principal. Un bel endroit.

Comme je l'ai dit, nous avions oublié le petit-déjeuner, et quand est venue l'heure du déjeuner, quelqu'un a frappé au portail en disant : « Il y a de la nourriture qui est prête, si vous voulez. » Mais Baba a dit que ce n'était pas le moment de nous apporter quoi que ce soit, parce qu'il voulait partir mendier le premier repas chez les Naths à Bénarès. Tant qu'il n'avait pas mendié la nourriture, ils devaient s'abstenir d'en envoyer pour le restant d'entre nous. Les Naths étaient ravis, mais ils ne savaient pas qui allait venir mendier. On leur avait seulement dit que deux des compagnons allaient venir.

Don — En ville?

Eruch — Non, chez eux. Baba irait d'abord y mendier, mais personne ne saurait que c'était Baba. Le Dr Nath et le Dr Khare savaient seulement que quelques membres du groupe allaient venir mendier, mais ils étaient ravis car ils se disaient qu'ils allaient peut-être en savoir un peu plus en interrogeant les personnes qui viendraient.

Il s'est donc trouvé que le premier jour de notre séjour à Bénarès, Baba et moi sommes partis mendier. Baba avait revêtu la robe de la Vie nouvelle, et portait une sacoche et un pot en laiton. Quand je prononçais les mots : « Prémsé bhiksha didjiyé », Baba tendait sa sacoche sur laquelle étaient écrits les mêmes mots. Je prononçais ces mots, et Baba se comportait de telle manière que la personne qui m'entendait pensait qu'ils étaient sortis de sa bouche.

Quand nous sommes arrivés à la maison du Dr Nath, ils étaient tous là à nous attendre. Ils étaient très intrigués par le turban vert de Baba et la tenue de la Vie nouvelle. Quand j'ai formulé la demande et que Baba a fait ses gestes, le Dr Nath et sa femme ont offert la nourriture, Baba l'a prise, les a remerciés, et il est parti sur-le-champ. Ils m'en ont donné à moi aussi. Les sacoches et les pots étaient pleins, et nous sommes partis avant que les Naths comprennent ce qui s'était passé et qui nous étions.

Ce qui est arrivé ensuite, c'est qu'ils nous ont envoyé un message pour nous demander de revenir le lendemain pour la bhiksha, parce qu'ils voulaient prendre une photo de ceux qui venaient mendier. Je ne sais pas si tu t'en souviens, mais il y a une photo de la Vie nouvelle de Baba et d'Adi en train de mendier à la porte du Dr Nath. Elle a été prise le deuxième jour de notre séjour à Bénarès. J'avais peur que Baba refuse leur demande parce qu'il était opposé à ce qu'on prenne des photos, mais il a bien voulu, car il avait clairement un objectif en tête. Baba a donc immédiatement dit que le lendemain, à la même heure, deux des compagnons reviendraient mendier.

Les Naths ont fait appel à un photographe, et ont aussi fait venir le Dr Khare. Le lendemain, Baba y est allé avec Adi.

Don — Tu savais, et Baba savait, qu'on allait prendre une photo ? Est-ce qu'ils avaient été parfaitement honnêtes là-dessus ?

UNE VÉRITABLE OFFRANDE D'AMOUR

Prémsé bhiksha didjiyé

Eruch — Oh, oui. Ils sont donc partis, et ce jour-là Baba n'a pas porté le turban. Le Dr Nath ignorait tout de Baba, mais le Dr Khare, qui était assis là-bas à ce moment-là, s'est douté de quelque chose, car son père était un fidèle de Baba. Ils ont pris la photo, qu'ils ont donnée aux parents du Dr Khare pour vérifier. C'est ainsi qu'ils ont eu la certitude que c'était Meher Baba et son groupe qui étaient venus.

Avant cela, avant même d'en être complètement sûr, le Dr Khare avait fait venir ses parents de Hamirpur. Ce n'est pas très loin de Bénarès. Ils étaient venus chez le Dr Nath et avaient mis en place une cuisine. Ils préparaient eux-mêmes à manger, sans être certains, à ce moment-là, qu'ils le faisaient pour Meher Baba et son groupe. Mais quand le Dr Khare, ses parents, et le Dr Nath ont su pour de bon grâce à la photo, ils ont essayé de nous le cacher, en faisant comme si de rien n'était avec nous ou Baba.

Mani — Ils se disaient que dès que Baba serait au courant, ce serait différent.

Eruch — Oui, ils pensaient que nous pourrions en venir à quitter les lieux. Ce jeu de cache-cache a continué pendant pas mal de jours. Entre-temps, Baba envoyait des messages comme : « Tous ces derniers jours vous nous avez fourni du simple dal et du riz. Pourquoi ne préparez-vous jamais un bon curry ? Pourquoi ne changez-vous pas le menu ? » Et ci, et ça... cela a continué tant et plus.

Parfois on envoyait Vishnumaster. Il ne savait pas, et nous non plus, qui faisait à manger là-bas. Nous pensions qu'il s'agissait juste d'un couple âgé. Nous allions à la cuisine pour nous plaindre de la nourriture. Nous pensions que c'étaient les cuisiniers du Dr Nath et non qu'ils étaient les parents du Dr Khare, venus spécialement pour cuisiner pour Baba et nous autres, et nous nous sommes mis à leur donner des ordres parce que nous voulions faire plaisir à Baba.

Très gentiment, ils suivaient nos instructions à la lettre, sans le moindre mot ou signe de protestation. Par la suite, quand nous avons appris qu'ils étaient les parents du docteur, nous avons vraiment eu honte de notre comportement. Certains d'entre nous s'étaient mal comportés avec eux et cela n'était pas convenable. Mais ils avaient continué malgré tout à nous fournir de la nourriture avec amour jusqu'à ce que Baba les arrête. C'était notre plus long séjour de la Vie nouvelle.

Don — Quarante jours, n'est-ce pas ?

Eruch — Je ne me souviens pas du nombre exact de jours. Voyons voir, c'était un long séjour de quatre semaines, du 15 novembre au 12 décembre 1949, ce qui comprend aussi notre séjour à Sarnath. C'est un lieu très sacré proche de Bénarès où le Bouddha a donné son premier sermon après sa Réalisation, après avoir été dévoilé et rendu conscient de sa responsabilité dans le monde de l'Illusion, pour ainsi dire. Mais je vais maintenant revenir à notre histoire, qui est très longue.

Don — Eruch, juste une question avant de continuer. Tu évoquais ces occasions où Baba vous disait : « Pourquoi ne resterions-nous pas une semaine dans ce charmant verger ? » Et il posait alors les conditions pour le faire. Tu disais que cela s'est passé six ou sept fois, et que pourtant, lorsque tu contactais quelqu'un, tu n'as jamais essuyé un refus. À ton avis, quand tu stipulais ces conditions précises, détaillées et presque impossibles, comme Baba te l'avait demandé, ces individus les considéraient-elles comme liées à une discipline spirituelle ? Peut-être pensaient-ils que tu venais de la part d'un grand maître spirituel ?

Eruch — Je ne peux pas l'affirmer, mais maintenant que tu mentionnes ce point, je vais commencer à analyser les choses sous cet angle. S'il y a une chose que je peux dire, c'est que selon toutes les apparences, cela les intriguait.

Mani — Mais les conditions posées par Baba ne correspondaient pas à ce dont on peut s'attendre d'une autorité spirituelle.

Don — Pas ces conditions-là.

Mani — Normalement, ils se disaient qu'on leur permettrait de voir cette personne et de se prosterner devant elle.

Rano — Je pense que l'aspect inhabituel de la requête...

Don — Vous pensez que cela les a intrigués ?

Mani — C'est juste que c'est Baba, l'autorité, la source, qui les a envoyés. Ils étaient comme attirés. Je ne pense pas qu'ils savaient quoi que ce soit. C'était simplement quelque chose que Baba leur a communiqué qui a fait qu'ils ont rendu ce service avec amour.

Don — Mais c'étaient tous des individus cultivés.

Eruch — Oh oui, des individus cultivés.

Don — Et les personnes cultivées connaissent la discipline spirituelle en Inde.

Mani — Ils étaient cultivés, éduqués et intellectuels. Il n'était pas facile pour eux d'accepter ces petites façons de faire de Baba, mais ils l'ont fait, et avec amour.

Eruch — D'accord, cette idée t'a traversé l'esprit. Mais quand nous aurons terminé avec Bénarès et Sarnath, je te raconterai deux autres incidents, et j'aimerais que tu me dises ce que tu en penses. Dans ces histoires, on n'avait même pas demandé aux personnes concernées d'apporter quoi que ce soit, mais tu verras comment elles ont suivi un ordre intérieur ! Que s'est-il passé dans leur cœur ? Pourquoi sont-elles venues à nous ? Pourquoi ont-elles voulu apporter une caravane pleine de victuailles et autres marchandises, pourquoi ont-elles sacrifié leur vie et pourquoi telle famille a ouvert une cuisine gratuite au nom de Baba ? C'est une longue histoire. Quand je te l'aurai racontée, je serai curieux d'entendre ce que tu penses de ce point précis que tu as soulevé.

Don — Bien sûr, c'est normal de me mettre à contribution aussi !

Rano — Cela me rappelle une situation un peu similaire, dans une moindre mesure, qui s'est produite au cours de notre séjour à Bombay, quand Kitty et moi avons été appelées par Baba. Nous avions un poste d'enseignantes assez délicat, et nous avions demandé à la directrice de courtes vacances en plein milieu de l'année scolaire. Nous avions reçu auparavant une lettre de Mani qui disait que si nous étions sûres de ne pas perdre notre emploi, nous pouvions venir voir Baba. La directrice nous a répondu : « Bien sûr que vous pouvez partir ; je sais que vous ne le demanderiez pas si ce n'était pas important ». Kitty et moi avons alors serré fort les mains contre la poitrine, comme ça. Elle a accepté notre demande une deuxième fois, et la troisième fois, nous sommes parties pour de bon, pour rester auprès de Baba. Cet épisode a été pour moi l'un des plus extraordinaires qui nous soient arrivés, à Kitty et moi, pendant la Vie nouvelle.

Eruch — Retournons en arrière à présent, et rappelons-nous les évènements qui ont eu lieu à Bénarès : notre arrivée, puis la nourriture que le Dr Nath a offerte avec l'aide du Dr Khare et de ses parents. Au bout de quelques jours, Baba m'a demandé de prendre en note un message pour le Dr Nath, selon lequel Baba et ses compagnons étaient très contents de leur séjour, que c'était très plaisant, et que le Dr Nath avait rendu leur étape confortable, mais que si cela ne le dérangeait pas, il y avait d'autres services qu'il pouvait rendre. Serait-il en mesure de répondre aux souhaits du grand frère ?

Puis Baba m'a dit de demander au Dr Nath, à la suite de cette entrée en matière, un cheval blanc en bhiksha, c'est-à-dire dans un esprit d'amour. Ce cheval blanc devrait être docile, adulte, sans la moindre trace d'une autre couleur, d'un blanc pur, y compris les cils et la queue ; il ne devait pas avoir un seul poil qui ne soit pas blanc. Et si le Dr Nath acceptait, Baba souhaitait que je lui glisse un mot pour demander un dromadaire.

Don — À la même occasion ?

Eruch — À la même occasion. Puis, si le Dr Nath acceptait de fournir ce dromadaire, qui devait être un mâle, docile, et parfaitement dressé pour tirer une caravane, alors il y avait un autre souhait de Baba qu'il me fallait formuler. En plus de cet animal, le Dr Nath nous procurerait une charrette à dromadaire. Tu vois, il existe des charrettes spéciales à dromadaire, à deux étages, qu'on utilise en Inde.

Il me fallait encore demander autre chose, en plus de tout cela. Il nous faudra du lait pendant nos périples, car ils promettaient d'être exténuants. Il devait donc nous fournir une vache de qualité. Une fois qu'il aurait acquiescé à toutes ces demandes, il y avait encore un autre cadeau en bhiksha que je devais lui demander : c'étaient deux ânesses. S'il était prêt à dire oui à tous ces désirs de Baba, j'étais censé confirmer les demandes et lui donner un délai précis pour leur obtention. Baba avait donné la date.

Après avoir reçu ces instructions précises de Baba, je suis donc allé voir le Dr Nath. Je ne savais pas ce qui allait se passer, ni comment la rencontre allait tourner. Quand je suis arrivé chez lui, il se trouvait qu'il était en pleine opération chirurgicale ; je suis donc allé de l'autre côté de la maison et je n'y ai trouvé personne. Finalement, un serviteur m'a vu et m'a demandé ce que je voulais.

Je lui ai répondu : «J'ai un message très important de la part de mon grand frère et je dois le délivrer au Dr Nath, mais je n'arrive pas à le trouver. Est-ce qu'il est sorti ?» Il m'a répondu : «Non, il est en pleine opération. Aujourd'hui, c'est le jour des opérations.» «Ah bon, j'ai dit, alors laissez tomber.»

Je suis revenu voir Baba parce que nous étions censés ne pas perdre de temps. Je lui ai raconté ce qu'il s'était passé et il m'a dit d'y retourner quelques heures plus tard. Puis il m'a demandé d'ajouter encore une chose à la liste. Si le Dr Nath acceptait toutes les requêtes précédentes, alors j'étais censé dire que nous accepterions tous les cadeaux à la seule condition que le Dr Nath reprenne tous nos vêtements usés en échange. Nous devions donner tout ce que nous avions sur le corps le jour de notre départ, en échange de la bhiksha que nous allions accepter, c'est-à-dire le cheval blanc, le dromadaire, la vache, le charrette à dromadaire et les deux ânesses.

J'y suis donc retourné au bout de quelque temps mais il opérait encore. Entre-temps, cependant, il semble que le serviteur l'avait informé de ma visite, et quand son assistant m'a vu, il l'a soufflé à l'oreille du Dr Nath. Don, tu ne vas pas me croire, mais il a quitté le bloc opératoire, laissé le patient sur la table, est sorti et m'a dit : « Qu'est-ce qui se passe ? Que puis-je faire pour vous ?

J'ai répondu : « Oui, il y a une chose que vous pouvez faire, et Baba m'a exhorté de vous informer que ceci est un message très important et qu'il nécessite votre entière attention. » Baba m'avait ordonné de veiller à ce que le Dr Nath soit capable de pleinement se concentrer sur la teneur de son message.

Il a dit : « Oui, je suis prêt. Allez-y. » J'ai répondu : « Mais, docteur, il y a un patient là-bas, vous ne pouvez pas porter toute votre attention sur les désirs de Baba. » Il est donc reparti et je l'ai attendu sur la véranda, jusqu'à ce qu'il soit libre, au bout d'un certain temps. Nous sommes allés dans son salon et j'ai formulé la première demande, c'est-à-dire le cheval blanc.

Il a dit : « Eh bien, trouver ce cheval blanc ne va pas être une mince affaire. Ce n'est pas le donner en bhiksha qui va être difficile, mais d'en dénicher un dans le délai de quinze jours que votre grand frère a imparti. Je vais devoir envoyer des gens à sa recherche. Si nous arrivons à en trouver un, nous l'achèterons. Bien sûr que nous allons le faire. Nous ferons de notre mieux, mais votre grand frère devra nous excuser si nous ne pouvons pas en trouver un dans les délais.

Puis je lui ai demandé le dromadaire, et la charrette à dromadaire, et puis la vache. « Concernant le dromadaire, c'est facile », a-t-il répondu. Nous avons beaucoup de dromadaires. Les charrettes, toutefois, ne sont pas fabriquées à Bénarès, mais seulement dans les alentours. Mais nous en trouverons une. Une vache, c'est très facile. Nous pourrons obtenir tout cela en une journée.

J'ai répondu : « Eh bien, merci, donc vous commencerez à rechercher le cheval blanc sans tarder ? C'est la première des demandes, et sans cela nous ne pouvons pas passer aux autres. » Il a répondu : « Je ferai de mon mieux. »

« Maintenant, il y a une autre chose que vous devez nous offrir en bhiksha », ai-je ajouté. J'ai dit : « Comme vous le savez, toutes ces choses nous sont nécessaires pour notre voyage vers le nord pendant notre pèlerinage. Maintenant, mon grand frère veut aussi deux ânes. « Quoi ! Des ânes pour un pèlerinage ? Je n'ai jamais vu ça ! » s'est-il écrié. Ce n'est pas un animal qui convient pour un pèlerinage, vois-tu. Cela ne plaît pas aux hindous. Un âne ne correspond pas au caractère sacré d'un pèlerinage — en fait, c'est même considéré comme un sacrilège de prendre un âne avec soi en pèlerinage.

Don — Exactement comme un porc pour les musulmans ?

Eruch — Oui. Donc cela a réduit à néant tout mon effet. Quel que soit l'effet bénéfique que la première demande ait pu avoir sur ses dispositions psychologiques, Don, — en suivant ton hypothèse, qu'il s'agit de quelqu'un de grand qui demande ces choses exceptionnelles — alors tout cet effet a été détruit, anéanti en un éclair. « Quoi ! des ânes pour un pèlerinage ? Je n'ai jamais entendu une chose pareille. »

« Mais c'est le désir de mon compagnon », ai-je déclaré. « Et ce n'est pas tout, » ai-je continué. « Vous ne ferez tout cela qu'à une seule condition. » Il a répondu : « Et quelle est-elle ? » Puis il a éclaté de rire, indiquant que cela ne le surprenait pas le moins du monde. J'ai dit alors : « La seule condition est qu'en échange de tout cela, vous devrez accepter le linge sale de tous les vingt-deux compagnons, qui ont porté ces vêtements pendant longtemps. Ainsi, en quittant ces lieux, ils s'en débarrasseront et enfileront quelque chose d'autre. » Ces nouveaux habits, au fait, s'avèreront être la robe et le turban qui avaient été prévus pour la Vie nouvelle. Nous avons tous commencé à les porter à partir de Bénarès. Tous nos vieux vêtements devaient être laissés sur place, même nos montres-bracelets.

Le Dr Nath a dit alors : « Dites à votre grand frère que nous acceptons tout, y compris l'échange de cadeaux, à une condition de ma part — que *son* linge sale soit inclus ». Je n'étais pas sûr de la réponse à donner, parce que

Baba ne se débarrassait jamais de ses vêtements. C'était le privilège de Mehera, vois-tu, donc je ne pouvais pas lui donner une réponse définitive. Je lui ai dit que je n'étais pas sûr et qu'il fallait que j'aille demander. Nath a accepté. « Assurez-vous-en, et si mes conditions sont acceptées, je me mettrai alors immédiatement à la recherche du cheval blanc.

Nous nous sommes serré les mains et nous sommes quittés avec beaucoup d'amour. J'étais admiratif de son amour. Puis je suis revenu et j'ai rapporté à Baba la conversation et la condition posée par le Dr Nath. Baba m'a renvoyé pour transmettre le message qu'il était très heureux et que, bien sûr, *ses* vêtements feraient aussi partie des vêtements des compagnons. Le Dr Nath était très content, et notre rencontre s'est achevée.

Don — Les vêtements de Baba allaient être emballés séparément ?

Eruch — Oui, dans un ballot séparé.

Don — Mais le Dr Nath n'avait aucun de moyen de savoir quel ballot appartenait au grand frère ?

Eruch — Non, il n'y avait aucune différence entre eux. Bref, les jours ont passé et de nombreux messages ont été envoyés au Dr Nath et à la cuisine. Puis, au bout d'une semaine environ à Bénarès, Baba a permis l'installation de la cuisine dans les locaux où nous étions. C'était très difficile pour eux de continuer comme ils le faisaient, car cuisiner pour un groupe de notre taille perturbait le fonctionnement de l'hôpital. Et qu'avons-nous découvert à notre surprise ? Que les parents du Dr Khare étaient des Baba-lovers ! Comment allions-nous donc le dire à Baba ? Mais c'est lui qui, de son propre chef, a demandé : « Qu'en est-il de ces gens qui sont à la cuisine ? Comment font-ils la cuisine, et qui sont-ils ? Est-ce qu'ils viennent de Bénarès ? Est-ce qu'ils sont jeunes ou vieux ? » Nous avons dû finir par dévoiler leur identité à Baba. À partir de ce jour-là, Baba a dit que nous devions entamer les préparatifs pour partir à Sarnath, un endroit proche de là où nous étions.

Entre-temps, Baba envoyait message sur message au Dr Nath pour qu'il se dépêche de trouver les cadeaux qu'il devait donner en bhiksha. Un jour, il nous a informé que le cheval blanc avait été trouvé, ce qui était une bonne nouvelle, et on l'a amené à Baba pour qu'il l'inspecte. Baba était très heureux. Tous les autres cadeaux ont ensuite été rapidement récupérés. Le Dr Donkin a été chargé du cheval blanc; le dromadaire et le charrette à dromadaire ont été confiés aux bons soins de Baidul; et les vaches ont été données à Patel, l'un des plus vieux disciples de Baba qui avait fait partie du tout premier groupe qu'il avait rassemblé autour de lui dans le quartier des pêcheurs à Poona. On a donné les ânes à Gustadji, et les vaches et les veaux ont été partagés entre le Dr Nilu et Pendu. Nous nous sommes ainsi préparés à partir, parce que, comme je l'ai dit, maintenant que Baba avait appris que les gens qui cuisinaient pour nous était un couple de vieux Baba-lovers, il n'était plus question de rester.

Don — Ils n'ont pas pu voir Baba?

Eruch — Bien sûr que non. Au contraire, tout est devenu encore plus strict. Baba a même restreint ses mouvements, tout en planifiant ses projets de manière à ne pas blesser les personnes concernées. Baba m'a alors fait transmettre un autre message disant qu'il envisageait de partir pour Sarnath. Sarnath étant un lieu très saint du bouddhisme, il voulait un lieu à proximité pour se reposer et faire son travail.

Le Dr Nath a compris; en fait, il avait déjà dans l'idée de proposer un superbe pavillon pour le séjour de Baba avec son groupe. Entre temps, Padri avait apporté la caravane à Bénarès en train, celle-là même qui se trouve à Meherazad aujourd'hui. Dans le train, il y avait aussi les deux bœufs; les bœufs sont des taureaux castrés utilisés par les fermiers pour le travail des champs. Les taureaux sont seulement utilisés pour la reproduction. C'étaient des bœufs anglais. Un de ceux de l'attelage d'origine était mort, on en avait donc obtenu un autre pour reformer l'attelage, puis deux autres, et on a demandé un deuxième char à bœufs.

UNE VÉRITABLE OFFRANDE D'AMOUR

Pendant le court moment où nous descendions tous ces animaux et autres objets du train, Baba nous a permis de communiquer avec Padri. Il était toujours dans l'Ancienne Vie, et nous étions censés ne communiquer avec personne de l'Ancienne Vie. Quand nous avons terminé, nous avons laissé Padri à la gare et nous avons pris le tout avec nous. Le dromadaire et la charrette à dromadaire étaient prêts le jour même et l'entière procession, menée par Baidul et Pendu, s'est dirigée vers Bénarès puis vers Sarnath.

Venons-en aux vêtements. Baba avait dit qu'ils seraient donnés le jour de notre départ. Nous devions partir le lendemain matin, donc tous les préparatifs furent terminés la veille de notre départ. Tout ce que nous avions sur le corps, y compris les objets comme les montres en or, devaient être donnés à Baba et puis confiés au Dr Nath dans des paquets séparés. On a préparé les paquets, j'ai apporté une charrette à bras, et chargé le tout pour le donner au Dr Nath. Les vêtements de Baba étaient dans un ballot séparé que j'ai transporté sur mes épaules. Quand je suis arrivé, j'ai dit au Dr Nath : « Voici tous les ballots » et j'ai pris celui de mes épaules et je l'ai ajouté. « Faites-en ce que vous voulez, mais veillez à ce qu'ils ne nous reviennent pas. »

Ils ont répondu : « Nous ne les renverrons pas. » Mais ce qu'ils voulaient dire, c'est qu'ils ne renverraient pas les vêtements tels quels. Ils ont dit : « Nous allons les laver et vous les renvoyer, et nous accepterons les vêtements du chef du groupe en souvenir. »

Je leur ai répondu, « Ne faites surtout pas ça, je vous en prie, sinon tout va être chamboulé, et cela va créer beaucoup de problèmes. »

Mani — Mais est-ce qu'ils n'ont pas d'abord vérifié en disant : « Est-ce que c'est ce paquet-là ? »

Eruch — Oui, Mani, tu as raison. Le Dr Nath et sa famille m'ont demandé si le paquet du chef était là. J'ai répondu, « Il est là. » ils m'ont cru sur parole. Puis je leur ai dit que ce n'était pas souhaitable pour eux d'essayer de rendre les vêtements, et nous sommes partis pour Sarnath et à l'endroit que le Dr Nath avait choisi pour nous.

Don — Une question. Quand tu dis que Baba désirait un lieu qui convienne pour son travail, cela m'évoque automatiquement le travail de l'Avatar. Pourtant Baba disait qu'il serait l'un de vos compagnons et vivrait sans exercer sa fonction avatarique.

Eruch — Tu parles de son travail à Sarnath ?

Don — Ce n'était pas du travail avatarique, pas du travail universel, n'est-ce pas ? C'était ce que tu comprenais par là ?

Eruch — Je ne voulais pas forcément suggérer cela, mais en tous cas Baba ne nous a jamais fait comprendre qu'il avait fait du travail universel pendant cette période.

Mani — Il ne l'a pas dit, mais cela ne fait aucun doute qu'il l'a fait.

Eruch — La Vie nouvelle dans sa totalité n'était rien d'autre que du travail universel, si on comprend par là le fait de donner un exemple à l'humanité. Cela et tant d'autres choses ; je ne sais pas tout ce que cela implique. C'est ce que je suppose, que tout cela faisait partie de son plan, de son travail universel.

Nous sommes donc arrivés à Sarnath, et les femmes se sont installées dans un pavillon à part. Mani va te raconter à présent ce qui s'est passé quand on leur a amené le cheval.

Mani — À Sarnath, Baba, sachant combien Mehera aime et sait s'occuper des chevaux, a fait amener le cheval dans le pavillon où résidaient les femmes. C'était un bel endroit, plutôt spacieux, avec un grand terrain, un jardin-verger avec des citronniers et d'autres arbres, et une dépendance ancienne où vivait un gardien âgé. Là, il y aurait une autre histoire à raconter, mais ne digressons pas…

L'entrée de derrière était assez éloignée. Baba est venu nous dire que le cheval était arrivé. À vrai dire, il y avait deux chevaux, et Baba voulait choisir celui que nous allions emmener. Nous les femmes, nous avons été appelées à la porte de derrière où se trouvaient les chevaux, que Mehera a caressés, ainsi que Baba. Elle a dit que le cheval le plus petit serait le mieux pour être monté, mais Baba a dit non, pas d'équitation. Alors Mehera, et nous toutes, nous nous sommes dit que le plus grand des deux était préférable, car il était d'un blanc immaculé, et vraiment beau à voir.

Eruch — Ses yeux étaient roses.

Mani — Oui, c'était très probablement un albinos. Nous avons décidé de garder le plus grand cheval et que Mehera s'en occuperait pendant notre séjour ici. Tout cela s'est passé pendant les deux derniers jours à Sarnath avant notre départ pour notre périple à pied avec Baba. Il y avait un sac de jute plein de grain pour nourrir le cheval, et comme les hommes ne pouvaient entrer, nous les femmes avons porté le sac jusqu'à une sorte d'étable. Nous étions tout excitées. Puis on a amené le cheval et Baba a dit : « Bien, Mehera, tu t'en occupes à présent » et il a caressé le cheval. Il était doux et humble, confirmant son apparence d'ange. Mehera s'est penchée pour lui donner du foin. Je ne connaissais rien aux chevaux mais je suis venue en aide à Mehera, pour faire tout ce qu'elle me disait de faire, tout comme Meheru. On a tout fait pour ce cheval. Mehera s'en occupait vraiment comme d'un animal domestique.

Mais ce cheval, quel cheval! En une nuit, il s'est transformé pour ainsi dire en démon. Il n'a plus laissé personne s'approcher de lui. Il a mis ses oreilles en arrière et montré les dents. Après avoir été nourri la première fois – il avait reçu ce qu'il y a de meilleur, le mieux qu'un cheval puisse avoir — il a semblé se rendre compte de son rôle, en quelque sorte, et il a changé du tout au tout. Aucune d'entre nous n'osait même lui mettre quelque chose de chaud sur le dos, même s'il faisait très, très froid.

Mehera était près du cheval le lendemain quand Baba est venu, et elle a dit « Stop, arrête, Baba! Ne va pas près de lui! Tu vois ses oreilles? » Le cheval se préparait à attaquer de nouveau. Baba a dit : « Quoi? Mais il était si doux hier. » C'est tout.

Quel cheval! On l'a confié à Donkin. Ce dernier a pris la tête de la procession, avec tous les mandalis vêtus de leurs robes et de leurs turbans, puis venait la charrette à dromadaire, puis les quatre femmes, puis la charrette à bœufs, et enfin la caravane. Toute la procession a démarré ce beau matin-là, menée par Don (c'est-à-dire le Dr Donkin) qui tenait les rênes pour faire avancer le cheval blanc. Quand c'était le moment de le nourrir, il mettait un sac devant lui, et le cheval mangeait jusqu'à ce qu'il en reste juste un peu. Quand il savait qu'il ne restait que quelques bouchées, avec la tête encore dans le sac de nourriture, à manger ce qu'il restait, il commençait à tourner sa croupe en direction de Don, s'apprêtant à donner une ruade. Voilà l'histoire du cheval blanc.

Les mandalis en grève

La caravane voyage vers le nord, novembre-décembre 1949

Rano — Mani, à propos de la procession, Padri nous en a parlé à son retour de Bénarès. Il est venu nous voir à Bombay. Baba lui avait donné des ordres stricts de ne pas utiliser son appareil photo, et pourtant il a mentionné que cela l'avait démangé. Il s'est assis à un café à l'angle d'une rue quand la procession a quitté Bénarès, et il a dit que c'était un spectacle fascinant, de les voir tous marcher habillés comme ils l'étaient, avec leurs turbans, leurs longues *kafni* et les animaux, le dromadaire et le cheval. Il a dit que cela aurait fait une photographie magnifique et regrettait de ne pas avoir pu la prendre, car il n'existait quasiment aucune photographie de la Vie nouvelle. Mais il avait reçu l'ordre strict de n'en prendre aucune.

Eruch — Le groupe a séjourné quelques jours à Sarnath. Baba nous a emmenés dans quelques lieux intéressants là-bas, et il a fait s'asseoir quelques hommes avec lui dans les anciennes cellules souterraines de Sarnath. Nous ne savons pas quel travail y a été accompli ; nous devions nous asseoir dans le calme à ses côtés. Puis, après un certain temps passé à visiter différents lieux d'intérêt, nous sommes revenus là où nous étions installés.

Au bout de quelques jours, Baba a commencé à préparer notre départ de Bénarès et Sarnath et notre voyage vers le Nord. Il a fait dire au Dr Nath qu'il donnerait la permission, à lui, à sa famille, et au Dr Khare et ses parents, de le voir avant de quitter Sarnath.

Fous de joie, ils sont tous venus voir le départ du chef du groupe et de ses compagnons. Alors ils ont su, sans l'ombre d'un doute, qui était à sa tête.

À ce moment, le Dr Nath a essayé de rendre à Baba toutes les montres et les objets personnels qui lui avaient été donnés de la part de tous les compagnons. Baba lui a dit de ne pas rendre les cadeaux mais, symboliquement, de nous donner une montre-bracelet, n'importe laquelle. On en a choisi une qu'on a donnée à un compagnon pour avoir l'heure. La famille du Dr Nath avait apporté avec elle tout le linge, lavé et repassé, pour tous les compagnons, mais Baba l'a refusé et nous nous sommes séparés.

Nous sommes partis, en marchant et en mendiant, vers le nord en direction de Moradabad. En route, nous sommes arrivés à un endroit nommé Jaunpur, qui est célèbre pour ses radis. Ils sont épais comme des cuisses et pourtant très tendres, malgré leur taille. Ils ne sont pas ronds, mais allongés et blancs, donc quand on en a un dans les bras, on a l'impression de transporter la jambe d'un géant.

Quand nous sommes arrivés à Jaunpur et que notre procession a serpenté dans les rues de la ville, il s'est trouvé, malheureusement, que toutes les écoles venaient de sonner la fin des cours. Tous les écoliers se sont mis à nous poursuivre en nous demandant, avec raillerie, où nous allions. Quand nous leur avons répondu que nous faisions un pèlerinage, ils se sont moqués de nous : « Qui sont ces gens qui marchent avec des ânes à leurs côtés ? », disaient-ils. Certains ont même conclu : « En fait, ils se moquent de nous. C'est une équipe d'acteurs et d'actrices qui vont à un tournage. »

Nous nous sommes rendus aux abords de la ville pour nous y installer. Au moment où nous avions atteint Jaunpur, les esprits s'échauffaient parmi les compagnons. Le problème était que certains d'entre eux avaient des tâches très pénibles, tandis que d'autres se contentaient de suivre le mouvement. Au début, Baba avait dit que dans la Vie nouvelle, chacun ferait sa part. Mais le Dr Ghani ne s'était jamais attendu à devoir parcourir de telles distances. Il ne faisait aucun doute que Baba lui accorderait des faveurs ; après tout, il était son camarade de classe et Baba tiendrait compte de son âge. Et puis il y avait Gustadji, qui était lui aussi âgé.

La première nuit à Jaunpur, nous avons dormi à la belle étoile par un froid terrible. Nous étions au mois de décembre. Une fois réveillé, le pauvre Gustadji ne pouvait même pas se lever. Il n'arrivait pas à bouger son corps, tellement il était engourdi.

Le matin, Baba était prêt à dire bonjour à ses compagnons. Il y avait cet ordre permanent que ceux-ci devaient se tenir prêts, tous ensemble, jusqu'à ce qu'il formule le désir de les voir. Mais Gustadji restait couché, incapable de se lever, et d'autres personnes âgées n'arrivaient pas à bouger non plus, notamment le Dr Ghani.

Quand j'ai fait le tour des uns et des autres pour les amener à Baba, ils se sont tous mis à me crier dessus. « Toi, tu passes du bon temps avec le chef du groupe. Tout ce que tu te contentes de faire, c'est de le suivre. C'est tout ! Tu sais le travail qu'on doit faire, nous ? » Puis ils s'y sont tous mis. Mes propres compagnons m'accusaient de me la couler douce avec Baba. Je n'ai rien dit car je savais que Baba attendait que les compagnons viennent le voir. J'ai répondu : « Eh bien, de toute façon, c'est notre sort et il nous faut l'accepter avec ses difficultés. » « Oh, c'est facile pour toi de les accepter, parce que tu n'en as aucune. »

Puis j'ai découvert ce qui avait provoqué cette crise. Le Dr Nilu était hors de ses gonds et avait complètement perdu le contrôle de son humeur, cette bonne humeur que nous étions tous censés garder. Il y avait une raison à cela : quand nous sommes entrés dans la ville où nous allions dormir, il avait dû passer par l'octroi où est collectée la taxe locale sur les personnes. Il transportait le veau sur son dos parce que l'animal ne pouvait pas parcourir une telle distance. Comme il avait une forte carrure, c'était facile au début, mais après avoir porté le veau sur plusieurs kilomètres, il a commencé à fatiguer. Quand il est arrivé à l'octroi, des gens l'ont stoppé pour lui réclamer la taxe.

Nous, les compagnons, n'avions pas d'argent sur nous. Il ne pouvait donc rien faire d'autre que de s'arrêter là, car les receveurs ne le laissaient pas aller plus loin sans qu'il s'acquitte de la taxe. Il ne pouvait pas abandonner le veau, et il y avait en plus Patel, qui avait la vache à sa charge. Ils ont expliqué la situation aux receveurs, mais tu sais comme ils peuvent être intraitables : ils n'ont rien voulu entendre de leurs explications. C'était une taxe nominale d'environ huit *annas,* mais ils n'avaient même pas cela sur eux. Finalement, quelqu'un les a pris en pitié et a payé la taxe pour eux.

Le long retard et l'humiliation que le Dr Nilkanth (Nilu) avait subis expliquaient sa mauvaise humeur. Il m'a dit : « Tu n'as aucune idée de nos difficultés. Tu restes à l'avant avec Baba ; tu t'arrêtes quand il s'arrête et quand les femmes veulent s'arrêter. Toi et Baba et les femmes, vous passez du bon temps et nous, on nous laisse derrière avec tout cette ménagerie à s'occuper. Tu n'as aucune idée des épreuves que nous endurons. »

Patel s'y est alors mis à son tour. Il a dit : « Tu sais ce qu'il faut faire quand vous voulez du thé le matin ? Pour ça, il faut que je me lève tôt le matin pour traire la vache. Cela prend du temps, monsieur. Comment crois-tu que l'on obtienne du lait ? » Et ainsi de suite. Tout ce qu'ils avaient sur le cœur et dont ils voulaient se plaindre à Baba, ils l'ont déchargé sur moi.

Puis est venu le tour du Dr Ghani. Il m'a dit : « Qu'en penses-tu, Eruch ? Comme tu es quelqu'un d'équitable, penses-tu qu'il soit juste que notre compagnon (c'est-à-dire Baba) permette à ces personnes âgées d'être traînées ainsi d'un endroit à l'autre ? Il dit qu'il est notre compagnon ; s'il l'est, ne devrait-il pas faire des concessions vis-à-vis des plus âgés ? Ne devrait-il pas parcourir de plus courtes distances ? Ne devrait-il pas nous permettre de nous asseoir dans des chariots et des tongas ? Cette charrette à dromadaire se balade toute vide et la caravane n'est jamais utilisée sauf pour offrir un joli salon aux dames pour se reposer la nuit. Et il y a un tonga qui ne transporte rien d'autre que des ustensiles de cuisine. Donc, on a une charrette à dromadaire, une autre charrette, un tonga, et tout cela ne sert à rien. Ne peut-il pas nous permettre de nous asseoir dans ces charrettes et ces tongas ? Ce serait alors tellement plus facile pour nous tous. »

Pendant tout le temps qu'ils présentaient leurs doléances, Baba attendait qu'ils arrivent. J'ai essayé de leur dire que cela ne servait à rien de se mettre dans cet état. En plus, j'avais tout à fait compris leurs difficultés. Mais alors, ils se sont mis à se plaindre de la difficulté qu'il y avait à tirer de l'eau du puits. Il fallait fournir de l'eau à tout le groupe, y compris le dromadaire, le cheval, la vache, les ânes et les bœufs. Puis chaque soir, nous devions aussi partir chercher de quoi nourrir les animaux. Tout cela était un lourd fardeau pour ces gens, alors que moi, je n'avais qu'à rester aux côtés de Baba. Il était normal que leurs plaintes se déversent sur moi.

Don — Tu étais le Baba de rechange.

Eruch — Oui. J'ai fini par dire : « Cela ne sert à rien d'en parler maintenant, nous allons y réfléchir plus tard. Venez. »

Alors Donkin s'est aussi mis à s'emporter en disant : « Tu sais comment t'occuper de ce cheval ? Ce n'est pas un cheval, c'est un démon ! » Et ainsi de suite. « Bien », j'ai dit, « allons maintenant voir Baba. C'est le moment, gardez le sourire et allons-y.» Alors nous y sommes allés et tout s'est bien passé. Baba a simplement dit des choses drôles et c'est tout. Je ne sais pas comment, mais la journée s'est très bien passée. En présence de Baba, rien n'a été exprimé, ni montré. Baba a dit que nous ferions une halte de deux ou trois jours à Jaunpur avant de poursuivre notre route. Je ne sais pas pourquoi il avait prévu cela, ni pourquoi il nous a dit cela juste à ce moment-là, peut-être afin d'aider les compagnons, en particulier les plus vieux, ou peut-être qu'il préparait ce qui allait suivre. Quoi qu'il en soit, quand Baba est retourné au bout de quelque temps du côté des femmes pour son déjeuner et que nous avons eu notre pause, j'ai trouvé le Dr Ghani s'évertuant à faire un sermon aux compagnons.

«Il existe toutes sortes de groupes qui tiennent des discours dans les maïdans (ce qui veut dire «espaces ouverts»). Pourquoi ne pourrions-nous pas aussi exprimer nos sentiments? Baba dit qu'il n'est plus, pour nous, ni Dieu-Homme ni Maître non plus, qu'il n'est qu'un compagnon. Et donc, un compagnon ne peut-il pas exprimer ses difficultés à ses autres compagnons? En vertu de quoi?» Puis les autres ont ajouté : «Bien sûr, pourquoi est-ce que nous n'aurions pas ce droit? Si la Vie nouvelle signifie une vie de compagnonnage, pourquoi ne pourrions-nous pas parler de ce qui nous contrarie?»

J'ai répondu : «Oui, vous pouvez très bien exprimer vos difficultés mais le problème, c'est que nous ne pouvons pas montrer notre mauvaise humeur en sa présence. C'est l'ordre qui vient nous barrer la route quand nous voulons formuler notre mécontentement.»

«Je connais une manière de s'en sortir sans désobéir pour autant», dit le Dr Ghani. «C'est de se mettre en grève. Demain, quand le patron viendra, nous allons nous mettre en grève.» Il s'est mis à appeler Baba «le patron». Puis il a demandé si tout le monde était d'accord.

Quelques mains se sont levées. «Oui, mettons-nous en grève. C'est vrai, ça, après tout, nous en avons assez de cette vie. Comment pouvons-nous continuer ainsi, si nous ne recevons pas d'aide ? Combien de temps tout cela va-t-il durer ? » Baba avait dit au début, tu te rappelles, que cela allait être une *vie nouvelle sans fin* et nous étions partis convaincus que nous ne reviendrions ni à nos anciens modes de vie ni sur nos anciens lieux de vie.

Le lendemain est arrivé, et il était prévu que personne ne s'approcherait de Baba, personne, même s'il frappait dans ses mains pour appeler quelqu'un. Ils m'ont demandé quel rôle je comptais jouer. J'ai répondu : « Tout ce que je peux dire, c'est qu'il faudra que je sois aux côtés de Baba et que je ne suis pas d'accord avec vous autres, car je ne rencontre pas ce genre de difficultés. » Ils m'ont traité d'hypocrite et ont commencé à s'emporter de nouveau. Ils étaient de bonne foi, cela dit, et il n'y avait aucune trace de haine dans leurs propos. Ils laissaient juste libre cours à leurs sentiments.

C'est alors que l'histoire a pris un tour amusant. Baba est venu comme d'habitude, bien sûr, sans laisser paraître le moindre indice qui montrerait qu'il avait compris ce qui se tramait. Il était obligé d'agir ainsi, car il n'était qu'un compagnon dans la Vie nouvelle. Il était d'humeur joyeuse, mais il ne s'est pas approché des compagnons, restant à distance à l'ombre d'un arbre. « Nous allons tenir une réunion ici. Appelle tous les compagnons » me dit-il. Je me suis rendu de leur côté tandis qu'ils m'observaient. Tu sais comment se comportent les grévistes ; tu peux imaginer leur façon de faire. Le patron était venu, mais ils étaient déterminés à ne pas aller à sa rencontre.

Baba s'est assis quand je suis parti et je leur ai dit : « Regardez, Baba est arrivé et il veut votre présence à tous parce qu'il va y avoir une conférence, une réunion très importante. » Ils ne m'ont pas répondu ; j'étais un paria. Je suis resté silencieux quelques instants puis je leur ai dit : « Ce que vous faites n'est pas correct. Cela va donner mauvaise impression. Nous ne devrions pas nous comporter comme ça. Le Dr Ghani peut se permettre d'agir ainsi parce qu'il n'est pas seulement un compagnon de Baba, il est aussi un camarade d'école et vous savez bien la latitude que Baba lui donne.

Mais pas les autres. » Une personne a levé les yeux après quelques instants d'hésitation, puis une autre.

Je suis allé voir Baba, qui m'a dit : « Que se passe-t-il ? Ils ne viennent pas ? » J'ai répondu qu'ils allaient arriver. Puis Baba les a regardés et a dit : « Qu'est-ce qu'il se passe ? Pourquoi restent-ils debout là-bas ? Tu ne leur as pas transmis l'ordre de venir ? » J'ai répondu : « Si, Baba, ils arrivent. » Baba, qui savait probablement que quelque chose se tramait, a donc patiemment attendu. L'un après l'autre, ils ont commencé à venir, mais le Dr Ghani ne bougeait pas d'un pouce. Comment aurait-il pu ? C'était lui le meneur ; cela lui aurait fait perdre la face.

Ensuite Baba a envoyé un message au Dr Ghani par mon intermédiaire. « Qu'est-ce qui se passe dans ta tête ? Si tu as de l'audace... » Il me dit d'insister sur ces points : «... si tu as le courage qu'il faut, viens affronter la situation et dis à ton compagnon ce que tu as sur le cœur. » C'étaient ces mêmes mots que le Dr Ghani avait utilisés pour influencer les autres, et maintenant Baba les utilisait contre lui.

Le Dr Ghani s'est emporté. « Quoi ! Je n'ai pas d'audace ? Bien sûr que je suis capable de venir parler de tout ça à mon compagnon. Qu'est-ce qui m'en empêcherait ? C'est exactement ce que je viens de dire aux autres. »

Il est donc venu et Baba lui a demandé ce qu'il se passait. Au lieu de répondre à cela, le Dr Ghani a accusé ceux qui étaient assis là en disant : « Tous ces compagnons ne sont rien que des hypocrites, Baba. » Baba lui a dit : « Pourquoi les traites-tu unilatéralement d'hypocrites ? Qu'ont-ils fait ? » Il a répondu : « Ce qu'ils ont fait ? Ils m'ont promis qu'ils ne s'approcheraient pas de vous aujourd'hui et ils m'ont promis qu'ils respecteraient la décision que nous... » Baba l'a alors interrompu et a dit : « Mais qui es-tu, *toi*, pour te faire promettre quoi que ce soit par qui que ce soit ? » Je lisais les gestes de Baba et cela a irrité le Dr Ghani. Alors il m'a dit : « Toi, tu arrêtes de parler maintenant ! Je comprends très bien les gestes de Baba. Pourquoi c'est *toi* qui dois dire ces choses-là ? » Et voyant le Dr Ghani s'emporter ainsi et Baba rester paisible, les autres compagnons ont oublié toutes leurs pensées et leurs sentiments au fur et à mesure que le Dr Ghani devenait le bouc émissaire.

Puis Baba a dit au Dr Ghani : « Tu sais que non seulement je suis ton compagnon, mais aussi ton camarade d'école ? Tu te souviens quand nous faisions de la lutte ensemble ? Veux-tu lutter maintenant avec moi pour régler le problème ? » Cela a fait rire le Dr Ghani et à partir de ce moment-là la réunion a pris un tour très amical et tout a été oublié. À partir de ce jour-là, un grand changement s'est produit. Personne n'a plus nourri de ressentiment, de rancune ou quoi que ce soit de la sorte. Nous étions simplement redevenus tels que nous étions au début.

Don — C'était donc la ligne des hautes eaux, le point culminant de la crise ?

Eruch — Oui, le point culminant. À Jaunpur.

Don — Maintenant, juste une question technique, Eruch. Ghani était vraisemblablement en colère quand il a accusé tous les autres compagnons de l'avoir trahi, il avait donc enfreint la règle de base que Baba avait établie, non ?

Eruch — Non, il n'y avait pas de colère. Il a juste dit ce qu'il avait à dire avec beaucoup d'insistance. Il n'y avait pas de colère.

Don — Donc on ne pouvait pas l'accuser d'être de mauvaise humeur ? Comme il exprimait quelque chose sans se fâcher, il est resté en-deçà des limites à ne pas franchir ?

Eruch — Oui, mais nous voyions bien qu'il le disait avec conviction. Il sentait que les autres *étaient* des hypocrites, mais en même temps il n'a pas exprimé de colère.

Don — Donc Baba ne pouvait pas dire : « Ghani, dehors ! ».

Eruch — Non, non. Ce qu'ils voulaient, c'était obtenir une concession de la part de Baba et pour ce faire ils avaient décidé de se mettre en grève. Que revendiquaient-ils dans ce mouvement ? De pouvoir s'asseoir dans les charrettes qui restaient vides toute la journée. Aussi, les animaux avaient à manger – il y avait de l'argent pour leur nourriture – mais pas d'argent pour celle des compagnons! C'est ce qu'ils considéraient comme abusif, le fait de s'occuper des besoins des animaux et non de ceux des êtres humains. Est-ce que ces derniers étaient pires que les premiers dans cette Vie nouvelle? Ils ont donc exercé des pressions pour convaincre Baba d'être plus généreux envers ses compagnons qu'envers les animaux.

Don — Eruch, à ta connaissance, est-ce que ce genre de ressentiment s'est reproduit?

Eruch — Rien d'apparent.

Don — Pas de mouvement d'humeur?

Eruch — Aucun mouvement après celui, mémorable, qui a eu lieu à Jaunpur. Et celui-là s'est produit uniquement parce qu'il s'est développé dans un contexte d'accumulation d'incidents bien précis. Tout le monde était fatigué après la longue marche de Sarnath à Jaunpur, les animaux commençaient à créer beaucoup de difficultés, les personnes croisées sur la route se moquaient de nous parce que nous avions avec nous deux ânes pour notre pèlerinage et le cheval n'était qu'une suite de problèmes, tout comme le dromadaire.

Don — Des tensions de tous les côtés.

Eruch — Des tensions de tous les côtés, c'est ça. Et pour couronner le tout, nous n'avions pas pu nous reposer. Chaque fois que nous campions, quelqu'un devait partir à la recherche de nourriture pour les animaux, d'autres devaient mendier de la nourriture pour les compagnons et les autres avaient d'autres tâches à exécuter.

Don — Eruch, dans les mois qui ont suivi, y a-t-il eu un quelconque emportement entre des compagnons, même hors de la vue de Baba?

Eruch — Oui, il y en a eu. Je dois être franc et honnête : il y a eu un coup de chaud dans les tout derniers moments de la Vie nouvelle, quand certains des compagnons avaient reçu l'ordre de gagner leur propre vie et que nous avons monté une affaire. Es-tu au courant de cette histoire ?

Don — Oui, je sais un tout petit peu de quoi tu parles.

Eruch — C'était à Delhi. Nous avions été envoyés à Delhi et on nous avait dit de monter une entreprise de beurre clarifié en conserve qu'on vendrait sur les marchés. Le problème concernait un point précis. Certains des compagnons avaient pris les tâches les plus faciles, tandis que d'autres se retrouvaient avec le plus dur à faire, comme se tenir devant le feu en plein été ou aller au marché en transportant les boîtes de conserve sur la tête.

La répartition du travail n'était pas équilibrée et les difficultés n'étaient pas partagées équitablement. Mais cela a été le seul autre incident. Tout s'est passé en l'absence de Baba et a été réglé à l'amiable en acceptant de changer les attributions pour mieux prendre en compte l'âge de chacun.

Un bienfaiteur inspiré
Dix jours à Moradabad, décembre 1949

Eruch, *poursuivant* — Après la « conférence », nous avons quitté Jaunpur et nous sommes partis pour Moradabad. Quand nous sommes arrivés, Baba a dit qu'après notre long voyage depuis Bénarès et Sarnath, ce serait bien de prendre une semaine de repos. Nous restions dehors, bien sûr, et à proximité de la gare. C'était un endroit réservé à des festivités comme Divali et Ramlila. Pendant ces périodes-là, se tenait une sorte de foire où les gens se rassemblaient. En conséquence, les lieux restaient vacants la plupart du temps et nous y sommes allés pour camper.

UN BIENFAITEUR INSPIRÉ

Je me souviens encore que c'était au mois de décembre parce que Baba a dit : « C'est l'anniversaire de Mehera, arrêtons-nous et oublions, pendant une semaine, nos périples, leurs dangers et toutes nos difficultés. Reposons-nous ; il nous faudra juste mendier nos repas. »

Au fait, il faut que je te raconte un incident très amusant qui a eu lieu sur la route de Moradabad. Une roue d'un des tongas s'étant cassée, Baba a envoyé Adi et Don, qui le conduisaient, et quelqu'un d'autre, je crois, au village suivant dans un autre tonga pour réparer la roue. Il nous a fallu procéder ainsi car il n'y avait pas de charron à proximité des lieux de l'incident.

Dès que le groupe est arrivé au village suivant, ils ont trouvé un artisan qui a accepté de les dépanner. Il faisait nuit quand les réparations ont été terminées et il fallait encore revenir au campement pour se préparer au trajet du lendemain. Ils avaient de l'argent pour réparer la roue et nourrir le cheval, mais ils n'en avaient pas pour leur propre nourriture. Ils devaient donc aller mendier.

Adi a dit : « Il est trop tard. Tout le monde doit dormir à l'heure qu'il est. Où pouvons-nous aller mendier ? Ils avaient tous faim, mais ils ne pouvaient pas demander au charron de les nourrir à cause des ordres de Baba. Donc Adi, sachant très bien que la réparation d'une roue coûtait cinq roupies, lui a donné dix roupies en paiement.

Le charron lui a dit : « C'est trop. Pourquoi me donnez-vous autant ? » « Non, non, acceptez », a insisté Adi. « Vous avez fait le travail jusque dans la nuit. » Puis il a continué : « Eh bien, il va nous falloir aller à notre bhiksha. Nous allons devoir trouver de la nourriture. Acceptez les dix roupies s'il vous plaît et ne vous embêtez pas pour la monnaie. » Alors l'homme a compris et leur a offert de la nourriture pour leur dîner en bhiksha. Ainsi, Adi et les autres se sont débrouillés pour revenir avec de la nourriture. Donc, tu vois, dans la Vie nouvelle, on a parfois fait usage de notre pouvoir de décision et d'intelligence pour nous adapter aux besoins du moment.

Quand nous sommes arrivés à Moradabad en décembre, il faisait un froid terrible et nous ignorions comment y faire face avec les vêtements légers que nous portions. Nous dormions à la belle étoile et nos ongles bleuissaient littéralement. Nous ne savions pas quoi faire. Il n'y avait pas de travail à effectuer, pas de mouvements à faire, rien. D'habitude, nous devions marcher sur des distances considérables et l'exercice nous réchauffait, mais là, ce n'était pas le cas.

La première nuit a passé et c'était une nuit horrible, nous tremblions tous de froid sans interruption. Nous n'avions pas d'argent pour acheter de quoi faire un feu. Chacun de nous commençait à se demander comment allaient se passer les journées à Moradabad. C'est un lieu très froid et très au nord de l'Inde.

Don — Eruch, quand vous aviez vraiment besoin d'un peu d'argent, par exemple pour réparer le tonga, d'où cela provenait-il ?

Eruch — On avait donné à Kaka un fonds de réserve à dépenser seulement pour la nourriture quotidienne des animaux et, en cas d'urgence, pour les réparations. On l'utilisait en cas d'urgence grave uniquement, si et quand Baba en donnait l'ordre.

Pour en revenir à notre séjour à Moradabad, le lendemain nous avons vu quelqu'un s'avancer vers le campement. C'était le fils de Harjivan Lal, un avocat de Delhi. Le père est mort maintenant, mais le fils est toujours en vie. Il est parti étudier en Angleterre par la suite.

Le fils s'est approché de nous et quand nous lui avons demandé la raison de sa venue, il a dit que c'était pour obéir aux ordres de son père, qui étaient de transporter des chariots entiers de nourriture et de vêtements à donner à Baba et à ses compagnons.

Baba était à proximité à ce moment-là, et nous sommes allés lui en parler. Mais évidemment, il avait déjà entendu au loin la conversation que nous avions eu avec le garçon à son arrivée et il lui a demandé immédiatement pourquoi on avait désobéi à son ordre. Cette remontrance pourtant inoffensive l'a tellement affecté qu'il s'est évanoui et est tombé par terre. Nous avons immédiatement tenté de le réanimer : nous craignions beaucoup qu'il se soit brisé le crâne, car nous avions entendu un grand bruit sourd quand il avait chuté.

Don — Tu as dit une fois, je crois, que le garçon avait vu Baba quand il était tout petit, mais pas depuis plusieurs années à ce moment-là ?

Eruch — Il ne l'avait pas vu depuis plusieurs années. Quand il est revenu à lui, il nous a raconté son histoire. Son père avait suivi les traces de Baba depuis le moment où nous avions quitté Bénarès jusqu'à notre arrivée à Moradabad. Il avait prévu de nous procurer des habits de laine, sachant parfaitement que Baba et les compagnons n'avaient pas assez de vêtements pour l'hiver qui approchait. De même, comme il savait que nous dépendions uniquement de la mendicité pour notre nourriture, il s'est arrangé pour nous fournir une grande quantité de fruits secs, d'amandes et autres choses. Il y avait des couvertures, des gants, des chaussettes, des tricots, des cache-nez et des sortes de cagoules en laine – on les surnomme « des bonnets de singe » ici en Inde, parce qu'on ressemble à un singe en les portant.

Don — Est-ce le genre de cagoule que porte Kaikobad ? Elles sont très singulières.

Eruch — Oui. Et en plus des lainages, il nous a donné des vêtements de coton. Tout cette manne était une surprise pour nous. Baba n'avait rien laissé transpirer de tout cela, sauf pour dire que ce serait bien de se reposer une semaine ici. Puis soudain, cet homme, à Delhi, se sentit inspiré de faire envoyer tout ce dont nous avions besoin, juste au bon moment, juste quand nous pensions que notre santé serait mise en danger si nous restions sans aucune protection, sans même la chaleur d'un feu, par le temps qu'il faisait.

Quand nous avons reçu toutes ces choses, Baba a semblé totalement indifférent et le garçon a été renvoyé à son père. Baba a accepté ces cadeaux avec amour et a fait parvenir un message par l'intermédiaire du fils à son père, que les cadeaux avaient été reçus, mais qu'il ne devait plus tenter de suivre la progression de notre groupe.

Don — Mais rien n'indiquait que Baba était irrité ?

Eruch — Non, au contraire, il a dit au garçon qu'il était content de tout ce qu'il avait apporté, mais on pouvait ressentir son indifférence. Il a gardé pour plus tard l'expression de son plaisir, quand il s'est retrouvé seul avec nous. Mais tant que le garçon était là, Baba n'a montré aucun signe, ni de plaisir ni de déplaisir. Il a simplement fait dire au père qu'il était satisfait de tout ce qui avait été envoyé, mais qu'il devait cesser de nous poursuivre.

Mani — De ne pas vous poursuivre à pied ?

Eruch — Non, de ne pas nous poursuivre avec des projets similaires. À présent, il devait ne plus penser au groupe. Puis le garçon a quitté les lieux et Baba a distribué les cadeaux. Baba a remarqué que toutes ces choses étaient comme tombées du ciel, vraiment pile au bon moment. Nous aussi, nous avons exprimé notre surprise.

C'est ainsi que nous avons été sauvés à Moradabad : par l'aubaine d'avoir eu quelqu'un qui s'est senti inspiré de nous envoyer les choses dont nous avions besoin, exactement au bon moment.

Don — C'est certainement une illustration de ce que tu mentionnais plus tôt : à cause de la force de Baba, même durant la Vie nouvelle, les choses arrivaient au bon moment ?

Eruch — Oui, les choses se produisaient. Je voulais te donner des exemples pour te montrer de quelle façon son autorité se manifestait, même quand il se déplaçait incognito, même sans que quiconque ne prononce son nom, et sans que Baba ne fasse de demande explicite à quiconque de fournir quoi que ce soit. L'aide nous parvenait juste au moment où elle était le plus nécessaire. Ce n'était pas sous pression, ni par des ordres externes ni par...

Don — Des ordres intrigants ?

Eruch —... Des ordres intrigants, comme tu dis – que ces choses lui étaient offertes. Elles étaient offertes sans aucun ordre externe, elles arrivaient spontanément, d'elles-mêmes.

Je vais te donner un autre exemple : après Moradabad, nous avons continué à pied vers l'Himalaya, jusqu'à Nadjibabad.

Don — Pendant la période la plus froide de l'année ?

Eruch — Oui, pendant la période la plus froide de l'année. Là, pour le meilleur ou pour le pire, il est arrivé que Kaka a eu une crise cardiaque, pour la première fois. C'était une catastrophe, parce que le groupe entier dépendait de Kaka pour préparer la nourriture que nous avions mendiée. Il récupérait et cuisinait tout ce que nous rapportions après avoir mendié.

Don — Kaka était le chef cuistot du campement ?

Eruch — Oui, en plus d'en être le trésorier. Baba voulait prendre particulièrement soin de Kaka : on l'a donc installé dans la tente de Baba pendant la nuit après son infarctus. Baba a dit : « Ce n'est pas une bonne idée de continuer comme ça avec Kaka ; à partir de maintenant nous allons devoir prendre le train. » Mais nous n'avions pas d'argent. Comment voyager en train ? De nouveau, il s'est produit la même chose. Baba a dit à quelques-uns d'entre nous : « Bon, allez obtenir les billets de train auprès de quelqu'un. » Je crois que c'était Adi et moi qui avons été pressentis pour cette mission.

Nous sommes donc allés dans Nadjibabad pour exécuter les souhaits de Baba qui, comme d'habitude, étaient assortis de conditions. Parmi celles-ci, il y avait la condition que pour Dehra Dun, Baba et les quatre compagnes devaient voyager en première classe et le reste des compagnons, tous des hommes, en troisième classe. Il s'agissait donc pour Adi et moi de trouver une personne qui nous offrirait cinq billets de première classe et une vingtaine de billets de troisième classe, de Nadjibabad à Dehra Dun.

Une fois en ville, nous sommes finalement tombés d'accord sur la personne à contacter. C'était un homme d'affaires. Nous avons eu une sorte d'inspiration et sommes entrés dans son bureau. Nous avons frappé à la porte, regardé à l'intérieur, obtenu la permission de parler au patron et formulé notre requête. À notre surprise, il a accepté sans sourciller de débourser l'argent dont nous avions besoin.

Il a appelé son employé et lui a demandé de calculer le prix total. Quand cela a été fait, il a ordonné immédiatement à son caissier de nous donner la somme d'argent. Mais nous avons dit : « Monsieur, nous ne pouvons accepter de l'argent. » Il a répondu : « Comment allez-vous partir ? Comment allez-vous acheter les billets de train ? » Nous lui avons répondu : « Nous campons à tel endroit à l'extérieur de cette ville et le chef du groupe nous a donné des instructions précises. Si vous pouvez les suivre, il sera ravi. Les instructions sont que nous ne devons pas accepter l'argent que vous pourriez nous donner. Au lieu de cela, vous devez ordonner à vos hommes d'acheter les billets, que vous nous fournirez au moment où nous monterons dans le train. »

Il a dit : « À quelle heure est le train ? Quelle heure avez-vous fixée ? » Nous avons répondu : « Le train part demain à quatre heures du matin. » « Si tôt le matin ! Dès les premières heures ! Donc le train que vous prenez va à Dehra Dun ? D'accord, d'accord, je vais m'en occuper. » Puis il a appelé son employé pour nous le présenter afin que nous puissions nous reconnaître le lendemain matin. Nous avons quitté les lieux heureux et sommes allés informer Baba que le travail était fait.

Baba était comblé aussi. Imagine, aborder une personne pour lui demander non pas un ou deux billets, mais vingt-deux billets de troisième classe et cinq billets de première classe ! Et cela n'a pas pris beaucoup de temps. Nous avons eu juste à dire ce que nous voulions. Cela a pris à peine quinze à vingt minutes. Certes, il a fallu marcher longtemps pour se rendre là-bas, mais à peine vingt minutes avec la personne concernée ont suffi pour atteindre notre objectif. Tôt le lendemain matin, nous sommes montés dans le train et nous sommes partis pour Dehra Dun.

Don — Eruch, qu'est-il arrivé à tous les animaux, charrettes et tongas ?

Eruch — Je vais te le dire. Certaines nous ont suivis à Dehra Dun, mais nous avons abandonné le reste en route. C'étaient des années d'agitation extrême en Inde — de 1947 à 1951, 1952. C'était l'époque de la partition et il y avait beaucoup d'émeutes et de désordres. Le mouvement des trains, et plus particulièrement des trains de marchandises — est-ce comme cela que vous les appelez ?

Don — Nous appelons cela les *freight trains*.

Eruch — Nous les appelons *goods trains*. Leurs mouvements étaient complètement désorganisés, et si quelqu'un soumettait à un responsable des chemins de fer une demande particulière, il levait les bras au ciel en disant que la priorité devait être accordée aux déplacements gouvernementaux. Alors tu vas être surpris quand je vais te raconter comment nous avons été aidés quand Baba a voulu faire transporter ces animaux. Nous sommes allés trouver un chef de gare dans les environs et lui avons dit que nous avions besoin d'un certain nombre de wagons de marchandises. Il a demandé : « Dans quel but vous les voulez ? Est-ce des wagons de marchandises que vous voulez ou avez-vous juste des marchandises à envoyer par fret ? » Nous avons répondu : « Non, nous voudrions disposer de quelques wagons. » « Des wagons ! Dans quel but ? » Nous avons répondu : « Nous avons quelques tongas à transporter, quelques charrettes à bœufs, un dromadaire, un cheval et une vache... » « Qu'est-ce que c'est que ça ? » « Eh bien, avons-nous commencé à expliquer, voici... »

Bien sûr, le chef de gare a voulu transmettre la demande à ses employés, mais nous lui avons dit : « Écoutez, nous sommes en pèlerinage et ces choses doivent nous suivre. Nous ne pouvons pas continuer à pied, donc nous aimerions les faire transporter par train et pour cela nous avons besoin de votre aide. » Il nous a dit de venir le lendemain et qu'entre temps il réfléchirait à tout cela. Baba nous a renvoyé auprès de lui le lendemain et nous avons découvert qu'il avait fait préparer trois wagons pour nous. Ainsi, à notre surprise, des wagons ont été mis à notre disposition et il nous a été possible de transporter les animaux à la destination souhaitée par Baba.

Bref, pendant la Vie nouvelle, tout ce qui était entrepris pour mettre en œuvre les ordres de Baba était couronné de succès sans encombre. C'est pourquoi je dis souvent que même si c'était une vie d'impuissance et d'absence d'espoir, en vérité, la Vie nouvelle *avec* Baba n'était pas une épreuve.

Baba sait

Dehra Dun et le généreux Todi Singh, janvier 1950

Eruch, *poursuivant* — Mais à présent nous voyageons en train de Nadjibabad à Dehra Dun. C'est, je crois, la destination que nous nous étions fixée quand nous sommes partis de Meherazad en octobre 1949.

Don — Tu savais que c'était là que Baba avait l'intention d'aller ?

Eruch — Peu de gens étaient au courant. Seuls trois ou quatre des compagnons le savaient, parce que Baba voulait que cela reste un secret. Certains d'entre nous étaient au courant parce que nous nous occupions de la correspondance. Nous étions le moyen par lequel il envoyait les lettres et les messages. Le père de l'éditeur de *The Glow*, Naosherwan Nalavala, était l'un de ceux qui connaissaient notre destination dans la Vie nouvelle et il avait l'ordre de ne la révéler à personne.

Don — Il était à Dehra Dun ?

Eruch — Oui, il était à Dehra Dun, là où nous nous rendions et où nous allions arriver au bout de quelques heures. Il en avait été informé par courrier selon les instructions de Baba. Il devait préparer de la nourriture pour qu'elle soit prête à notre arrivée à la gare de Dehra Dun. Baba devait y prendre la nourriture et puis se rendre à notre destination, qui allait être notre base de campement.

Par ailleurs, sur ordre de Baba, les lieux où nous nous rendions avaient été acquis très bon marché par Keki Nalavala aux deux noms d'Eruch et de Pendu. C'était un bout de terrain dans les environs de Dehra Dun, qui allait devenir notre lieu de résidence pour quelques mois pendant la Vie nouvelle. C'était tout ce que Baba avait dit à Keki Nalavala lors de sa correspondance avec lui. Il devait y avoir de l'eau à proximité, mais nous nous occuperions de nos repas. Nalavala avait déjà acheté ce terrain et... as-tu entendu parler de Shatrughan Kumar ?

Don — Oui, j'ai entendu parler de Kumar.

Eruch — C'était une partie de sa propriété près de Dehra Dun qu'avait achetée Nalavala. C'est ainsi que Kumar et toute sa famille sont entrés en scène. La fille de Kumar est maintenant mariée à Dara, le fils du petit frère de Baba, Adi.

Don — C'était le lien original de toute cette famille à Baba ? Avant cela, ils ne le connaissaient pas ?

Eruch — Non, ils ignoraient tout de Baba. Kumar était un révolutionnaire. Tu le savais ?

Don — Tu veux dire un révolutionnaire contre la domination anglaise ?

Eruch — Oui, contre les Anglais. Mais c'est une toute autre histoire que quelqu'un d'autre racontera un jour. Pour continuer mon récit, Keki Nalavala nous a rencontrés quand nous sommes arrivés à la gare de Dehra Dun et Baba était à peine descendu du train qu'il a fait un signe pour s'enquérir de la nourriture. Keki nous a dit qu'il s'était occupé de tout et que le repas était sur le point d'arriver. La famille de Kumar devait fournir la nourriture depuis sa maison à Manjri Mafi, en dehors de Dehra Dun. C'était là que nous devions aller camper, sur le terrain qui avait été acheté dans leur propriété.

La femme de Kumar, pensant à ce groupe de gens si bien qui venait en pèlerinage, avait décidé de préparer à manger juste avant qu'ils arrivent, pour que la nourriture soit toute chaude. Elle voulait éviter que notre groupe ait l'impression qu'on lui servait du réchauffé. La maison, au fait, se situe près des voies de chemin de fer, le train passe donc toujours devant chez eux. Ainsi, quand il lui arrive de recevoir quelqu'un qui vient en train, elle essaie de mettre le riz à cuire juste quand il passe. Elle peut ainsi servir le riz tout chaud!

Personne n'avait pensé à lui dire, cependant, qu'à cette occasion les repas devaient être servis à la gare, à dix kilomètres de là. Ceci expliquait le retard. Mais ce petit retard a amené une famille de plus à Baba.

Quand Kumar a fini par arriver avec la nourriture et tous les ustensiles, il était agité et a tenté de fournir des excuses. Ne sachant pas qui était le chef, car Nalavala ne lui avait rien dit du groupe, il a présenté ses excuses à nous tous, disant qu'il était désolé du retard. Ce n'est qu'après qu'il a pu reconnaître le chef, parce que nous tentions tous de servir à Baba son repas.

Baba était assis dans la salle d'attente de la gare avec Nalavala, une assiette vide posée devant lui pour la nourriture, quand Kumar lui a été présenté. « Voici M. Shatrughan Kumar. C'est la personne qui s'est défaite du bout de terrain que nous avons acheté pour votre séjour de la Vie nouvelle. C'est sa famille qui a préparé le repas d'aujourd'hui. » Baba lui a répondu par gestes : « Très bien, je suis très satisfait de tout cela. Mais pourquoi ce retard? Vous ne saviez pas à quelle heure le repas devait être servi? » Il a répondu : « Si, on m'a indiqué l'heure. » Mais Kumar, étant un homme de principes, a été très blessé par cette petite pique de Baba. Comme c'est lui qui avait été aux commandes, la critique l'a durement touché. Il s'est beaucoup excusé, a dit que ce n'était pas sa faute, mais plutôt celle de sa femme, mais qu'elle était excusable parce qu'elle avait eu les meilleures intentions en s'efforçant de nous servir un repas tout chaud. Il nous a alors raconté toute l'histoire.

Baba était très heureux et a chanté les louanges de sa femme. Mais Baba, étant Baba, qu'il soit dans la Vie nouvelle ou la vie ancienne, a ajouté : «Naturellement, vous avez dû être très en colère contre votre femme.» Baba n'avait pas encore touché son assiette, car la conversation avait lieu avant et pendant qu'on servait la nourriture. Kumar a dit : «Oui, j'étais un peu énervé, bien sûr, car je sais ce que ponctualité veut dire. C'est très important pour nous tous. Et M. Nalavala m'avait dit avec insistance d'être à l'heure car vous y accordiez beaucoup d'importance. J'étais donc vraiment très contrarié de constater que ma femme avait du retard.»

Baba a dit : «Eh bien, vous n'auriez pas dû vous mettre en colère contre votre femme, ni la gifler pour cette raison.» Kumar a regardé Baba, se demandant qui était donc cet homme qui se mêle des affaires des autres? Puis il a dit : «Oui, il m'a fallu lui donner une gifle.»

Baba a répondu : «Quoi! vous avez giflé une femme, votre propre épouse? Un homme qui frappe une femme?» Baba faisait tous ces signes et moi j'interprétais. Il a alors repoussé l'assiette de riz et de dal – son plat préféré – loin de lui, indiquant qu'il ne voulait pas toucher au repas.

Cela a profondément blessé Kumar. «Non, ce n'était pas ma faute» a-t-il dit. «C'est elle qui m'a provoqué. Je lui ai dit de ne pas attendre le train, qu'il n'y avait pas besoin de servir le repas tout chaud puisqu'on allait devoir le transporter sur dix kilomètres. Même si elle cuisinait dans les temps, la nourriture ne serait jamais chaude à l'arrivée.» Elle connaissait donc la distance à parcourir, mais trop tard pour que la nourriture puisse arriver à l'heure.

Tu vois, chez les hindous, il y a cette coutume qui veut que dès que quelqu'un s'assied à la table, c'est le devoir de la maîtresse de maison de ne servir que de la nourriture qui vient juste d'être cuisinée. Cela fait partie des marques d'hospitalité essentielles. Ce sont des aspects très importants de la vie de famille. Donc, par exemple, la maîtresse de maison prépare des chapatis pendant que l'invité se fait servir ses légumes. Les chapatis vont ainsi directement de la poêle à son assiette. Le riz est aussi mis sur le feu juste au bon moment. Elle connaît le temps exact requis pour en cuire telle quantité et le cuisine en conséquence. C'est une marque d'hospitalité et de bonne gestion.

Quand Baba a mis son assiette de côté, il a totalement ignoré la présence de Kumar et a dit à M. Nalavala de s'occuper de servir le repas aux autres compagnons. Kumar était vraiment navré de tout cela. Le chef du groupe ne voulait pas manger ce qu'il avait apporté. Kumar a commencé à murmurer des excuses jusqu'à ce que finalement Baba se tourne vers lui et dise : « Êtes-vous sûr que vous ne le referez pas ? Pouvez-vous me promettre que vous ne frapperez jamais plus votre femme, de toute votre vie ? » Kumar lui a solennellement promis qu'il ne le ferait plus. Baba a tendu sa main pour accepter sa promesse.

Après cela, Baba était heureux, il a rapproché l'assiette et a commencé à manger. Kumar aussi était très heureux, n'ayant aucune idée de ce à quoi il s'était engagé. Kumar est très doux maintenant. Le tigre est devenu l'agneau de Baba. Il mène la vie d'un ermite, de nos jours, mais à cette époque c'était un vrai révolutionnaire, n'ayant que peu d'égards envers les lois du pays, ni envers quiconque. Le terrain où il vit maintenant, d'ailleurs, tout comme la parcelle qu'il nous a vendue pour la Vie nouvelle, lui avaient été donnés pour les services qu'il avait rendus au gouvernement indien et parce qu'il était le chef d'un parti révolutionnaire.

Kumar est donc revenu chez lui une fois la journée écoulée. Rien d'autre ne s'est passé. À présent commence une autre histoire. Je vais laisser de côté Kumar et la fin de son histoire pour te raconter ce qui s'est passé avec Baba pendant qu'il était à la gare de Dehra Dun avec Keki Nalavala.

Après avoir pris le repas, Baba a demandé à M. Nalavala s'il avait des nouvelles intéressantes à lui communiquer. Il a dit : « Oui, j'attendais de vous le dire, Baba, mais je ne pensais pas qu'il y aurait une telle pagaille concernant le repas. Je voulais vous informer de quelque chose dès votre arrivée. Il y a quelqu'un qui attend ici. » Baba lui a alors demandé : « Raconte-moi tout. Qui attend qui ? »

Nalavala a répondu : « Baba, il me harcèle depuis trois jours et trois nuits. Il est arrivé il y a trois jours vers minuit, a frappé à la porte, m'a fait sortir de mon lit et m'a demandé si c'était bien la maison de celui qui sait qu'il y a un groupe de personnes qui doit arriver ici. Bien sûr, Nalavala avait reçu l'ordre strict de ne pas divulguer ce fait. Il a donc répondu : « Quel groupe ? Que voulez-vous dire par « le groupe », de qui parlez-vous ? »

L'étranger lui a dit : « Il y a quelqu'un qui se dirige vers cette ville depuis le sud et j'ai eu une vision très, très claire de quelqu'un de très éminent arrivant ici après avoir mendié tout le long du chemin. Le chef de ce groupe m'a ordonné de venir ici avec toutes les denrées nécessaires. »

Nalavala a répondu : « Qui vous a dit cela ? Cela ne nous dit rien. Vous avez dû vous imaginer toutes ces choses. » « Non, j'ai cherché dans chaque maison. C'est pourquoi cela m'a pris autant de temps. Je voulais trouver l'endroit exact et le lieu que j'ai vu dans ma vision, c'est ici. Je vous en prie, dites-moi si vous êtes celui qui est au courant qu'un groupe s'approche d'ici. »

« Nous n'en savons rien. Vous avez fait erreur. Vous feriez mieux d'aller voir quelqu'un d'autre. » a insisté Nalavala. Mais l'étranger ne bougeait pas et Nalavala ne savait plus quoi faire. Il était déjà minuit et il ne savait pas quoi lui dire de plus. L'homme venait d'Aligarh, au sud de Delhi. Tu as dû entendre parler de l'université d'Aligarh. Aligarh était aussi un des plus importants lieux de production de beurre du temps des Anglais. Le beurre et le fromage Keventer d'Aligarh étaient réputés pour leur pureté et leur bon goût. Cet homme qui avait eu cette vision était l'unique fournisseur de crème pour toute la production de beurre de Keventer. Il s'appelait Todi Singh.

M. Nalavala a décrit l'homme à Baba, qui lui a demandé : « Eh bien, que s'est-il passé ensuite ? » Nalavala a répondu : « J'ai essayé de le dissuader pour la nuit, Baba, parce que j'étais très fatigué et je lui ai dit de venir le lendemain. Mais il m'a supplié, en disant que s'il devait partir, où pourrait-il remiser tout ce qu'il avait apporté ? Puis Nalavala a dit qu'il a alors regardé par la fenêtre et a vu une file de chars à bœufs stationnée là.

Don — Avec de la nourriture ?

Eruch — Avec de la nourriture. Baba lui a demandé ce que c'était. Il a répondu : « Baba, il y avait une charrette pleine de boîtes remplies de beurre de table frais. Tu sais, ces boîtes que les militaires utilisent, qui sont scellées par le dessus ? Ces boîtes peuvent être mises dans un congélateur. Il avait apporté tout ce beurre parce que c'était le sien ! Il était l'unique fournisseur en crème de Keventer. Une deuxième charrette était remplie de fruits secs, amandes, pistaches, noix de cajou et figues séchées. On trouve beaucoup de fruits secs dans le nord de l'Inde. Imagine un peu toutes les choses qu'il y avait là ! Une autre charrette contenait des boîtes de conserve. Une autre était remplie de sacs de riz et de lentilles, de toutes sortes de condiments et de boîtes de beurre clarifié. Une dernière charrette était remplie de pommes de terre, d'oignons, d'ail et de légumes frais, tout cela en vrac. »

Nalavala a regardé cette caravane de l'intendance de la Vie nouvelle, pour ainsi dire, et s'est demandé quoi faire. Vu qu'il était le coupable…

Don — Pourquoi coupable ?

Eruch — Coupable d'avoir éludé la vérité. Il savait tout de l'arrivée de Baba et de son groupe, mais a toujours prétendu ne rien savoir, alors que Todi Singh insistait pour avoir des informations. Cet homme était convaincu par sa vision de la grandeur de Baba. Nalavala n'avait pas le cœur à refuser tout net ; il savait que quelque chose s'était passé avec cet homme et que c'était pour cela qu'il avait apporté toutes ces choses. Nalavala ne le connaissait pas, car il était un étranger, totalement étranger. D'autre part, Harjivan Lal, qui avait envoyé son fils à Moradabad avec des charrettes remplies de lainages et de fruits secs, entre autres, était un Baba-lover.

Don — Un fidèle de longue date.

Eruch — Oui, un fidèle de longue date qui avait suivi les pérégrinations de Baba et qui voulait fournir à son Maître bien-aimé, le Dieu-Homme, ce dont il avait besoin. On pourrait dire, eh bien, oui, Harjivan était un Baba-lover qui voulait aider Baba et son groupe, donc ça, ça allait. Mais que dire de cet incident-ci, quand un homme qui n'a jamais vu ni entendu parler de Baba a une vision précise dans laquelle il reçoit l'ordre, pour ainsi dire, de fournir certaines choses à tel endroit ? Et qu'il vient apporter ces choses !

Don — Est-ce que Nalavala était à cette époque un fidèle de Baba depuis longtemps ?

Eruch — Oui.

Don — A-t-il réalisé que cela pouvait être Baba qui donnait intérieurement un ordre à cet homme, d'une certaine manière ?

Eruch — Oh, oui.

Don — Est-ce que la personne qui avait apporté toutes ces provisions était engagée sur le chemin spirituel depuis un certain temps ?

Eruch — Non, non. Je te raconterai plus tard le genre de vie qu'il avait menée et à quel point il a complètement changé. Mais pour revenir à la scène à Dehra Dun, Nalavala racontait tout cela à Baba à la gare. Il disait qu'il n'avait pas su quoi faire de cette personne, qu'il l'avait donc renvoyée pour la nuit et puis l'avait rappelée le lendemain matin pour parler du problème. L'inconnu a plaidé sa cause à Nalavala. Où pouvait-il emporter ces cargaisons de nourriture et les garder pour la nuit ?

Nalavala lui a dit : « Faites-en ce que vous voulez », et il lui a donné des indications pour une auberge où il pourrait sans doute stocker ses victuailles. L'homme a fini par quitter la maison de Nalavala à contrecœur, en insistant pour dire qu'il viendrait tôt le lendemain matin et qu'alors il devrait lui dire toute la vérité.

Nalavala a dit à Baba qu'il n'avait pas eu le cœur de le renvoyer quand il est revenu le lendemain matin. Baba lui a alors donné une tape sur l'épaule en disant : «Tu as fait le bon choix, en dévoilant les faits.» Il était très content de Nalavala, il le caressait en disant : «C'est très bien. Que s'est-il passé ensuite?» Nalavala a répondu : «Le lendemain quand il est venu j'ai dit la vérité. L'homme vous attend en ce moment à l'auberge avec toutes les victuailles. Bien sûr, les légumes flétrissent, mais chaque jour il les remplace par des légumes frais. Il a conservé tout le beurre en l'entourant de glace. Il a tout gardé.» Puis Nalavala s'est mis à dévoiler d'autres éléments à Baba. «Baba, il semble avoir des moyens. Il a l'air très riche.» Baba a eu l'air surpris. En tant que compagnon de la Vie nouvelle, il avait une bonne excuse pour le faire! Baba a alors donné la permission à Keki Nalavala de faire venir la personne, seule, sans ses victuailles, pour un entretien.

Quand il est arrivé, il s'est jeté à plat ventre aux pieds de Baba, le reconnaissant immédiatement comme celui qui lui avait donné les ordres pendant sa vision, c'est-à-dire une personne qu'il considérait comme quelqu'un de très, très grand. Les mains jointes et du fond du cœur, il a supplié Baba d'accepter les charrettes de provisions car c'était sur ses ordres qu'il avait apporté toutes ces choses. Il l'a imploré de ne pas refuser – il pensait qu'autrement cela causerait sa perte.

Baba était très heureux de le voir l'implorer avec tant d'amour. Il a dit qu'il accepterait les cadeaux que cet homme avait apportés à la condition que *sa* famille vienne et prépare à manger sur les lieux, pour une durée qui ne devait pas dépasser un mois.

L'homme était fou de joie. Il s'est mis à sauter en l'air, à danser et à dire que c'était une immense aubaine pour lui; alors même qu'il ne savait rien de Baba, ni qu'il était l'Avatar de l'Époque; ignorant tout du fait que Baba était maintenant un compagnon et qu'il était descendu pour être un homme parmi les hommes. Il ne savait rien de tout cela.

L'homme est retourné chez lui et nous sommes partis pour notre destination près de chez Kumar. Bientôt, toute sa famille est arrivée ; sa mère, son épouse, sa sœur, sa fille et aussi un petit garçon adopté par sa sœur. Ils sont venus avec énormément de bagages et qu'est-ce qu'il y avait dans les bagages ? Des récipients de cuisine dans des sacs de jute cousus, des ustensiles dans lesquels ils allaient pouvoir cuisiner pour nous, des épices pour relever nos plats ; en fait, absolument tout ce qu'il fallait. Pour eux-mêmes ils n'avaient pris qu'un petit sac dans lequel ils avaient fourré un seul change de vêtements.

Ils étaient très heureux d'être arrivés et voulaient se mettre immédiatement à la tâche. Baba leur a dit : « Non, demain. Vous cuisinerez à partir de demain. » « Mais où allons-nous les héberger ? » a-t-il alors demandé. La maison où nous étions était très démodée mais de construction solide. Elle comportait des pièces sombres avec de minuscules ouvertures percées en haut du mur.

Don — Est-ce que tous les compagnons séjournaient dans la maison ?

Mani — Les femmes y séjournaient.

Don — Et les hommes campaient dehors ?

Eruch — Certains d'entre eux étaient dehors, sous l'abri de jardin et d'autres avaient la permission de demeurer dans les pièces adjacentes. C'était une propriété immense. Il y avait une terrasse de laquelle vous aviez la vue la plus sublime que vous puissiez imaginer. Vous pouviez voir tous les sommets de l'Himalaya couverts de neige éternelle.

Mani — Nous avons montré la cuisine aux membres de la famille, car c'était ce qui les intéressait le plus. Ils avaient dit : « Nous voulons d'abord voir la cuisine, pas la chambre. » C'était un grand espace avec un foyer, un robinet et un évier. Ils ont déclaré : « C'est parfait. Nous allons nous installer ici. »

Ils ont tous ouvert leurs petits couchages et ont vécu dans la cuisine, en s'y lavant même. Ils ne faisaient rien d'autre que de vivre et cuisiner dans cette pièce, sauf le soir quand ils en sortaient pour venir s'asseoir avec nous. Mais ils avaient été appelés pour faire à manger et comptaient s'y consacrer à cent pour cent.

Chaque jour – le matin, l'après-midi et le soir – se déployait un festin digne d'une famille royale. Nous pouvions difficilement tout manger et franchement, au bout d'un certain temps, nous rêvions de quelque chose de très simple ! Nous n'arrivions pas à digérer toutes ces amandes, les pistaches, le beurre, le ghee (ou ghi), etc.

Le matin, on voyait Todi Singh partir au marché. Il partait en tonga, et à son retour la calèche était remplie de légumes. À Dehra Dun, les légumes poussent à profusion. Cela n'a rien à voir avec Ahmednagar. Les pois, en exagérant un peu, ressemblent à des billes et le chou-fleur à un grand sceau de pop-corn. Des légumes magnifiques. Tout cela partait pour la cuisine. Le simple fait de voir toute cette verdure nous remplissait de joie, tellement nous avions subi de restrictions alimentaires quand nous marchions. Il y a également toutes sortes de fleurs dans cette région.

Un jour, Baba est entré tenant quelque chose à la main. Mehera lui a demandé : « Qu'est-ce que c'est, est-ce une assiette, Baba ? » C'était une calotte de glace qui s'était formée parce que l'eau avait gelé dans un seau laissé dehors. Il faisait très froid à cette époque, mais malgré cela la famille de Todi Singh se levait très tôt le matin. Baba se levait très tôt aussi, ainsi que nous, mais ces femmes nous devançaient. Elles se levaient à quatre heures pour prendre leur bain puis commençaient à cuisiner. Le matin nous avions ce dessert que nous appelons *rava* et toutes sortes de choses à manger l'après-midi, le tout végétarien bien sûr, et d'autres plats variés le soir.

Don — Excusez-moi Mani, tu dis : « végétarien, bien sûr ». Était-ce une stipulation de la Vie nouvelle de ne manger que des plats végétariens ?

Mani — Ce n'était pas explicite, mais cela tendait à l'être.

Don — Et cette famille était sans doute végétarienne ?

Mani — Oui, mais durant toute la Vie nouvelle, nous avons surtout mangé des légumes parce que nous recevions notre nourriture en bhiksha. Nous cuisinions surtout du riz et du dal.

Don — Mais la viande n'était pas interdite ?

Mani — Non. Comme je l'ai dit, nous n'étions pas officiellement végétariens, mais c'était implicite. Cependant, Baba nous permettait des gâteries et si quelqu'un venait avec un plat de pilau comprenant de la viande, des grandes castagnoles frites ou autre chose de ce genre, Baba nous permettait d'en manger.

Eruch — Maintenant que nous avions atteint notre destination dans la Vie nouvelle, Baba ne voyait pas d'inconvénient à être aimé et révéré par cette famille. Je ne sais pas pourquoi *cette* famille-là a bénéficié d'une exception. Ils voyaient en Baba le seigneur Krishna revenu avec ses gopis et ses gopalas dans leur pays.

Mani — Nous étions donc installés là et nous avons profité d'un vrai moment de détente agrémenté de bons repas. Baba a dû alors considérer que ses compagnons menaient un peu trop la grande vie. Au bout d'une huitaine de jours, au lieu d'un mois, Baba a dit : « Bon, ça suffit maintenant. Je suis extrêmement heureux de tout ce que vous avez fait. Votre amour m'a profondément touché, mais il faut que vous retourniez chez vous à présent. » Ils sont donc repartis, à contrecœur, et nous nous sommes remis à faire à manger dans la cuisine avec toutes les réserves de nourriture qu'ils avaient laissées. Comme on se levait de très bonne heure, Baba voulait que son déjeuner soit servi vers neuf heures et demie. C'était un horaire de repas assez raisonnable pour Baba, tu sais, donc à cette heure-là notre repas devait être prêt.

Eruch — Tu te souviens que je t'ai dit que le mari était l'unique fournisseur de crème de Keventer ? À son retour, il a quitté son travail et a démissionné de son poste. À cause de cela, Keventer a fini par devoir cesser la fabrication de beurre. L'usine n'avait plus de quoi se ravitailler.

Todi Singh et toute sa famille ont alors ouvert une cuisine à Aligarh, espérant que Baba viendrait leur rendre visite un jour sous un prétexte quelconque. Ils ont fait fonctionner cette cuisine du jour où Baba les a renvoyés de Dehra Dun jusqu'à la mort de Todi Singh. Il était en permanence au service de Baba et ne faisait rien d'autre que de nourrir les gens, peu importe qui venait.

Il a vraiment été béni. Dans le cercle des Baba-lovers il est bien connu sous le nom de «Baba djané». *Djané* signifie «sait». Quand on lui demandait quelque chose, il répondait immanquablement : «Baba djané». C'est-à-dire «Baba sait». «Todi Singh, pourquoi vous comportez-vous comme un fou?» «Baba djané». «Todi Singh, pourquoi vous comportez-vous comme un mast? Vous devriez être un homme de bon sens.» «Baba djané», sa réponse était toujours : «Baba djané». Par la suite, au bout de quelques années, chaque fois qu'il disait cela, il faisait un tour sur lui-même, en dansant comme un derviche tourneur, en répétant, «Baba djané, Baba djané».

Il a fini par mourir, toutes ses pensées tournées vers Baba. Sa famille était à l'origine une famille richissime, mais ils sont devenus pauvres avant la mort de Todi Singh. Puis les filles se sont mariées, par la grâce de Baba, le fils s'est marié aussi et ils ont fondé chacun une famille. Le père est mort dans le dénuement le plus complet, mais il était très respecté dans le tout-Aligarh, en dépit de sa pauvreté.

Le dressage du cheval blanc

Moradabad, janvier 1950

Mani — Est-ce que je raconte l'anecdote du cheval blanc ?

Eruch — Oui, vas-y.

Mani — J'ai évoqué plus tôt le cheval blanc, cet animal angélique à l'air majestueux.

Don — Qui s'est transformé en véritable démon.

Mani — Absolument. Durant toute la Vie nouvelle quand nous marchions sur la route, la procession était menée par le cheval blanc, guidé par Don (Donkin). C'était un peu comme dans *La Mégère apprivoisée*. Quand nous sommes arrivés à Moradabad, nous nous sommes arrêtés un certain temps ; c'était l'anniversaire de Mehera. Là-bas, nous avons aussi célébré le Nouvel An, le Nouvel An 1950. Ce matin-là Baba a donné un morceau de gâteau à chacun en lui souhaitant une bonne Vie nouvelle. Pas une Bonne année, mais une Bonne Vie nouvelle. Tandis que nous restions à Moradabad, quelque chose a été ajouté à notre…

Don — Cortège ?

Mani — Ménagerie. En fait ce cheval était censé tirer un tonga.

Don — Bonté divine !

Mani — Oui, le cheval blanc devait être harnaché au tonga.

Don — Malgré son mauvais caractère ?

Mani — Oui, et c'est pourquoi j'ai dit que c'était comme *La Mégère apprivoisée*. Quel animal majestueux ! La discipline qu'il a endurée. On a fait appel à un dresseur de chevaux et il lui a fallu environ cinq jours pour dresser ce cheval à accepter d'être harnaché à un tonga pour le tirer avec des personnes dedans. Le dresseur de chevaux était un homme tout petit, d'aspect si ordinaire que si tu le vois dans la rue ou dans un bus, tu ne le remarques même pas. Mais, Don, en matière de chevaux, c'était un maître ! Comment il a dressé ce cheval blanc ! Mehera et moi, nous nous asseyions dehors le matin pour le regarder faire. Ce n'était pas une mince affaire, mais il y est arrivé. Baba avait dit : « Il faut y arriver. Ce cheval doit être harnaché à un tonga. »

Le dresseur, après avoir tenté toutes sortes de ruses sur le cheval, nous a dit : « Vous ne me croirez peut-être pas, mais j'affirme que ce cheval a déjà été harnaché à un tonga et qu'il sait déjouer toutes les ruses. Il est si intelligent qu'il essaie de me faire croire qu'il ne comprend pas mes intentions. » Néanmoins le dresseur arrivait à prendre le cheval par surprise dans certaines circonstances et ainsi, peu à peu, il a réussi à le dompter.

À partir de ce moment-là, le cheval nous a servi à tirer le tonga. C'était la période pendant laquelle Kaka allait devant nous dans le tonga pendant que nous marchions. Il se rendait à la ville où Baba voulait faire la prochaine halte et sortait les affaires pour qu'elles soient prêtes à notre arrivée.

Don — Que s'est-il finalement passé avec le cheval blanc ?

Eruch — J'ai complètement oublié maintenant ce qui lui est arrivé. A-t-il été vendu ?

Mani — Je crois que oui. Personne ne semble s'en souvenir. C'est extraordinaire, personne n'a l'air de se souvenir de la fin du cheval blanc.

Eruch — Quelqu'un doit sans doute le savoir. Nous savons bien ce qui s'est passé plus tard avec les bœufs. Baba les a donnés à un établissement appelée Nanhi Duniya.

Mani — Cela veut dire « Petit Monde », le monde des petits.

Don — Il y a une question que je voulais te poser à propos de Dehra Dun. Quand Baba a invité Francis Brabazon et moi au Sahavas (prononcer « sèhvâss ») de 1955 pour les quatre groupes linguistiques, le premier auquel je suis allé comptait un bon nombre de personnes de Hamirpur et Dehra Dun. Il y avait un petit garçon qui, à la fin, a sangloté de tout son cœur devant Baba, « parce que, disait-il, Baba, nous nous souvenons quand vous étiez à Dehra Dun et nous étions si heureux avec vous, mais maintenant vous êtes ici. » Ce ne sont pas ses mots exacts, mais j'étais impressionné par la profondeur des sentiments que ce petit garçon a exprimés. Là où je voulais en venir, c'est au point suivant : est-ce que Baba avait fait un ou plusieurs séjours à Dehra Dun avant la Vie nouvelle ?

Eruch — Oui, plusieurs.

Don — Donc Dehra Dun est associée à Baba depuis des décennies, alors ?

Eruch — Avant la Vie nouvelle tout comme après la Vie nouvelle, Dehra Dun est associée au travail de Baba. Dehra Dun, Haridwar, Rishikesh, Mussourie, Delhi.

Mani — Nous y sommes allés plusieurs fois avec Baba. Quand Norina, Elizabeth et Nadine étaient avec nous, elles y étaient aussi. Nous y sommes restés pour de longues périodes, pas simplement pour une visite. Nous y sommes restés pendant des semaines et des mois.

Moi aussi, j'ai tenu ma promesse
L'histoire de Shatrughan Kumar

Don — Veux-tu continuer avec l'histoire de Dehra Dun, alors ? Je pense que tu as dit que Baba y est resté quatre ou cinq semaines avant de reprendre la route. Tu venais de raconter comment Todi Singh est rentré chez lui pour distribuer à manger pour le restant de ses jours.

Eruch — C'est cela. Maintenant, parlons de ce lieu où nous campions près de Dehra Dun. Comme je l'ai dit, c'est un terrain que nous avions acheté par l'intermédiaire de M. Nalavala et que ce dernier avait obtenu de Shatrughan Kumar. Ce lieu, alors connu sous le nom de Manjri Mafi, est maintenant appelé Meher Mafi. Le nom a été officiellement changé sur les registres de l'administration en l'honneur du séjour de Baba. Baba a aidé les villageois à obtenir un puits, car il n'y en avait aucun avant notre arrivée. Ce puits est très connu pour la douceur de son eau et les gens en tirent grand bénéfice, en plus de tous les autres bienfaits spirituels, bien sûr, qu'ont reçu ces villageois à la suite du séjour de Baba, dont ils ignoraient tout à l'époque.

Il me faut revenir à présent sur le dernier incident concernant la famille de Shatrughan Kumar. Il faut s'intéresser à ce dernier, parce que c'est lui qui a le plus bénéficié du séjour de Baba – pas financièrement, mais spirituellement. Comme nous étions dans la Vie nouvelle, je ne suis pas censé faire allusion à la spiritualité; je dois pourtant dire que Baba a très probablement séjourné à Manjri Mafi pour Kumar et sa famille.

Pendant notre séjour, Kumar et sa famille sont devenus très proches de Baba et de tous les mandalis. Les enfants venaient jouer du côté des femmes et Kumar venait lui-même voir les mandalis tous les jours pour leur demander comment il pouvait se rendre utile. Baba lui a également donné du travail.

Après cette escale à Manjri Mafi, quelques mois se sont écoulés qui ont été consacrés à d'autres projets et à d'autres phases de travail. Baba est allé à Haridwar et à Motichur et a séjourné là-bas. Kumar nous a aidé à nous y rendre. Je crois que tous ces différents lieux et toutes ces étapes ont été notés quelque part dans le livre *The Wayfarers* ou dans un autre livre. Est-ce que j'ai raison?

Don — Je n'en suis pas sûr, Eruch. Cela fait plusieurs années que j'ai lu *The Wayfarers*.

Eruch — Peut-être dans le supplément de *The Wayfarers*. Eh bien, peu importe, ce qui nous intéresse maintenant, c'est ce qui a fini par arriver à Kumar.

Don — Son épouse et ses enfants ont tous fini par connaître Baba ?

Eruch — Oui, et ils nous sont venus en aide, tout comme nous leur sommes venus en aide. À part cela, rien de spécial ne s'est passé en apparence. Puis Baba a voyagé d'un endroit à un autre, à Motichur, Haridwar et Rishikesh, puis il est reparti vers le Sud, en Andhra et à Hyderabad, où il a commencé la phase de Manonash, comme je te l'ai raconté. Il est finalement rentré à Meherazad et est resté sur la Seclusion Hill – puis il s'est rendu à Satara, et dans d'autres lieux. Je crois qu'il s'est écoulé environ un an entre le séjour à Manjri Mafi et la rencontre suivante avec Shatrughan Kumar.

Un jour, Baba était à Satara et Shatrughan Kumar escortait Baba d'un pavillon à un autre, tenant une ombrelle au-dessus de sa tête pour le protéger du soleil.

Don — Sommes-nous encore dans la Vie nouvelle à ce moment-là ?

Eruch — Non, c'est après cette période. C'est après le retour de Baba des États-Unis, après son premier accident. Baba avait invité quelques proches, ainsi que ceux qui l'avaient aidé pendant la Vie nouvelle. Kumar en faisait partie. Il était venu, mais il est resté plus longtemps. Baba lui avait permis de s'occuper de lui. À Satara, Baba utilisait un certain nombre de pavillons pour loger tout le monde. Il allait de l'un à l'autre pour rendre visite aux différentes personnes. Norina et Elizabeth étaient venues à ce moment-là et s'étaient installées dans une maison à part. Le Dr Donkin et le Dr Ghani travaillaient à leurs livres et logeaient dans un autre pavillon. Le reste des mandalis étaient encore dans un autre, certains d'entre eux s'occupant des masts. Les femmes logeaient dans une maison séparée.

Baba faisait quotidiennement sa tournée de pavillon en pavillon ; ce jour-là, Shatrughan Kumar tenait donc l'ombrelle au-dessus de Baba tandis qu'ils marchaient tous les deux. Soudain, Baba s'est arrêté sur la route et a demandé à Shatrughan Kumar s'il s'était rappelé sa promesse. Kumar ne comprenait pas ce que Baba voulait dire. De quelle promesse parlait-il ? À propos de quoi ? Baba lui a lancé un simple regard et tout d'un coup, Kumar s'est souvenu de ce premier jour, quand Baba venait d'arriver à Dehra Dun, s'apprêtait à manger et avait entendu que Kumar avait giflé sa femme. Il s'est souvenu de cet incident et a répondu à Baba en disant : « Oui, Baba. Je me rappelle la promesse que je vous ai faite. » Baba a répondu par signes : « L'as-tu touchée, frappée à nouveau ? » Il a répondu : « Non, Baba, pas une seule fois. » Baba était très heureux et Kumar a sans doute dû penser qu'il avait tenu sa promesse.

Baba s'est remis en mouvement, mais avant de faire le premier pas, il a dit, par signes : « Eh bien, moi aussi j'ai tenu ma promesse. » Ce petit indice était en fait pour Kumar une révélation, et pour la première fois depuis sa libération de prison, il a compris ce que Baba voulait dire. Je ne sais pas, Don, si tu connais l'histoire de Kumar en prison.

Don — Tu as dit qu'il avait été un révolutionnaire.

Eruch — Oui. À présent cet homme était très lié à Baba et à la spiritualité, et il voulait accomplir le travail de Baba. C'était une personne libre. Avant, il ne s'intéressait à personne et avait passé de nombreux séjours en prison en raison de ses opinions politiques. Pendant cette période il s'était marié, mais peu après son mariage il avait de nouveau été jeté en prison et ne savait pas ce qui était arrivé à sa femme.

D'une certaine façon, après son mariage, ses opinions ont évolué et il en est venu à considérer que toutes ces années passées à être un politicien engagé et un leader politique avaient été inutiles, qu'elles ne lui avaient pour ainsi dire rien apporté, même si elles avaient été consacrées au service de l'humanité. Il avait l'impression qu'il s'était peut-être fourvoyé.

Dans sa jeunesse, il s'était déclaré athée. Par la suite, il disait qu'il était agnostique. Eh bien, quoiqu'il soit en réalité, pendant sa longue peine de prison après son mariage, un jour, une pensée lui a traversé l'esprit et il s'est adressé à Dieu en ces termes : « Monsieur Dieu, si vous êtes vraiment Dieu, vous êtes capable de me libérer avant l'aube demain matin et si vous le faites, je consacrerai ma vie à votre cause. »

Kumar a dit que cette prière faisait exception à ses croyances, mais qu'il s'était en fait vraiment préparé en toute bonne foi et avec conviction en vue de sa libération. Il s'est dit que la majorité des personnes dans le monde croient qu'il y a un Dieu et que Dieu doit donc exister. Il s'est donc préparé, ayant la foi pleine et entière que Dieu accomplirait ce miracle.

Dieu existe bien et Kumar a bien reçu l'ordre de sa libération avant l'aube. Un homme a ouvert la porte de la cellule, lui a dit de quitter la prison, a ouvert la porte de sortie de la prison et l'a jeté dehors. Kumar a dit : « Qu'est-ce qu'il se passe ? » « On a reçu l'ordre de vous libérer immédiatement avant l'aube. C'est un ordre. » Kumar était abasourdi ; il ne s'était jamais rien passé de tel dans la vie d'un prisonnier politique.

Après sa libération, il a complètement oublié l'incident, pendant des années, peut-être quinze, vingt ou trente ans. Mais ce jour-là à Satara il lui a été révélé à nouveau que Dieu avait tenu Sa promesse. Toute l'histoire lui est revenue en mémoire et après avoir laissé Baba dans ses quartiers, il nous l'a racontée ce jour-là à Satara. Voilà comment nous sommes au courant. Baba lui a juste donné une petite indication : « Moi aussi, j'ai tenu ma promesse », et tout l'incident lui est revenu en mémoire.

Kumar vit encore à Meher Mafi. Il y possède une maison et mène la vie d'un mendiant ; d'un mendiant gai et enjoué, pas quelqu'un de morose ou toujours en méditation. Il va d'un endroit à un autre pour raconter des histoires de Baba et rend les gens heureux à travers son amour pour Lui.

Travail de famine au Bengale
Levée de fonds à Mahabaleshwar, 16 octobre 1950

Eruch — Te souviens-tu de l'allusion que j'ai faite à notre visite à Calcutta pendant la période de famine? Baba voulait que nous l'aidions à dénicher là-bas des personnes réellement dans le besoin. Après avoir terminé ce travail, qui est très connu dans la communauté des fidèles de Baba, ce dernier nous a ramenés dans le sud.

Nous sommes descendus du Bengale vers les États d'Andhra et de Madras. Baba a déclaré que le travail qu'il venait de terminer au Bengale était de nature bien différente de ce que nous allions faire maintenant.

Don — Est-ce que la famine du Bengale était liée au problème des réfugiés de la partition?

Eruch — Non, elle n'était pas due aux réfugiés. Des personnes en haut lieu s'étaient plus ou moins accaparé tout le riz. Voilà pour l'aspect politique. Je ne veux pas rentrer dans les détails, mais le fait est qu'une famine épouvantable sévissait au Bengale et que les gens mouraient. Des camps humanitaires avaient été mis sur pied par le gouvernement et par des associations caritatives. Notre arrivée là-bas pour essayer de faire quelque chose, alors que toute cette aide était donnée à une humanité affamée, pouvait sembler futile. Malgré cela, Baba allait d'un endroit à l'autre — toujours dans sa Vie nouvelle, au fait — et essayait, à en juger par les apparences, d'aider les pauvres et les gens affamés en les nourrissant, en s'occupant d'eux et en les assistant de diverses manières. Nous, les quelques personnes qui étaient avec lui en tant que compagnons, l'avons aidé à mener à bien ce travail.

Baba nous a fait ce commentaire sur le travail effectué pendant la famine au Bengale : «Eh bien, tout ceci n'est, à en juger par les apparences, qu'une broutille insignifiante.» Mais il nous a malgré tout demandé d'accomplir cette tâche. Comme cela touchait à sa Divinité, il ne pouvait dire que cela et rien de plus, pendant la Vie nouvelle.

Après avoir fini ce travail, comme je l'ai déjà évoqué, il nous a emmenés dans le sud de l'Inde. Là, nous a-t-il expliqué, un travail tout-à-fait différent nous attendait. Au lieu de contacter des masses de gens, nous ne rechercherions que des familles dans le besoin, nous a-t-il expliqué, et la tâche la plus difficile serait de trouver les personnes ou les familles ayant réellement besoin d'assistance. Nous avons en effet découvert pendant nos voyages que ceux qui sont vraiment dans le besoin refusent toute aide, et ce n'était qu'avec la plus grande difficulté, parfois en les suppliant, que nous pouvions persuader les vrais nécessiteux d'accepter de l'aide de notre part. Ils ne faisaient pas partie de la classe habituelle des mendiants, vois-tu. Les familles que nous devions maintenant rechercher étaient celles qui avaient été riches auparavant mais qui, à cause d'un quelconque revers de fortune dans la famille ou au travail, en étaient maintenant réduites à la pauvreté.

Ce sont ceux-là qui ne voulaient même pas tendre la main pour mendier. Ils ne voulaient pas que leurs difficultés soient ébruitées. Quand nous trouvions ces personnes, elles se demandaient comment nous en étions venus à savoir sur elles ce que les autres ignoraient. Mais nous les avons bien trouvées, pas toutes, c'est sûr, mais d'une manière ou d'une autre nous en avons trouvées un bon nombre. Baba a été très satisfait de cette phase de son travail. Aimerais-tu entendre quelques anecdotes très touchantes ?

Don — Absolument ! Eruch, d'où venait l'argent pour aider ces gens ? Est-ce que cela provenait du fonds d'urgence de Kaka ?

Eruch — Non. Après avoir achevé une année entière de Vie nouvelle, Baba est revenu, le temps d'une journée, à l'Ancienne Vie à Mahabaleshwar. Il a donné un sermon à cette occasion. Te souviens-tu de ce sermon donné par Baba le 16 octobre 1950 ? Je crois que c'était un an après que Baba s'est mis en route pour la Vie nouvelle. Ce jour-là, il a fait appel à ses proches et leur a dit qu'il voulait de l'argent pour accomplir un certain type de travail qu'il

Baba revient, le temps d'une journée, à l'Ancienne Vie.

avait en tête. Il leur a dit qu'il avait l'intention d'aller au Bengale, car il avait du travail à y faire — du « travail de famine » comme il l'appelait — et puis qu'il irait vers le sud. Il a rassemblé quelques milliers de roupies le jour même.

Don — Exclusivement auprès de ses anciens disciples ?

Eruch — Exclusivement auprès de ses anciens disciples, oui. Il s'est produit un incident amusant quand Baba m'a permis d'aller chez le coiffeur pour me faire couper les cheveux après la fin de la réunion. Tu vois, nous étions censés ne rester qu'une journée dans notre Ancienne Vie.

Don — Donc, tu pouvais te faire couper les cheveux...

Eruch — Oui, il m'a autorisé à aller chez le coiffeur barbier et je me souviens encore des remarques caustiques de ce dernier sur Baba qui avait réuni tout cet argent en une seule journée. Avant même que je connaisse le montant en question, le coiffeur du marché le connaissait.

Don —. Les nouvelles vont vite...

Eruch — Oui. Alors que j'étais assis sur la chaise, le coiffeur m'a dit : Eh bien, ça a dû être une bonne journée pour vous aujourd'hui ! » Je lui ai demandé : « Pourquoi ? Pourquoi dites-vous cela ? » Il a répondu : « Eh bien, les fidèles de Baba de l'Inde entière ont été convoqués aujourd'hui. » « Comment le savez-vous ? » « Eh bien, ils sont passés dans ma boutique et il y en avait un bon nombre. C'est ce que j'ai entendu dire aujourd'hui. »

J'ai dit : « Oui, effectivement, mais qu'est-ce que cela veut dire ? C'était pour le travail de Baba. » Il a répondu : « Eh bien, quoi qu'il en soit, je crois qu'une trentaine de milliers de roupies ont été réunies. » Voilà la nouvelle qu'il me communiqua. C'est comme ça que les barbiers se rendent utiles, vois-tu, en répandant les rumeurs.

Baba a alors choisi, après le travail de famine au Bengale, quatre ou cinq mandalis et nous sommes partis vers le sud. Je vais te raconter quelques-unes des histoires les plus touchantes du travail de Baba avec quelques familles vraiment dans le besoin.

Nous étions très fatigués par notre recherche de personnes réellement dans le besoin et je dois te dire que...

Don — Eruch, je crois que cette affirmation va détruire toutes nos idées reçues sur l'économie indienne. Cependant, avant d'entrer dans le vif du sujet – Baba à la recherche de pauvres à aider – je voudrais m'assurer que nous en avons terminé avec la question des humeurs, ce point si central dans la Vie nouvelle.

Sa simple présence signifiait l'oubli de nous-mêmes
Quelques anecdotes au sujet des humeurs

Eruch — D'accord, revenons un peu en arrière pour en terminer avec cela. Il y a un exemple concernant un Baba-lover que j'aimerais mentionner, parce qu'il touche, bien que de loin, le sujet des humeurs. C'est une très bonne illustration de la manière qu'avait Baba de s'occuper de ses *lovers*. Te souviens-tu du sahavas où quatre groupes linguistiques avaient été formés ?

Don — Oui, en 1955.

Eruch — La langue de communication de ces groupes était l'anglais. À ce moment-là Baba s'occupait très activement de ses lovers, leur consacrant beaucoup de temps et de présence (sahavas). À l'époque, Baba demeurait à Meherazad et chaque matin on le conduisait en voiture à Meherabad, où il passait la journée entière avant de rentrer à Meherazad tard le soir. Ses lovers qui étaient rassemblés là provenaient de différentes parties de l'Inde et certains même de l'étranger.

Don — Deux de l'étranger, Eruch. Pour être précis, Francis Brabazon et moi-même.

Eruch — C'est ça. Eh bien, deux cela fait beaucoup, à cause du poids de l'amour que chacun avait dans son cœur.

Don — Ah, oui.

Eruch — Pendu était chargé de l'organisation. Il avait nommé un jeune homme pour s'occuper de Baba pour le petit-déjeuner, le déjeuner et le thé de l'après-midi. C'était lui qui était assigné à la table de Baba pour le servir. J'étais là, bien sûr, mais c'était lui qui apportait les plats de la cuisine et les plaçait sur la table.

Chaque matin, dès que Baba arrivait au cabanon, il accordait des entretiens privés à certains des Baba-lovers qu'il avait choisis. Avant que tout ne commence, le plateau du petit-déjeuner de Baba était apporté et placé sur la table. Le jeune homme saluait Baba d'un large sourire, heureux qu'on lui ait confié cette tâche. Ainsi, il pouvait au moins voir Baba chaque jour pendant quelques minutes dans le cabanon.

Dès que le garçon a commencé son service, le tout premier jour, Baba a trouvé à redire sur lui : sa manière de servir, le lait n'était pas bon, la théière n'était pas propre, le plateau n'était pas bien rangé, la serviette avait une tache, n'importe quelle excuse pour contrarier la bonne humeur de ce jeune homme, qui arrivait avec un sourire radieux pour saluer Baba. En conséquence, il est devenu très triste de voir que malgré tout l'amour qu'il mettait dans son travail, le Bien-aimé n'était pas satisfait.

Au bout de quelques jours, il a éclaté en sanglots, mais Baba est resté complètement indifférent. C'était tout-à-fait contraire à la nature profonde de Baba, car Baba est en vérité empli de compassion, réellement plein de compassion, de gentillesse et d'amour ; mais envers ce garçon, Baba affichait une indifférence totale, comme s'il était sans cœur.

Chaque soir quand le sahavas était terminé, je devais ramener Baba à Meherazad. Sur la route il me demandait comment s'était passée la journée et si j'avais aimé le programme. Comme d'habitude, il discutait par gestes. Je répondais : « Oui, c'était une belle journée, on a entendu de magnifiques discours et de nombreuses choses nous ont empli le cœur. On était tous heureux. » Au bout de quelques jours de ce reportage quotidien, j'ai osé dire à Baba : « Tout est parfait, Baba. Vous rendez beaucoup de personnes heureuses. Vous les faites rire et revenir chez eux le cœur léger. Mais il y a une vision qui m'attriste dans tout cela, c'est quand je vois celui qui vous sert le petit-déjeuner et le déjeuner. Vous le faites pleurer quasiment chaque jour. » Baba a changé de sujet comme s'il n'avait pas entendu cette remarque. Au bout de quatre ou cinq jours, j'ai répété le même commentaire, mais il est resté indifférent. Il ne répondait pas directement.

Plus tard, j'ai fait encore une tentative. Je crois que j'ai abordé le sujet trois ou quatre fois.

Don — Très courageux de ta part.

Eruch — Oui, mais il n'y a pas prêté attention. Bien sûr, le sahavas s'est très bien passé et tout le monde était très heureux. J'étais heureux et Baba était heureux bien sûr. Tout s'est bien terminé.

Don — Pour tous, sauf pour celui qui servait les repas.

Eruch — Tous, sauf pour celui qui servait les repas. Mais le dernier jour après le départ de tous les *sahavasi* de Meherabad, Baba a appelé tous les travailleurs. De toutes les personnes présentes, celui qui a reçu le plus d'attentions a été le serveur. Il l'a cajolé, l'a caressé, l'a dorloté, l'a embrassé et lui a dit à quel point le service qu'il lui avait rendu était magnifique, à quel point il était ponctuel, le soin qu'il prenait, l'importance du rôle qu'il avait joué et ainsi de suite. J'étais abasourdi. Je ne comprenais pas ce qu'il se passait.

Plus tard, le soir, est venue l'heure de raccompagner Baba à Meherazad. De lui-même, il a abordé le sujet et a dit : «Alors, comment s'est passée la journée aujourd'hui ? » «Une journée magnifique », ai-je répondu. «Tout le monde est satisfait ? » Baba m'a posé cette question. Il a utilisé le mot «satisfait». J'ai dit : «Oui, Baba, tout le monde est satisfait.» «Y compris le petit jeune ? » a demandé Baba. J'ai dit : «Oui, il était très heureux.» «Aujourd'hui, il n'a pas pleuré, très probablement ? » J'ai dit : «Non, Baba». «Sais-tu pourquoi ? Je savais qu'il faisait tout ce qu'il pouvait par amour pour moi. Je savais qu'il voulait me faire plaisir, mais si j'avais manifesté mon contentement dès le début, il aurait pris la grosse tête. Il n'aurait pas pu contenir mon amour. Il n'aurait pas contenu mes paroles de louange et cela aurait joué en sa défaveur. Donc, à cause de mon amour pour lui, j'ai dû procéder ainsi.» Voilà comment s'est achevé cet épisode.

SA SIMPLE PRÉSENCE SIGNIFIAIT L'OUBLI DE NOUS-MÊMES

Don — Eruch, avant de passer à la question de la recherche des pauvres par Baba dans la Vie nouvelle, y a-t-il quelque chose que tu voudrais ajouter au sujet du contrôle de vos humeurs ?

Eruch — Oui, il y a un autre incident à raconter. J'étais habituellement chargé de m'occuper des besoins élémentaires de Baba, comme sa toilette, le ménage dans sa chambre et aussi le balayage des sols de nos quartiers, le nettoyage des toilettes, etc. J'ai accompli toutes ces tâches pendant plusieurs années. Puis Baba a commencé à m'utiliser pour chercher des masts. Pendant nos tournées avec les disciples hommes et femmes, en plus de participer à la recherche de masts, de pauvres, de fous ou du garçon idéal, il m'envoyait aussi faire les courses au marché. Souvent, je devais conduire, et veiller à la propreté des véhicules. Quand je conduisais une voiture ou un bus, je devais aussi m'occuper des autres voitures, les nettoyer et veiller à ce que le plein d'essence soit fait et qu'il y ait assez d'huile dans le moteur.

J'étais robuste, en bonne santé et très fort. Je débordais d'énergie et absolument rien ne me causait de souci car j'étais avec le Dieu-Homme. J'étais ainsi capable d'abattre beaucoup de travail. Cependant, j'ai fini par atteindre mes limites, ce qui m'a fait me dire qu'il est un maître vraiment dur et exigeant.

J'ai encore en mémoire un incident qui date à peu près de cette période, où j'ai décidé que cela ne servait à rien de revenir immédiatement après avoir fait les courses. À peine étais-je revenu que Baba me donnait autre chose à faire, comme parcourir 15 à 20 km à vélo après une grosse journée. Le jour en question, je me rappelle que j'étais très fatigué. Bien sûr, c'était un coup dur pour mon ego, parce que je me disais qu'avec mon excellente santé je pouvais beaucoup faire pour Baba, que je pouvais surmonter toutes les épreuves.

Mais mon corps n'en pouvait plus et j'ai pensé que cela ne servait à rien de me dépêcher de finir ce qui m'était demandé et de rentrer tôt. À peine aurais-je fait cela qu'il y aurait autre chose à faire. J'ai fait le tour du marché et terminé les courses pour tout le monde et j'étais très fatigué à mon retour. Puis quelqu'un est venu dire à Baba : «À environ 20 km d'ici, il y a un temple et on raconte qu'il est fréquenté par un tigre qui vient balayer le sol avec sa queue en révérence à la divinité locale. On dit que le tigre est un mast qui change de forme.»

L'homme qui a raconté cette histoire s'appelait Elcha, le bouffon de la cour de Baba, comme nous l'appelions. Il venait de l'Inde du Nord. Il racontait ce genre de bouffonnerie pour faire rire Baba, mais Baba a pris ce récit au sérieux pour moi, pour qu'Eruch ait quelque chose à faire, pour qu'Eruch arrête de se vanter de son endurance physique, qu'il ait ainsi l'opportunité de s'oublier complètement, et qu'il n'entretienne plus aucune pensée de lui-même.

Baba m'a regardé et m'a dit : «Pourquoi ne vas-tu pas voir ce que c'est?» J'ai frémi quand il s'est tourné vers moi ; faire 20 km à vélo sur cette mauvaise route, monter tout en haut de la colline et revenir, alors que l'après-midi était déjà très avancé... J'ai dit : «Baba, vous connaissez les blagues d'Elcha. Il est là. Dois-je lui demander de donner plus de détails sur le sujet?» Il a répondu : «Oui, je connais l'humour d'Elcha. Mais il y a beaucoup de gens en ville qui croient à cette histoire. Tous les gamins la connaissent.»

Bien sûr, j'y suis allé. Exécuter tous les ordres de Baba, c'est ce que nous devions faire. J'avais choisi le chemin de la liberté en venant à Baba. Je voulais être libre d'essayer de lui obéir et j'avais donc une liberté totale dans cet esclavage. Dans un cas de cet ordre, j'exerce ma liberté, et en le faisant je dois l'exercer pleinement ; j'ai donc bien sûr obéi à son ordre et je suis parti.

Naturellement, l'histoire était montée de toutes pièces. Il n'y avait personne qui se transformait en tigre. Je connaissais la réponse avant de partir ; mon esprit ruminait donc sa révolte pendant que je pédalais sur la route. Après avoir reçu la confirmation qu'il n'y avait rien de vrai dans cette histoire, je me suis dit, à quoi bon rentrer maintenant? Même si je rentre tard le soir, Baba va encore m'envoyer faire une autre course. Je me suis donc dit que oui, je suis en accord avec ce que me raconte mon esprit. Eruch, c'est tout à fait vrai, si tu rentres maintenant et lui rends compte, il y aura une autre tâche à faire, donc le mieux que tu aies à faire, c'est de te détendre et d'offrir à ton corps un vrai moment de repos.

Il y avait de nombreux dalots pour l'évacuation de l'eau sur la route et j'ai choisi un parapet un peu plus large que les autres. Je me suis dit, c'est un endroit parfait pour faire une bonne sieste. Mais j'étais embêté à cause du vélo, j'avais peur que quelqu'un ne le vole. Je me trouvais sur un sentier forestier utilisé de temps à autre par les gens du coin pour couper du bois, et je ne leur faisais pas confiance.

J'ai eu une idée. J'ai pris mon mouchoir et je l'ai noué autour des rayons de la roue et de mon poignet, et puis me suis endormi. Au bout de quelques heures, je me suis réveillé. Il était très tard, donc je suis rentré et Baba était là à m'attendre. Je savais qu'il allait me demander ce qui s'était passé, pourquoi je n'étais pas rentré, parce que d'habitude je suis très ponctuel. Je ne perds jamais une minute. C'était la première fois de ma vie que m'arrivait ce genre d'incident.

À mon retour, il y avait un message dans lequel Baba me demandait d'aller le voir immédiatement. Je suis allé le trouver et il m'a demandé : « Eh bien, quel est le résultat de tes recherches ? » J'ai dit : « C'est une vaste supercherie ». J'étais un peu en colère, tu vois, un peu irrité. « Il n'y a rien de vrai dans ce qu'a dit Elcha et je le savais », ai-je ajouté. Baba a dit : « Mais pourquoi es-tu en retard ? Sans doute que tu as dû chercher des personnes qui pouvaient te répondre ? » J'ai dit : « Je n'ai eu besoin d'aller nulle part car les gens du coin m'ont informé que tout cela n'est qu'une histoire... » « Eh bien, pourquoi es-tu en retard, alors ? » Je suis resté silencieux. Il a insisté à nouveau pour que je lui donne une réponse et donc j'ai dû lui décrire ce que j'avais fait. Quand je lui ai raconté l'histoire, il m'a pincé le lobe de l'oreille et a dit : « Eruch, ne refais jamais cela. » C'est tout.

Don — Tout simplement.

Eruch — Tout simplement. Cela ne veut pas dire, cependant, que nous n'ayons jamais eu d'autres sautes d'humeur dans notre vie avec Baba.

Don — Est-ce que cela a eu un effet immédiat sur toi, Eruch ?

Eruch — J'ai eu la sensation immédiate de m'être trempé dans une fontaine très fraîche et revigorante. J'étais calme et très content de l'être.

Don — Après que Baba t'a pincé l'oreille ?

Eruch — Oui, tout était entièrement pardonné et complètement oublié.

Don — Eruch, te rappelles-tu l'histoire que tu m'as racontée il y a des années à propos de l'anniversaire de Mehera ? Quand vous vous étiez dit que ce serait une bonne occasion de convaincre Baba de vous autoriser à servir un bon pilau ?

Eruch — Oui, je l'avais oublié. Nous avions en général à peine le temps de manger. Avec Baba, nous avions souvent du pain sec, et en même temps – il faut dire ce qui est – nous faisions aussi des festins. Les gens apportaient de la nourriture, qu'il acceptait parfois et nous autorisait à partager entre nous. Dans ces occasions, il était celui qui s'intéressait le plus à ce que nous ayons un bon repas. Si nous étions invités à dormir à l'hôtel par un Baba-lover, il insistait pour que nous prenions plaisir au repas. « Nos hôtes ont payé ce repas et on ne doit pas le gâcher. Appréciez-le, réjouissez-vous. » Il prenait cela tellement à cœur !

Pourtant, quand les mandalis s'apprêtaient à faire un festin, que ce soit à Meherabad, Meherazad ou ailleurs, il passait son temps à nous envoyer des messages. « Va dire ceci à un tel. » De retour, on avait à peine pris une autre bouchée qu'un autre ordre fusait : « On a oublié quelque chose. Viens avec un stylo et du papier pour noter quelques points. » On s'acquittait de la tâche avant de revenir avaler un autre morceau. « Est-ce que tu peux apporter de l'eau à boire s'il te plaît ? » On devait alors se lever et s'exécuter. C'est ainsi que nous ne savourions rien de ce que nous mangions, nous ne goûtions même pas ce qui était sur la table.

SA SIMPLE PRÉSENCE SIGNIFIAIT L'OUBLI DE NOUS-MÊMES

Don — Même si c'était un festin?

Eruch — Oui, même si c'était un festin. Il nous en a complètement détaché. Bien sûr, ce genre de situations nous mettait de mauvaise humeur, mais Baba tournait immédiatement les choses de telle manière que nous en oubliions même notre rancœur. La simple présence de Baba signifiait l'oubli de nous-mêmes. C'est un fait. Aussitôt après avoir exprimé notre mauvaise humeur, on l'oubliait. La même chose arrivait à ceux qui nous rendaient visite. Je les ai entendu exprimer des réflexions similaires : « Comment est-il possible que nous oublions tout simplement les choses? » Il y a eu un incident concernant un certain Kirpal Singh. Le connais-tu?

Don — Je ne l'ai jamais rencontré, mais je sais qui c'est.

Eruch — Kirpal Singh est venu une fois pour avoir le darshan de Baba et a complètement oublié d'offrir des fleurs et des fruits à Baba. Il a donc dû revenir après avoir quitté les lieux. Il a dit la même chose, qu'on oublie en présence de Baba. Que peut-on dire alors sur notre mauvaise humeur? Simplement qu'on la surmonte immédiatement en sa présence. Nous avions vraiment des sautes d'humeur, mais Baba nous les faisait oublier complètement. Un simple clin d'œil, un sourire ou un peu d'humour et notre mauvaise humeur s'évanouissait.

Don — Te souviens-tu Eruch, je crois que c'était en 1962, quand Baba avait été en réclusion pendant quelque temps et que je suis venu lui rendre visite à la fin de celle-ci? Il l'a terminée en faisant venir des chanteurs de *qawwali* du groupe d'Ahmednagar à Meherazad. Il nous a dit : « Vous devez être à ici à dix heures car les chanteurs vont arriver, ne soyez pas en retard. »

À environ neuf heures et demie, je t'ai demandé : « Eruch, est-ce qu'on va faire notre promenade jusqu'au portail, comme chaque matin? » Il me semble que tu m'as répondu : « Oui, pourquoi pas? On a le temps. » Mais à dix heures moins le quart, alors que nous étions déjà rendus à une certaine distance de la résidence, les chanteurs sont arrivés, en avance. Tu as dit :

«Bon, je devine ce qui va se passer, mais c'est trop tard. Autant profiter du reste de notre balade.» À notre retour, il n'était pas encore dix heures, mais Baba était là à nous attendre avec des yeux qui lançaient des éclairs.

Il a déclaré : «Vous m'avez complètement gâché la journée!» Il a ajouté plusieurs choses du même acabit. Je ne me suis jamais senti aussi mal de ma vie. J'ai eu le sentiment d'avoir le cœur brisé en mille morceaux. J'avais envie de me jeter du haut d'une falaise. Je n'avais jamais vu Baba en colère contre moi auparavant et cela m'a anéanti. Mais au moment même où ma désintégration était complète, tout ce flot de paroles proférées par Baba s'est soudain tari. Il m'a regardé en disant : «Oublie tout ça.» Alors il a immédiatement arboré un sourire – un sourire jovial! En dix secondes j'avais oublié l'incident, et pourtant je ne m'étais jamais senti aussi mal de toute ma vie.

Eruch — C'est exactement cela. Tu as parfaitement raconté l'histoire. C'est tout à fait ce qui s'est passé. Cela ne fait pas le moindre doute.

Don — Apparemment, il pousse nos émotions jusqu'à la crise de nerfs, et puis il oblitère tout cela en un clin d'œil.

Eruch — Baba, quand il ne s'occupait pas de l'humeur de quelqu'un en particulier, s'il trouvait que l'atmosphère autour de lui n'était pas assez joviale ou active, ou s'il ne trouvait pas d'excuses pour nous donner quelque autre travail à faire, montait un mandali contre l'autre. Il n'utilisait jamais de mensonges, mais le faisait en soulignant les différences d'opinion ou d'habitude ou en rappelant ce qu'un mandali avait dit à son sujet quelques années plus tôt.

Au début, il lançait la conversation, puis la tension montait et nous commencions à hausser le ton. Cela continuait ainsi sans s'arrêter et nous finissions par oublier la présence de Baba. Baba adorait cela et je l'ai même vu avoir le plus grand mal à s'empêcher de rire. Il mettait ses deux mains sur sa bouche et riait tant et plus, à tel point qu'il en devenait tout rose. Puis soudain, on entendait un claquement de ses mains, nous intimant de nous taire. « C'est tout. Terminé. » Quand notre colère avait atteint son point culminant et que nous étions sur le point d'en venir aux coups, il y avait juste un claquement de mains et tout s'évanouissait. Tout était oublié en quelques secondes.

Don — Pas simplement réprimé, mais vraiment oublié.

Eruch — Tout à fait. Oublié.

Don — Pour moi c'est ça qui est extraordinaire. Habituellement, dans les situations humaines ordinaires, on est toujours capable de réprimer quelque chose si nécessaire parce qu'il y a une figure d'autorité qui te dit « la ferme ». Mais on se le ressasse, on rumine la chose en se lançant des regards noirs pendant des heures, des jours ou même des mois. Mais avec Baba, rien de tout cela.

Eruch — Quelques jours avant ton arrivée je me suis fâché contre Pendu, si tu savais à quel point ! Tôt le matin il s'est passé quelque chose. Il pensait ceci, il se disait cela et chaque fois que je voulais aller de l'avant il me mettait des bâtons dans les roues, et donc je me suis fâché tout rouge.

Don — Tu lui as dit ses quatre vérités.

Eruch — Oui. Je lui ai dit tout ce que j'avais sur le cœur. Alors, immédiatement, je me suis senti un peu mal à l'aise. Ce sentiment est une vraie bénédiction et je suis vraiment fier de moi pour ça. Pourquoi avais-je eu besoin de dire ces choses ? Pour quelle raison ? Après tout, c'était quoi tout cela ? Est-ce qu'il y avait la moindre espèce de réalité dans tout ça ? Je me suis donc immédiatement approché de lui, je l'ai embrassé, je l'ai pris dans mes bras et nous avons tous les deux pleuré avec amour et oublié l'incident.

Don — Complètement oublié.

Eruch — Pendu vient juste de passer devant la porte et cela m'a rappelé cet incident. Maintenant c'est oublié, comme si cela ne s'était jamais passé.

Don — Baba a-t-il jamais expliqué l'objet de son travail dans de telles situations ? J'imagine que c'est lié à nos sanskaras, sur lesquels il travaille.

Eruch — Oui, c'est vrai. Sans sanskaras il n'y a pas de mouvement, rien. Il n'y a pas de vie du tout. Il y a l'existence, mais la vie se produit à cause des sanskaras. Les sanskaras, bien sûr, sont à l'origine de tout cela. Rien ne peut se passer sans les sanskaras, sauf par la volonté du Maître. De nous-mêmes, rien ne peut se passer. Seuls les sanskaras peuvent nous faire faire des choses. Le fait que nous soyons assis là maintenant, ce magnétophone, la pensée même d'avoir ce magnétophone ici, toutes les choses qui se produisent – tout cela c'est à cause des sanskaras.

Don — La seule chose que nous pouvons espérer, c'est que, sous la direction de Baba, les sanskaras se déroulent plutôt qu'ils ne s'enroulent.

Eruch — Ah oui, c'est vrai. Cela me rappelle une excellente histoire, Don. Bien sûr, nos histoires tournent toujours autour des Maîtres parfaits. Vu que nous sommes avec Baba le Dieu-Homme, nous nous devons de raconter des histoires de Maîtres parfaits — rien de moins que parfaits.

Don — Oui, tu n'as de temps que pour la Perfection. Quelle distinction !

Eruch — Cela s'est passé à l'ashram d'un Maître parfait, mais au lieu d'utiliser les mots « Maître parfait », j'utiliserai « Baba », et je raconterai l'histoire comme si cela nous était arrivé à nous. C'est une histoire qui a été racontée par Baba, donc pourquoi ne pas lui rendre hommage en utilisant son nom ?

Donc nous étions de nombreux hommes mandalis avec Baba. Un jour, pour une raison quelconque, après de longues années passées auprès de Baba, tous les mandalis ont été envahis de sentiments de frustration et de découragement. Chacun s'est mis à se demander si son séjour avec Baba lui avait fait du bien. Les uns après les autres, les mandalis en ont parlé entre eux et aucun d'entre eux n'a trouvé en lui de changement évident.

Tout était exactement comme avant. Le seul fait notable, c'était qu'ils avaient passé de nombreuses années au même endroit.

Don — Un exploit d'endurance, donc, mais à part cela, aucun progrès. Quel constat pessimiste. C'était la conclusion des mandalis ?

Eruch — Oui. À quoi rimait donc tout ça ? Quand les mandalis en arrivèrent à cette conclusion, cela les a démoralisés. Ils sont tous devenus moroses. Naturellement, cela s'est reflété dans leur attitude, et le lendemain, quand Baba est allé siéger à Mandali hall, il a bien vu qu'ils n'étaient pas dans leur assiette. Comme à son habitude, Baba a feint d'ignorer ce qui nous arrivait. Il nous a regardé en disant : « Eh bien, que se passe-t-il ? Il ne fait pas beau aujourd'hui ? Il se mit à regarder au-dehors. « Le temps est très gris, sans doute. » Nous lui avons murmuré : « Mmm, mmm. » Nous n'étions pas d'humeur à lui répondre. « Parfois le temps dehors a un effet sur notre humeur », poursuit Baba sur son idée. Puis, naturellement, après ces quelques mots, la conversation a débuté peu à peu. Après tout, c'est lui le Maître.

Don — Il a finalement amorcé la pompe.

Eruch — Ensuite, il a dit aux mandalis qu'ils avaient passé de très nombreuses années ensemble. « Ce que vous avez fait tout ce temps, à vous asseoir avec moi, c'était vraiment très routinier. Nous n'avons même pas fait une sortie. Les gens dans le monde font des sorties, ont des loisirs. Vous, vous avez porté toute votre attention sur moi seul et vous n'avez fait qu'obéir à mes ordres et à mes commandements. Jour après jour, nuit après nuit, vous deviez être à mes côtés. Il est tout-à-fait normal pour des êtres humains comme vous de bénéficier d'un genre de sortie, d'une sorte de jour de congé. » Ces quelques mots ont complètement transformé l'humeur des mandalis, car le fait que Baba prenne acte de leur humeur était pour eux quelque chose d'extraordinaire. « Pourquoi ne pas fixer une date ? » a dit Baba. « Qu'en dites-vous ? »

Nous avons répondu : « Oui, cela nous plairait beaucoup. » « Alors prenez un jour entier de congé. Vous allez non seulement prendre ce jour de congé, mais en plus vous allez en profiter. Choisissez et commandez quelques bons plats et je me ferai un plaisir de vous servir aussi du vin. Voilà ce qu'il vous faut. Qu'y aurait-il de mal à ça ? » Évidemment, tout ce qui provient du maître est bon. Qui ne désirerait du vin, qui ne voudrait pas savourer de bons plats ? Et pour couronner le tout, tout cela en présence du Maître parfait.

Ainsi, tous les mandalis avaient leurs pensées tournées vers cette journée décidée par le Maître et il s'est trouvé qu'elle a eu lieu à la pleine lune. Le Maître a déclaré : « Nous allons passer toute la journée et toute la nuit à faire la fête pour tout oublier, même Dieu. » Les mandalis ont ainsi complètement oublié leur mauvaise humeur, leurs chamailleries et toutes les pensées négatives qu'ils avaient accumulées au cours des années passées en compagnie du Maître. Tout cela a entièrement disparu grâce à ces quelques phrases prononcées par Baba. Ce dernier était évidemment ravi de voir leur réaction.

Entre temps, bien sûr, les mandalis ont dû faire tous les préparatifs et commander les plats. Puis le jour est enfin arrivé. Baba a décrété que le jour était férié et nous a vraiment tenu bonne compagnie. Il nous a donné à manger et nous a servi le vin. Nous étions tous en compagnie de Baba, le Maître parfait, le consolateur, le compagnon, l'ami, et nous avons passé une excellente journée. On a mangé, bu et chanté des louanges à Baba pendant de longues heures, à la gloire de l'Être parfait, en louange des Maîtres passés et ainsi de suite.

Puis la nuit est tombée. Il y avait eu bien sûr une sorte de retenue quand Baba nous a servi le vin. Puis, quand il a fait nuit, Baba a commencé à nous servir un peu plus de vin, dont nous nous sommes régalés. Finalement, Baba a déclaré : « La lune est très claire cette nuit. Que diriez-vous d'aller faire un tour en bateau ? Le bateau que nous avons ici est excellent. » L'ashram, vois-tu, était situé sur les berges d'une rivière. Nous avons acquiescé et Baba a dit qu'il voulait venir avec nous. Les mandalis ont trouvé l'idée très bonne et ont emmené avec eux un gramophone, les plats et les bouteilles de vin.

Nous avons installé Baba confortablement et il nous a dit : « Commencez à ramer, nous allons naviguer sur la rivière. » Nous nous sommes donc mis à la tâche. Certains d'entre nous devaient s'occuper du bateau, d'autres de Baba, d'autres devaient distribuer la nourriture et le reste chanter et danser.

Nous avons passé une nuit superbe. Puis l'aube est arrivée. Le Maître a frappé dans ses mains. « C'est maintenant l'heure de rentrer », nous a-t-il ordonné et avec ce claquement nous avons pris conscience que tout ce temps nous n'avions fait « aucun progrès » d'aucune sorte. Nous étions exactement là où nous étions la veille : comme nous étions éméchés, ceux qui avaient la charge du bateau ne l'avaient pas détaché de son ancrage. Nous étions donc absolument au même endroit où nous avions commencé la fête.

Cependant, Baba avait été avec nous tout le temps. Il était le Maître parfait, le compagnon, le Bien-aimé. Il nous a dit : « Asseyez-vous. C'est maintenant que vous devez tous savoir ce qui vous est arrivé. Vous vous souvenez de ce jour où vous faisiez tous la tête et que j'ai dit qu'il ne faisait pas beau ? Vous n'avez même pas daigné me répondre, ce jour-là. Maintenant, vous avez pris du bon temps avec moi hier et cette nuit. Tout cela est excellent. Je suis avec vous en permanence. Je ne peux pas me séparer de vous. Mais vous rendez-vous compte que le fait d'être avec moi ne compte pour rien du tout si vous n'êtes pas vraiment avec moi ? Je vous avais ordonné de sortir et de passer une bonne journée ensemble. C'est parce que vous ne vous êtes pas détachés de vos problèmes matériels qu'en dépit du fait que vous étiez avec moi, vous avez oublié de détacher votre bateau. » Tu suis l'histoire, Don ?

Don — Oui, elle a une superbe chute, Eruch.

Eruch — Nous sommes revenus avec Baba à notre logement, bien plus sobres malgré le vin que nous avions bu, et plus sages. Voilà donc encore une autre histoire pour illustrer le problème du contrôle de la mauvaise humeur.

Don — Mais Baba lui-même était parfois de mauvaise humeur, n'est-ce pas ?

Eruch — En effet, Baba lui-même était parfois de mauvaise humeur.

Don — Souvent, quand j'arrivais vous me disiez : «Baba est de très mauvaise humeur depuis plusieurs jours. Nous sommes ravis de ta venue car il s'égaye toujours pour les visiteurs».

Eruch — C'est vrai. Nous ignorons les raisons de ses fluctuations d'humeur mais quand *lui* était de mauvaise humeur, oh, c'était quelque chose, Don... jusqu'à ce que quelqu'un ou quelque chose d'extérieur entre en scène.

Don — Pour la faire cesser.

Rano — On a l'impression qu'on n'a vraiment rien fait de spécial qui puisse le mettre de mauvaise humeur et pourtant on est soi-même de mauvaise humeur car on se dit, mais pourquoi Baba est-il en colère contre moi ? C'est alors que tu réalises que Baba a une bonne raison de vouloir t'utiliser comme exutoire sur lequel il peut déverser sa colère. Tu essayes alors de te consoler en pensant que d'une certaine manière, tu viens en aide à Baba. Il faut accepter tout cela sans être contrarié et réaliser que ce n'est pas vraiment envers toi qu'il est en colère, mais qu'il faut que ça sorte. Baba devait se défouler sur quelqu'un, donc tu te dis : «D'accord, il se défoule sur moi.» Mais parfois, si tu étais déjà de mauvaise humeur, cela pouvait te contrarier.»

Don — Vous vous défendiez.

Rano — Oui, et puis tu te rends compte de la situation et tu te dis : «Non, je devrais plutôt penser à quel point Baba s'est senti libre d'agir ainsi avec moi.»

Acceptez ce cadeau comme un don de Dieu
Le travail avec les familles aisées ayant subitement tout perdu

Don — Ce n'est pas facile pourtant. Où en sommes-nous avec les histoires sur les pauvres, Eruch ?

Eruch — Comme j'ai dit, c'était une tâche très difficile que Baba nous avait donnée : trouver des gens vraiment pauvres, des personnes nécessiteuses mais qui ne tendraient jamais la main pour mendier. C'étaient des gens qui avaient été riches auparavant mais qui, du fait d'un revers de fortune, avaient perdu leurs biens et leur rang social.

Don — C'était ce genre de pauvres-là que Baba voulait que vous trouviez, pas simplement quelqu'un qui mendiait au coin de la rue.

Eruch — Oui, ici en Inde, il y en a beaucoup de la sorte.

Rano — Ceux que Baba voulait trouver étaient trop fiers pour mendier.

Eruch — Je ne dirais pas : trop fiers. Plutôt : modestes. Ils ne voulaient pas…

Rano — Fiers dans le sens qu'ils ne voulaient pas que vous *sachiez*.

Eruch — Ah, oui, d'accord. C'était donc très difficile pour nous mais Baba se donnait beaucoup de mal pour les trouver. Dire que Baba se donnait beaucoup de mal pour les trouver n'est pas vrai non plus. Nous savons que Baba est omniscient. S'il l'avait voulu, il aurait pu aborder la personne sans la rechercher, mais comme je passe mon temps à le rabâcher, sa grâce et sa compassion infinie entrent en jeu. Il nous a permis de prendre part à son travail en nous faisant croire que c'était nous qui avions déniché la personne, et nous avions aussi le très grand plaisir de pouvoir participer au déroulement de l'intervention. Cependant, nous savions toujours que Baba était avec nous pendant notre recherche. Eh oui, c'est ainsi que nous vivons, maintenant que Baba a quitté son corps : en se remémorant le passé.

Je vais te donner un ou deux exemples qui montrent comment nous cherchions ceux qui étaient vraiment dans le besoin. Nous étions en Inde du Sud après la famine au Bengale. Après avoir aidé ceux qui souffraient de la famine, nous sommes partis vers le sud.

Don — Nous sommes toujours dans la Vie nouvelle ?

Eruch — Oui, c'était vers la fin. Écoute, je vais être franc avec toi, Don, ne me demande pas d'année ni de date, ou quoi que ce soit de la sorte. Je ne suis parfois pas tout-à-fait sûr s'il s'agit de la Vie nouvelle ou de la fin de la Vie nouvelle. Pour moi, tout cela ne forme qu'une seule vie avec Baba. Je suis incapable de faire la différence. Je pense malgré tout que c'était dans la Vie nouvelle.

C'était grâce à l'argent que Baba avait collecté en sortant de la Vie nouvelle pendant une journée que nous avons pu accomplir ce travail. Autrement, cela n'aurait pas été possible. L'argent ne pousse pas sur les arbres. C'était une offrande qui provenait des Baba-lovers pour Baba, et c'est ainsi que Baba l'a dépensée, pour venir en aide à ces gens.

Nous étions à Madras et Baba avait soif, il nous fallait donc lui trouver de l'eau de bonne qualité. Même si nous avions l'habitude de voyager et que Baba n'accordait pas une attention particulière à son confort ou à son régime, ceux qui se déplaçaient avec lui avaient malgré tout la responsabilité de veiller à ses besoins. Nous considérions cela comme un grand privilège et nous nous efforcions d'obtenir la meilleure qualité disponible, dans la mesure où cela restait abordable. La meilleure eau potable que nous pouvions trouver était du lait de coco frais et il aimait ça. Alors nous sommes allés dans une boutique pour en acheter et il a attendu dehors avec les autres compagnons tandis que je marchandais pour une noix de coco.

Quand j'ai obtenu le prix désiré, nous avons dû préparer la noix de coco puis y creuser un trou pour que Baba puisse boire. Alors que l'un d'entre nous s'en occupait, un client parlait avec le commerçant d'un homme très aisé qui avait perdu toute sa fortune et qui menait maintenant avec sa fille adulte une vie de pauvreté et de grande détresse.

Tout cela m'intriguait beaucoup, mais Baba avait soif et attendait que je rapporte le lait de coco. Une fois que je lui ai donné sa boisson, il m'a fait des signes : «Retourne et écoute ce que le commerçant dit». Baba avait entendu le début de la conversation, car les Indiens parlent toujours très fort, presque en criant.

Je suis donc retourné dans la boutique. J'ai demandé : «Excusez-moi, Monsieur. Puis-je connaître le nom de la personne dont vous parlez?» «Pourquoi? En quoi cela vous concerne-t-il?» a-t-il demandé. «Simple curiosité», ai-je répondu. Il m'a donc donné le nom, l'adresse et les indications pour s'y rendre. Tu ne me croiras pas, mais à peine Baba a-t-il eu fini de boire qu'il nous a dit de prendre le train pour y aller. Je pense que c'était à cent vingt ou cent soixante kilomètres. Nous sommes partis avec Baba et sommes arrivés au crépuscule. Je me souviens encore de tous les détails car l'histoire était particulièrement touchante. C'était la fête de Divali, le festival des lumières. Comme il était tard, j'ai dit à Baba de se reposer sur le quai de la gare. Cela ne m'inspirait pas de le voir sortir dans cette ville : il est donc resté avec les autres compagnons et je suis parti seul pour tenter de me rendre à l'adresse indiquée.

Quand j'ai trouvé l'endroit, j'ai découvert un grand bâtiment bien aménagé. J'ai frappé à la porte et donné à celui qui m'a répondu le nom de la personne qu'on m'avait indiquée.

L'homme sur le pas de la porte a déclaré : «Oui, c'est cette maison». Toute cette situation me mettait mal à l'aise et je ne savais pas quoi dire. Il était évident que ce n'était pas la maison d'une personne dans le besoin! «Qui désirez-vous?» «Je voudrais rencontrer la personne dont je vous ai donné le nom». «Je suis cette personne!» Je ne pouvais rien dire de plus, donc l'homme a continué. «Eh bien, que désirez-vous?» «Excusez-moi, Monsieur, je me suis trompé. Le fait est qu'il y a quelqu'un qui porte ce nom et qui a grand besoin d'aide.» «Non, je suis bien cette personne. Il n'y a personne d'autre ici. Comme vous voyez, par la grâce de Dieu j'ai tout ce qu'il me faut et Il prend soin de moi. Tout va bien. Vous devez faire erreur.»

Je m'apprêtais à repartir, déçu et complètement frustré. Je ne savais pas quoi faire ni quoi dire à Baba. Nous avions parcouru toute cette distance et maintenant je ne savais pas quoi faire. Mais un enfant est venu à ma rescousse. Il est sorti du salon et parlait bien l'anglais. On parle une langue différente dans le Sud que je ne connaissais pas et j'ai dû parler en anglais.

L'enfant m'a dit : «Je connais l'homme dont vous parlez. Je sais où il habite.» Le propriétaire des lieux l'a réprimandé quand il est venu vers moi, mais l'enfant ne voulait rien entendre. Le problème, voyez-vous, c'est que les Indiens du Sud ont beaucoup de noms de famille identiques mais avec des prénoms différents. L'enfant connaissait cette personne-là parce que son père, ayant une entreprise de bâtiment, avait à l'origine construit cette maison pour l'homme que je cherchais. Quand il est devenu pauvre il n'a pas pu payer l'entrepreneur, donc ce dernier a terminé la construction et est venu y habiter lui-même. C'est ainsi que l'enfant connaissait l'homme qui avait été réduit à la pauvreté et il m'a emmené à sa maison.

C'était un quartier très pauvre, vraiment très pauvre, mais malgré la misère, j'ai vu qu'il y avait dans la rue des lumières allumées pour célébrer Divali. Comme c'était la fête de la Lumière, chacun devait illuminer l'intérieur de sa maison cette nuit-là. Une simple lampe suffit si la personne est vraiment très pauvre. Mais une maison n'avait même pas une seule lampe dehors; absolument aucune lumière. L'enfant l'a désignée au loin, m'a salué et s'en est retourné.

Je me suis approché de la porte. Elle était ouverte et je pouvais voir l'unique pièce. J'ai frappé. Une lampe à huile brûlait faiblement à l'intérieur de la pièce, qui ne contenait pas le moindre mobilier, hormis une statue de taille réelle du Seigneur Krishna. Devant elle se trouvait une jeune femme en adoration.

ACCEPTEZ CE CADEAU COMME UN DON DE DIEU

Je suis resté debout, interloqué. Pas de meubles et simplement cette statue grandeur nature du dieu Krishna. Très probablement, de toutes leurs possessions, ils n'avaient pas été capables de se séparer de celle-ci et l'avaient emportée avec eux.

Je n'avais pas le cœur à déranger cette femme dans son adoration, mais en même temps j'avais une mission à accomplir. Baba attendait sur le quai de la gare et je ne pouvais pas me permettre de perdre mon temps ici, car il était le Seigneur.

J'ai frappé à la porte et la jeune femme s'est tournée dans ma direction. Elle est venue vers moi et m'a demandé : « Que voulez-vous ? » Elle parlait un très bon anglais. Je lui ai répondu : « Je suis envoyé par mon grand frère. Il attend à la gare et il aimerait rencontrer ce monsieur. Est-il là ? » J'ai prononcé son nom à nouveau.

Elle m'a répondu : « Oui, il est là. » Elle m'a invité à pénétrer dans la pièce. Je suis entré et c'était sombre, à part cette toute petite lampe qui vacillait. Je pouvais à peine distinguer un homme couché par terre. De l'autre côté de la pièce, j'ai deviné qu'il y avait une femme, qui semblait malade, elle aussi. C'était la mère. La jeune femme les a désignés tous les deux. « Ce sont mes parents », a-t-elle dit. En disant cela, elle s'excusait, mais elle n'a jamais mentionné dans quelle misère noire ils étaient tombés ; elle ne pouvait même pas m'offrir une chaise pour m'asseoir.

Je l'ai rassurée. Elle m'a demandé le but de ma visite. Je lui ai répondu : « Mon grand frère est venu de Bombay et il attend sur le quai de la gare. Il a un travail à accomplir avec votre père et il a en tête de lui venir en aide. » Elle m'a dit : « Mais comment se fait-il qu'il connaisse mon père ? » Je lui ai répondu : « Pouvez-vous me faire une promesse ? Dans une heure je vais amener mon grand frère ici et on vous expliquera tout. Ne vous inquiétez de rien. Nous ne sommes pas des étrangers. Nous savons qui vous êtes. Ne faites qu'une chose : ne quittez pas la maison tant que je ne serai pas revenue avec mon frère. » Elle m'en a fait la promesse, je lui ai dit au revoir et j'ai quitté la maison.

Je suis allé directement rejoindre Baba et nous sommes revenus en tonga. En chemin, je lui ai raconté toute l'histoire et il était vraiment très content. Une heure plus tard, nous étions à la maison. À cette époque, nous devions transporter avec nous tout ce qui était nécessaire pour accomplir ce genre de travail. Nous avions besoin d'eau, d'un seau et d'une bassine pour laver les pieds de la personne nécessiteuse à qui serait faite l'offrande d'amour. Puis nous utilisions une serviette toute neuve pour sécher ses pieds qui avaient été lavés par Baba. L'argent à donner devait être à portée de main. Puis il y avait d'autres objets dont Baba avait aussi besoin.

Avant d'entrer dans la maison, connaissant la situation, j'ai rempli le seau à moitié. Nous devions également transporter une petite bassine pour laver les pieds des indigents afin d'éviter que l'eau ne coule par terre. Puis nous sommes entrés et j'ai présenté mon grand frère à la demoiselle. Les deux parents étaient si malades qu'ils ne pouvaient saluer le visiteur. Baba s'est baissé et m'a fait le geste de verser de l'eau sur un pied et puis un autre, tenant la bassine sous le pied du mari. Puis Baba s'est assis et lui a lavé les pieds, après quoi nous avons retiré la bassine et jeté l'eau dehors.

La jeune femme ne savait pas ce qui était en train de se produire, car Baba avait commencé à prodiguer ses bons soins sans plus d'explication. Après que les pieds ont été séchés, la serviette a été donnée à la jeune femme et Baba s'est penché encore plus bas pour poser son front sur les pieds du malade. Puis il a offert à l'homme une forte somme d'argent mise dans une enveloppe. Il ne pouvait même pas bouger, donc on l'a placée sur sa poitrine, sous sa main.

On a dit à la fille de prendre soin de cet argent et je lui ai traduit ce que disait Baba, comme d'habitude : « S'il vous plaît, faites-nous le plaisir d'accepter cette somme comme un don de Dieu. » Ces mots étaient toujours prononcés au moment de ce genre d'offrande. Après avoir dit cela, Baba ne s'attardait jamais un seul instant.

Nous avons quitté la maison, mais avant de pouvoir mettre un pied dehors la fille est tombée en pleurs aux pieds de Seigneur Krishna. Elle a clamé d'une voix très émue : « Oh Seigneur, je ne savais pas que tu étais si plein de compassion, si bon et miséricordieux. À peine j'implore ton soutien qu'en quelques minutes tu m'envoies de l'aide. » Elle ne soupçonnait pas que la statue qu'elle avait adorée sous la forme de Seigneur Krishna était venue sous forme humaine en tant que Meher Baba. C'était une vision extrêmement émouvante — la visite de Baba avait été effectuée juste au bon moment. Baba était très heureux avec nous là-bas, et bien sûr quand Baba est heureux nous sommes tous heureux aussi.

Il y a maintenant une autre histoire qui, je crois, a été publiée quelque part, mais je ne sais pas où. Nous allions de Gudur à Hyderabad. Bien sûr, de nombreux incidents se sont produits en chemin, mais aucun n'était aussi touchant que celui que je vais te raconter à présent.

Nous avions entendu dire qu'il y avait un prince qui avait perdu toute sa fortune et qui était devenu si pauvre qu'il n'avait plus de maison, même pas une chambre où loger. Il en était réduit à vivre sur la véranda de quelqu'un, à l'extérieur. Pour sa subsistance, il vendait des boîtes d'allumettes et des bidîs sur une boîte de savon. On disait qu'il avait été si riche autrefois que des éléphants étaient attachés à son portail. C'était une marque de grande richesse, en ces temps-là en Inde. Il voyageait même en train dans un wagon aménagé, ainsi que nous l'ont raconté des gens de Hyderabad quand nous avons débuté notre enquête pour découvrir ses environs. Ils nous ont affirmé : « Oui, l'homme vit bien ici. Il était si riche qu'il avait un wagon de train pour lui tout seul et des éléphants étaient attachés à son portail. »

Nous avons fini par trouver l'endroit où se trouvait le vieil homme. Il était couché, très malade, dans le coin d'une véranda. Il n'y avait personne pour s'occuper de lui. Nous sommes allés le trouver, mais nous avons malgré tout continué à nous renseigner avant d'en arriver à la conclusion que c'était bien de lui dont il s'agissait. Comme d'habitude, nous avions notre seau d'eau et notre bassine avec nous. Baba a aidé cet homme à s'asseoir sur le sol de la véranda, les jambes dans le vide sur le côté. Nous nous sommes mis autour de lui, Baba lui a lavé les pieds, les a séchés, s'est prosterné et a posé sa tête sur ses pieds. Alors qu'il faisait ce geste, l'homme s'est évanoui et a atterri directement sur les genoux d'un des mandalis qui était debout derrière lui. Nous l'avons alors fait se coucher. Tu n'as pas idée du tollé que cela a causé auprès des passants. Nous étions des étrangers qui étaient « venus le tuer ». Nous avons eu vraiment très peur, mais, comme d'habitude, Baba a continué, en expliquant avec ses gestes que nous ne pouvions donner l'argent qu'à un proche ou un tuteur de cette personne. Nous avons donc demandé autour de nous : « Y a-t-il quelqu'un par ici de la famille de cet homme, ou une connaissance ? »

« Oui, sa femme est partie à l'hôpital pour lui chercher des médicaments et si elle en venait à apprendre qu'il est mort, elle vous tuerait sans aucun doute, parce que leur couple est très uni. » Nous entendions tout cela des femmes, qui continuaient de crier au meurtre.

Nous avons tous essayé de garder notre calme, car nous étions nous-mêmes un peu secoués par l'incident. Nous avons soulevé le vieil homme, qui a vraiment eu une chance incroyable car Baba lui-même a donné un coup de main. Nous l'avons emmené dans une pièce voisine, l'avons étendu sur un lit qui se trouvait là, l'avons éventé puis avons aspergé son visage avec de l'eau. Après un moment il est revenu à lui. À peine avait-il repris ses esprits, bien sûr, que tous les cris autour de nous se sont tus.

Entre-temps, l'épouse est arrivée et les femmes ont commencé à lui raconter qu'il était arrivé ceci et cela. Elle leur a demandé : « Qu'est-ce qu'ils ont fait ? » Puis elle s'est avancée vers nous et nous a dit : « Que voulez-vous de cet homme ? Pourquoi le harcelez-vous ? Il est malade. Le monde entier nous a persécutés et complètement abandonnés. »

Nous l'avons rassurée et lui avons dit de se calmer. Je lui ai présenté mon grand frère, disant qu'il était venu spécialement de Bombay pour leur offrir un petit cadeau.

« Ah bon ? Est-ce que Dieu a enfin eu pitié de lui ? » Nous avons répondu : « Eh bien, voici un cadeau. » Alors Baba a agi sur-le-champ et lui a offert le paquet cadeau. Moi, bien sûr, je devais prononcer les mots habituels : « Je vous en prie, faites-nous le plaisir d'accepter ce cadeau comme un don de Dieu. » Elle ne comprenait pas ce qui lui arrivait. « Qu'est-ce que cette aubaine ? Qui est cette personne qui nous le donne, et qu'est-ce que c'est ? » Je lui ai répondu : « Ne vous inquiétez pas », et à nouveau Baba a fait un geste pour dire qu'elle devait l'utiliser pour elle et son mari ; puis nous avons immédiatement quitté les lieux.

Tu aurais dû entendre toutes les louanges qui étaient prononcées à la gloire de Dieu par les gens autour ! Cela nous a rendus très heureux. Dieu l'absolu est loué quand Il agit sous forme humaine.

Don — Est-ce qu'elle avait suffisamment repris ses sens, au moment où vous êtes partis, pour réagir ?

Eruch — Non, rien. Il y a une autre histoire très touchante sur les nécessiteux, mais elle n'est pas liée à cette époque. Il y avait un certain Irani qui était venu voir Baba à Meherabad et qui avait apporté cinq cents roupies pour les offrir à ses pieds. J'étais présent en tant qu'interprète. Baba n'a pas pris la liasse de billets. Il l'a juste montrée en me signifiant de demander à l'homme de reprendre son argent. C'est ce qu'il a fait, puis Baba lui a dit de le mettre dans sa poche et de l'emporter parce qu'il refusait son don.

L'Irani, très peiné, a supplié Baba de l'accepter. Il l'a placé à nouveau aux pieds de Baba. Baba lui a enjoint d'obéir à son instruction, mais l'homme était inflexible. Il m'a alors dit de prendre l'argent et de le garder en permanence sur moi afin de le donner à une famille dans le besoin, le jour où nous en trouverions une. Ma responsabilité était de me souvenir de trouver une telle famille. Mais Baba m'a dit : « Tu sauras à qui le donner. »

C'était le seul mot de réconfort de la part de Baba. J'ai gardé l'argent sur moi pendant longtemps et puis, un jour, Baba m'a envoyé à Poona faire une course. C'était un mois d'été, donc je me suis arrêté pour prendre un jus de canne à sucre frais dans une échoppe. Alors que j'avais le verre à la main, j'ai entendu par-dessus mon épaule une conversation entre le propriétaire de la boutique et une autre personne de sa connaissance. Leur discussion tournait autour d'une famille dans laquelle le mari travaillait dans un service municipal et comment l'honnêteté ne payait jamais.

J'étais intrigué par la conversation, et même très intéressé. Il semblait qu'en s'efforçant de pratiquer l'honnêteté à son poste, cet homme avait fini par être mal vu de ses supérieurs et rétrogradé. Il travaillait toujours à la municipalité, mais maintenant à l'extérieur de la ville, comme simple exécutant. Il devait arrêter les charrettes qui apportaient les végétaux, le lait et les autres produits, calculer la taxe à prélever et en informer l'employé de service. Nous appelons cela des *octroi naka*. Il y a des cabines à l'entrée des villes et des bourgades pour encaisser ces taxes.

Don — Comme celle qui a stoppé Nilu, le veau sur ses épaules.

Eruch — Oui. J'ai pris l'adresse de cette famille et me suis immédiatement rendu là-bas. C'était à environ 50 kilomètres de Poona. J'ai trouvé la maison, habitée par deux femmes très belles et très claires de peau, mais dont les vêtements étaient en lambeaux. Je n'avais jamais vu une telle beauté dans cet endroit ou dans un bourg de ce genre au Maharashtra. Elles venaient d'un autre endroit, sans doute du Nord. J'étais stupéfait.

Quand elles m'ont vu, elles m'ont dit : «Que se passe-t-il? Qui voulez-vous rencontrer?» Je leur ai dit que j'étais à la recherche d'une personne dont le nom était *untel*. «Oui, il est au travail maintenant, mais dites-nous, s'il vous plaît, pourquoi vous voulez le voir.»

J'ai répondu : «La seule raison, c'est que mon grand frère m'a envoyé ici avec un certain cadeau à lui offrir.» «Ne faites pas ça, par pitié. Nous n'arriverons jamais à vous rembourser. Nous avons déjà assez de mal à nous en sortir comme ça. Nous ne voulons pas assumer de dettes et nous ne voulons l'aide de personne. Nous ne pourrons jamais rembourser.» Je leur ai répondu : «Ce n'est pas censé être remboursé. Mon frère m'a envoyé avec les instructions précises que ce cadeau est un *cadeau*, sans aucune contrepartie, et il ne doit pas être rendu, en aucun cas. Vous devez l'utiliser pour faire face à vos besoins.» J'ai réconforté la famille en disant : «Regardez, nous sommes de la même famille (de Dieu). Mon grand frère a eu l'inspiration d'envoyer ce cadeau et il veut qu'il vous soit remis. Mais ce n'est pas à vous que je l'offre; c'est au chef de la famille que je veux l'offrir.»

Elles m'ont alors répondu : «Dans ce cas, vous devrez revenir demain.» J'ai donc dit : «Eh bien, je reviendrai demain.» «D'où viendrez-vous?» J'ai dit : «Je viendrai de Poona, donc mettez votre père, votre époux au courant.» Je m'adressais à elles deux, la fille et l'épouse. «Assurez-vous qu'il reste ici sans se rendre à son travail.» Elles me l'ont promis.

Le jour suivant, j'ai pris le premier bus que je pouvais depuis Poona et quand je suis arrivé sur les lieux, on m'a présenté l'homme en question. J'ai fait comme Baba m'aurait demandé de faire : je me suis prosterné devant l'homme par procuration. Quand Meher Baba ne pouvait pas être présent quelque part pour son travail, il envoyait l'un d'entre nous à sa place, mais avant de nous envoyer il se prosternait devant nous et puis nous envoyait en mission. Alors nous partions et répétions la même action quand nous étions devant la personne.

Je me suis donc prosterné devant cet homme et j'ai posé mon front sur ses pieds. Bien sûr, je ne lui ai pas lavé les pieds car on ne m'avait pas dit de le faire. Puis je lui ai offert la liasse de billets en disant : «Ceci est un don de Dieu et vous nous faites plaisir en l'acceptant.» L'homme a fondu en larmes et s'est mis à crier en s'arrachant les cheveux. Il disait : «Dieu peut-il être miséricordieux? Est-ce qu'il nous observe vraiment en permanence?» J'ai répondu : «Oui, en permanence.» «En êtes-vous sûr?» J'ai répondu : «Oui». «Maintenant, j'en suis sûr, moi aussi.» a-t-il dit. «Connaissez-vous mon histoire?» «Non, mais j'ai entendu certaines choses». «Non, tout cela est du passé, mais savez-vous ce qui allait m'arriver aujourd'hui? Je ne comptais pas me rendre au travail. J'avais pris la décision de me suicider. Vous ne m'auriez pas vu demain.» J'ai dit : «Dieu soit loué, ayez foi en Dieu», et je suis parti. C'était très émouvant. On n'oublie jamais^ ce genre de choses.

Don — Juste à temps.

Eruch — J'étais si heureux. Je l'ai raconté à Baba. Baba a dit : «Bravo!» Comme si j'avais fait quoi que ce soit!

Nous étions avec l'Empereur
Eruch rencontre le commissaire Reddy, août 1951

Don — Eruch, tu ne voulais pas oublier de parler des «papiers d'identité».

Eruch — Il y a deux histoires concernant les papiers d'identité. Même pendant l'Ancienne Vie, nous parcourions l'Inde avec Baba à la recherche de masts. Quand nous arrivions près de l'endroit où nous voulions aller, nous quittions Baba et continuions seuls à la recherche du mast dont nous avions entendu parler, puis nous en rendions compte à Baba. Quand nous étions à la recherche de masts, nous ne prenions vraiment aucun soin de nous.

Don — Vous négligiez votre santé?

Eruch — Nous négligions notre santé comme notre apparence. Nous étions sales, hirsutes, les cheveux en bataille : nous avions l'air de vrais bandits. Parfois la police nous soupçonnait, nous importunait, nous demandait nos papiers, ou nous emmenait même au commissariat.

Don — Eruch, quand vous embarquiez tous pour ces longs périples, est-ce que Baba était strict sur l'apparence, la propreté des vêtements, le rasage et ce genre de choses?

Eruch — Absolument pas. Nous n'avions pas de temps à consacrer à tout cela. C'est pourquoi la police nous trouvait suspects. Ils nous soupçonnaient d'être des voleurs ou des gros durs parce que nous tous, autour de Baba, étions baraqués et en très bonne santé. Baidul, Kaka et moi avions l'air costaud et nous *étions* costauds. Comme nous étions sales et pas rasés depuis des semaines, il nous fallait subir les interrogatoires de la police.

À cette époque, cependant, il y avait des disciples de Baba qui étaient en mesure de prouver notre identité, de nous fournir des cartes d'identité, de plaider en notre faveur, d'affirmer que nous n'étions pas des personnes recherchées par la police mais des fidèles de Meher Baba tout à fait respectables. Vous avez tous entendu parler de Jal Kerawalla; Baba le surnommait « le magistrat ». Il a été d'abord magistrat de première classe et a fini commissaire judiciaire. Il est mort en service, mais ça c'est une autre histoire. Un jour il faudra que je te la raconte aussi, pour que tu saches comment il s'est mis au service de Baba, malgré sa situation respectable. Même les hauts fonctionnaires et les ministres d'État le respectaient et louaient son honnêteté et son intégrité. C'est lui qui nous a procuré des cartes d'identité. Il a aussi fait établir des papiers d'identité pour Baba. Tout cela se trouve dans nos archives.

Don — Elles sont conservées à Meherazad?

Eruch — À Meherazad, oui. Bien sûr, Sarosh nous était utile aussi. Il était le maire d'Ahmednagar et donc naturellement impliqué dans tout cela. Les percepteurs, que l'on appelle les chefs de district, nous ont aussi donné des papiers d'identité. C'est ainsi que nos voyages ont été facilités. Quand on nous emmenait au commissariat pour nous interroger, nous montrions ces papiers aux autorités et elles se confondaient en excuses. Après les avoir vues, elles ne nous empêchaient plus de circuler librement.

Au début de notre voyage dans la Vie nouvelle, il est arrivé un matin que Baba veuille aller aux toilettes. J'ai tenté de lui trouver un endroit propice dans un coin isolé. Quelques minutes auparavant, une jeep était arrivée derrière nous et nous avait dépassés. Entre-temps, Baba s'était rendu à l'endroit que j'avais choisi et alors que j'étais là à attendre son retour, j'ai vu la voiture revenir. Elle s'est arrêtée à une certaine distance et deux personnes en sont sorties. Elles se sont approchées de moi et se sont mises à me poser des questions. « Où est cette personne qui était avec vous ? » « Que voulez-vous dire ? » ai-je demandé. « Eh bien, nous sommes passés devant vous il y a quelques minutes et il y avait deux personnes sur la route. Où est passée l'autre ? » « Qu'est-ce qui vous autorise à me poser de telles questions ? » « Nous sommes investis de l'autorité nécessaire. C'est pourquoi nous vous posons ces questions. Nous sommes de la police. » « Ah, d'accord, c'est différent », ai-je dit. « Vous avez tout-à-fait le droit de poser des questions, alors. Eh bien, il est allé faire ses besoins. Que voulez-vous savoir de plus ? » « Nous voulons le voir », ont-ils insisté. « Eh bien, vous le verrez quand il sera de retour. Attendez quelques instants. »

Au bout de quelques minutes Baba m'a rejoint et je l'ai présenté comme mon grand frère. « Eh bien, il ne parle pas ? » « Que voulez-vous lui demander ? Il vous répondra », ai-je répondu. Ils lui ont posé quelques questions. La première était : « Quel est votre nom ? » Baba répondit : « M. S. Irani » avec des gestes que j'ai interprétés. « Où allez-vous ? » Nous avons dit que nous étions en pèlerinage, et nous avons ainsi échangé quelques formalités. « Il garde le silence ? » ont-ils demandé. « Oui. Nous sommes en pèlerinage. C'est tout. » Ils ont compris ce que j'ai dit, mais c'est ainsi que m'est venue l'idée que nous devrions avoir des papiers d'identité sur nous. L'ennui, c'est que cela aurait dévoilé l'identité de Baba, ce qu'il tenait à éviter. Je ne savais pas quoi faire. J'ai dit à Baba : « Il faut faire quelque chose à ce sujet, Baba. Je crois que la police devrait être au courant de nos déplacements. »

La police locale à Ahmednagar avait été informée que nous partions pour la Vie nouvelle, mais comme nous avions changé de district et puis d'État, la police du lieu où nous nous trouvions ignorait notre existence. Baba ne faisait pas attention à ce genre de choses pendant la Vie nouvelle, mais je me demandais en permanence ce qui se passerait si nous arrivions dans un État de l'Inde du Sud, région en proie à de graves désordres à l'époque. Finalement, tout s'est passé pour le mieux sans que nous ayons à posséder de papiers.

Je vais à présent revenir à la période qui a précédé la Vie nouvelle, en 1947. Baba a beaucoup voyagé dans le sud pendant la partition de l'Inde et c'est à cette époque que se déroule l'histoire des papiers d'identité que je vais te raconter maintenant.

Quand nous étions dans le sud de l'Inde, la police nous harcelait sans cesse. Il y avait beaucoup de tensions, particulièrement dans certaines enclaves appelées « États princiers ». Tu as entendu parler de Hyderabad, un des plus grands États de l'Inde ?

Don — Il n'est jamais passé sous pouvoir britannique direct, il me semble.

Eruch — Non. Cette enclave avait été laissée de côté et après la partition il a fallu que le gouvernement indien la reprenne dans son giron. Il y aurait eu une véritable guerre si les hommes d'État n'avaient pas fait preuve de bon sens politique.

Nous voyagions justement dans cet État-là. Il y avait beaucoup d'émeutes et d'exactions envers les civils et nous nous déplacions au beau milieu des troubles. Je me suis fait la réflexion qu'il était peut-être dangereux de voyager dans l'État de Hyderabad sans de plus solides références, malgré tous les papiers que nous possédions pour l'État de Bombay et pour d'autres régions de l'Inde centrale. Nous étions très attentifs à cela, mais uniquement à cause de la présence de Baba. Nous ne voulions subir aucun interrogatoire parce que nous voulions éviter que Baba se fasse humilier ou insulter.

J'ai donc pris mon courage à deux mains et suis allé trouver le commissaire de police, c'est-à-dire le chef du département de police de cet État. Il m'a demandé : « Eh bien, que voulez-vous ? » Je lui ai répondu : « Nous sommes de Bombay et souhaitons voyager dans votre État. » « Quelle est votre requête ? » m'a-t-il alors demandé. « Nous avons besoin de votre aide. Vous voyez, mon grand frère voyage avec moi et va d'un endroit à l'autre pour venir en aide aux pauvres et aux gens dans le besoin. Il fait les choses à sa manière et les policiers de la région nous suspectent pour un rien. Ils nous harcèlent sans interruption depuis plusieurs jours et personne ne prend en compte ce que nous avons à dire. J'ai donc pensé que la meilleure chose à faire était de venir vous rencontrer pour vous en informer et demander votre protection. »

« Concrètement, que voulez-vous donc ? » a demandé le commissaire. J'ai répondu : « Je ne veux qu'une seule chose. Pouvez-vous passer la consigne à tous les postes de police que MM. Untels vont passer dans l'État et qu'ils ne doivent pas subir de harcèlement ? » « Mais qui êtes-vous ? Qui est votre grand frère ? » « Eh bien, Monsieur, il fait un travail spirituel et il nous a demandé de ne pas dévoiler son identité, mais comme vous êtes le chef de la police et que je suis venu demander votre aide, je ne pense pas qu'il ferait objection à ce que je vous révèle qui il est. » « Qui est-il donc ? » « Il est connu sous le nom de Meher Baba. » « Il est ici dans l'État ? » J'ai répondu : « Oui. »

Le commissaire a alors appelé un de ses assistants et lui a dit : « Écoute-moi bien, je vais chez moi. J'emmène cette personne avec moi et je reviens. » Il m'a donc emmené chez lui, ce qui m'a surpris. Je me demandais ce qui allait se passer.

Don — Cela me rappelle que le meilleur négociateur dans les affaires, c'est celui qui pose de but en blanc les exigences les plus extravagantes, comme si c'était une chose tout à fait banale.

Eruch — Nous aussi, nous avons remarqué que ce système fonctionnait bien. Il m'a emmené chez lui, m'a installé dans le salon et il est parti. Au bout de cinq minutes il est revenu avec une photo de Baba. Sais-tu de quelle photo il s'agissait? C'était celle de Baba parmi un groupe de lycéens quand on lui avait remis une médaille pour le cricket. Parmi tous les lycéens qui étaient sur la photo, l'un d'entre eux était le commissaire lui-même.

«Il était mon camarade de classe» a-t-il dit. «Est-ce lui, Meher Baba?» J'ai répondu : «Oui, il est connu sous le nom de M. S. Irani.»

Don — Est-ce que c'était la première fois que le commissaire avait un contact avec un proche de Baba, depuis les années d'école?

Eruch — Oui, mais il avait entendu dire que M. S. Irani était très connu sous le nom de Meher Baba. Je me souviens encore de son nom : c'était le commissaire Reddy.

Don — «Reddy» est aussi commun que «Dupont» à Hyderabad, qui s'appelle Andhra Pradesh maintenant, n'est-ce pas?

Eruch — Hyderabad est maintenant la capitale de l'Andhra Pradesh[1]. Nous avons échangé quelques considérations sur Baba, et il m'a demandé où il était, comment il voyageait, ce que nous faisions. Il était très, très heureux de me voir. Je ne me souviens pas s'il m'a offert une tasse de thé ou non, mais cela n'a aucune importance parce que j'étais là pour obtenir quelque chose d'essentiel, un laisser-passer pour tout l'État.

Finalement, il m'a dit : «Revenez à mon bureau et ne vous faites aucun souci. Dites à Baba que la police de cet État ne le tracassera plus et ne le gênera plus dans son travail.» C'était la première fois durant le ministère de Baba que quelqu'un de haut placé transmettait, à l'échelle d'un État, au moindre petit poste de police de quartier, l'ordre suivant : «Si jamais vous entendez parler de Meher Baba, vous ne devez pas entraver son travail ni l'interroger, ni lui ni son groupe.» Plus tard, il nous a envoyé une copie de la circulaire qu'il avait transmise.

---

1 Depuis la division de l'Andhra Pradesh en deux États, en 2014, Hyderabad est devenue la capitale du nouvel État du Telangana. Ed.

C'est vrai, ce genre d'audace fonctionne. Comment osions-nous demander de telles choses à des personnes si haut placées ? Parce que nous savions que nous étions avec l'Empereur. Et qui étaient ces autres personnes ? Elles occupaient des postes élevés uniquement grâce à de lui. Nous en étions convaincus, tu vois, que nous rencontrions des Maîtres parfaits, des saints, des yogis ou des gens hauts placés dans le gouvernement. Nous avions toujours cette même conviction au fond de nous. Nous nous disions : «Eh bien, nous ne faisons qu'aller à la rencontre de quelqu'un qui rend service à notre Maître et qui a été nommé par lui.

Don — Qu'ils le sachent ou non.

Eruch — Oui, nous en étions vraiment convaincus, vois-tu.

Passera demain, qui s'en soucie ?

Une prière en forme de devise pour la Vie nouvelle

Don — Eruch, est-ce que, dans la vie personnelle de Baba, il y avait des particularités à cette époque, en ce qui concerne son alimentation ou son sommeil ? Dormait-il plus ou moins longtemps dans la Vie nouvelle qu'à d'autres périodes ? Y avait-il des différences dans le régime alimentaire des mandalis ou en matière de prières et d'observances ?

Eruch — Il n'y avaient pas de différences particulières, sauf que Baba mangeait la même chose que les compagnons. Vis-à-vis de ses compagnons de la Vie nouvelle, il est toujours resté un vrai compagnon : il partageait avec nous son travail, il partageait la nourriture qui était mendiée, il partageait nos difficultés. Il restait le chef, cela ne fait aucun doute. Il donnait les ordres et nous devions les exécuter avec joie, sans faire la tête. Mais je me souviens cependant d'une chose amusante en matière de prière. Chaque soir, quand nous quittions Baba, lui et les compagnons se joignaient dans cette petite prière qu'il avait composée :

> *Ce jour est passé comme il devait passer,*
> *Hier a passé tant bien que mal,*
> *Et qui se soucie de l'avenir, car demain aussi va passer.*

Don — C'était ainsi que vous terminiez chaque soirée ?

Eruch — Oui. C'était une vie de désemparement et d'inespérance complets où l'on ne se souciait pas de ce qui allait advenir.

> *Hier a passé ainsi*
> *Aujourd'hui a passé aussi*
> *Passera demain, qui s'en soucie ?[1]*

Pourquoi se soucier de l'avenir ? C'est ainsi que nous nous séparions le soir, et cela nous donnait un sentiment de grande et véritable liberté.

Don — Vivre entièrement dans le présent.

Eruch — Oui, vivre entièrement dans le présent. Et pour s'en tenir aux faits, personne n'est tombé malade pendant cette période de tribulations, même pas les quatre femmes qui étaient avec Baba. Il n'y a même pas eu de rhume ni de toux, même si nous sentions la morsure du froid glacial de l'hiver, qui faisait bleuir nos ongles et s'engourdir nos doigts.

Don — Et Gustadji avait si froid qu'il ne pouvait pas bouger.

Eruch — Oui. Mais c'est tout. À part cela nous n'avons eu ni grippe, ni toux, ni congestion pulmonaire ni pneumonie — rien — pas la moindre fièvre ni le moindre mal de tête. Nous vivions en plein air et rien ne nous affectait.

---

1 Cette deuxième version de la devise a été traduite de l'original en hindoustani. NDT

Impuissance, inespérance et discipline
Discussion vagabonde sur la mendicité et la liberté

Don — Eruch, tu me dis que ce sont les temps forts de la Vie nouvelle tels que tu t'en rappelles, et maintenant, nous les avons tous passés en revue. Est-ce que nous pouvons revenir en arrière quelques instants, résumer quelques-unes des choses dont tu m'as parlé et discuter aussi d'une autre question que je voudrais évoquer avec toi?

Dans une de tes premières remarques, à ma grande surprise, tu as dit que la Vie nouvelle avec Baba n'était pas une épreuve. Tu as ensuite décrit les nombreuses anecdotes qui ont émaillé votre périple, et qui illustrent le grand bonheur que vous éprouviez d'être avec Baba, comment des paysans vous offraient de la nourriture toute chaude sortie du four au petit matin et tous les moments de joie personnelle que suscitait la compagnie de Baba. Puis tu as raconté ces histoires, parfois surprenantes, qui montrent comment Baba a laissé poindre son état d'Avatar au-delà des limites qu'il s'était imposé dans la Vie nouvelle, malgré le fait qu'il était un compagnon, et les évènements extraordinaires qui en ont découlé. Que c'était une vie extrêmement agréable, tu as été très clair là-dessus avec moi.

Eruch — La Vie nouvelle *avec* Baba était agréable, malgré toutes les épreuves. La Vie nouvelle *sans* Baba était une épreuve terrible, comme dans le cas du Dr Daulat Singh.

Don — Tu as évoqué une autre phase, dont je n'avais jamais entendu parler auparavant, quand tu as mentionné ces trois histoires extraordinaires à propos de votre recherche de tous les individus qui étaient devenus pauvres après avoir vécu dans l'opulence. Ce sont trois des plus belles histoires avec Dieu sous forme humaine que je n'aie jamais entendues.

Il me reste encore deux questions et la prière que tu viens de réciter est une bonne occasion pour moi d'aborder l'une d'entre elles. De temps à autre, on rencontre un jeune rebelle, un « hippie » des années soixante, par exemple, qui estime que la Vie nouvelle telle qu'elle a été vécue par Baba et les mandalis est le prototype de la vie du hippie tel qu'il se sent enclin à la vivre – errant autour du globe, sans se soucier d'où proviendra le prochain morceau de pain, d'être habillé en haillons, sans savoir s'il peut se doucher, ou même rester propre. Beaucoup d'entre eux considèrent que la grande erreur de notre société a été de se laisser tellement absorber par le monde extérieur qu'elle en a oublié l'homme intérieur. Quelle est ta réaction à une telle comparaison entre cette vie d'errance que beaucoup de jeunes gens choisissent et la Vie nouvelle que Baba et les compagnons ont menée ?

Eruch — Il semble que la vie que certains jeunes vivent de nos jours est proche de la Vie nouvelle menée par Baba et ses compagnons ; mais pour moi, la plus grande différence, c'est qu'ils sont arrivés à ce style de vie à cause d'une insatisfaction dans leur existence.

Don — Oui, c'est fréquemment une réaction, cela ne fait aucun doute. C'est une rébellion ou un sentiment d'insatisfaction par rapport à la vie qu'ils menaient auparavant...

Eruch — Alors que la Vie nouvelle avec Baba consistait à mener une vie plus élevée sans avoir été déçu de la vie d'avant.

Don — Une vie plus élevée dans quel sens, Eruch ? Une vie plus élevée avec un but particulier ?

Eruch — Non, sans but particulier. Elle visait une complète liberté, afin de mener une vie dans des circonstances et des situations les plus naturelles possibles, tout en étant une vie de désemparement et d'inespérance. Malgré tout cela, cependant, nous vivions comme des compagnons. Nous étions assurés d'avoir la compagnie de Baba lui-même, le chef de notre troupe, et nous menions cette vie sous sa direction immédiate.

Don — Oui, c'est un point important que tu évoques, Eruch. Vous suiviez une discipline stricte et étiez surveillés en permanence.

Eruch — Oui – tandis que bon nombre de ceux qui adoptent les apparences d'une «vie libre» ne s'imposent pas, en général, ce genre de discipline. Nous étions *vraiment* disciplinés. Nous avions l'air de hippies, mais nous étions très disciplinés. Nous avions un sens aigu de la responsabilité que nous avions à obéir à Baba.

Don — Vous viviez aussi parmi une vingtaine d'autres personnes, avec des interactions complexes. Vous acceptiez donc aussi la contrainte de la responsabilité sociale.

Eruch — Il y avait de la discipline dans le campement. Même si je menais une vie de désemparement et d'inespérance, sans me soucier de quiconque, cela ne me donnait pas la permission de me promener nu, de chasser quelqu'un à coup de pied, d'être impoli ou imprudent, ni de faire tout ce qui me passait par la tête. Non, nous faisions tout ce que nous voulions en tant que groupe dirigé par notre compagnon Baba.

Don — Tu continues toujours, aujourd'hui, à relever avec courage le défi qui consiste à vivre au milieu de personnalités très différentes et très fortes. Si tu t'énervais contre quelqu'un, comme tu l'as raconté dans une ou deux histoires, tu ne pouvais simplement pas tout envoyer balader et partir dans un autre pays ou rejoindre un groupe d'un autre style.

Eruch — Non, nous devions résoudre le problème ici et maintenant.

Don — Vous aviez, comme dans un mariage, la contrainte de faire face au problème en plus de celle, gigantesque, de ne pas laisser transparaître sa mauvaise humeur.

Eruch — Tout à fait. Cela me rappelle un autre exemple qui montre comment Baba s'y prenait pour résoudre certains problèmes communautaires au sein du campement. Il ne faut pas croire qu'il ne faisait pas attention à ces problèmes, il y était au contraire très attentif. Il cherchait toujours une solution qui ne nuirait pas à la société, ni à la vie que nous partagions. Non pas que le résultat fût un compromis, car il avait rompu les liens avec le monde quand nous sommes partis pour la Vie nouvelle avec les compagnons, et il nous l'a fait comprendre. En même temps, il voulait s'assurer que nous vivions dans la société sans nuire à quiconque, ni enfreindre ses principes, tout en menant notre propre vie qu'il a appelée la Vie nouvelle.

Il y a un bon exemple qui me vient à l'esprit pour illustrer mon propos. Nous allions vers le nord, où la ségrégation entre les castes élevées et les basses castes est forte, et à cette époque il y avait aussi de fortes différences entre les hindous et les musulmans. Il y avait deux musulmans parmi les compagnons de la Vie nouvelle, le Dr Abdul Ghani et Ali Akbar Shapurzaman.

Au fur et à mesure que nous approchions des contrées du nord de l'Inde, cette distinction entre musulmans et hindous s'intensifiait. Les hindous voyaient d'un très mauvais œil qu'un non-hindou, un musulman ou une personne de basse caste s'approche de leurs puits pour y puiser de l'eau. Si cela se produisait, le puits était considéré comme souillé. Il y avait fréquemment des accrochages violents entre les communautés à cause de ce genre de problèmes.

Alors que nous nous rendions vers l'un de ces districts, Baba nous a arrêtés et nous a dit que nous allions devoir faire très attention de ne pas heurter les sensibilités communautaires. La seule précaution que Baba nous a demandé de prendre, cependant, c'était d'appeler le Dr Abdul Ghani Munsiff « Ghanoba » au lieu de « Ghani », ce qui ne changeait rien du tout. Pour autant, cela nous a beaucoup simplifié la vie lors de nos déplacements parmi ces personnes, qui abhorraient la simple idée qu'un musulman puisse se trouver dans les parages. Il a aussi changé le prénom d'Ali Akbar Shapurzaman, de « Ali » en « Aloba ». Ainsi, même « Aloba » et « Ghanoba » pouvaient aller aux puits des hindous et puiser de l'eau sans créer d'incident. C'était une solution très heureuse qui nous a permis de ne pas contrarier la société.

Don — Vous avez respecté leurs règles.

Eruch — Oui, nous avons observé leurs règles, et néanmoins nous avons fait ce que nous voulions. Nous avons vécu notre propre Vie nouvelle au sein de la société mais sans contrarier qui que ce soit. Nous voulions que nos actions soient en accord avec ce que Baba avait stipulé pour nous dans la Vie nouvelle. Nous avions nos règles, nos règlements, nos disciplines et une tenue vestimentaire spécifique. Nous avions un programme de mendicité particulier et d'autres « disciplines », mais cela ne voulait pas dire que nous pouvions mener une vie sans égard pour autrui. Non, c'était une vie disciplinée telle qu'elle avait été mise en place par Baba.

Don — Il y a une autre question qui me vient à l'esprit, Eruch. Que se passerait-il si une grande partie de l'humanité se mettait à mener une vie d'errance libre, sans pour autant nuire en quoi que ce soit à celle que les autres désirent mener en ville ou dans les villages, mais sans produire sa propre subsistance ? Baba et les compagnons de la Vie nouvelle n'ont pas produit leurs habits ni leur nourriture. Si je comprends bien, leur vie était un modèle pour l'avenir ; mais si un grand nombre de gens faisaient comme eux, nous aurions beaucoup de difficultés à produire les biens nécessaires pour que la société, telle que nous la connaissons, continue.

Eruch — Je comprends ce que tu veux dire, Don.

Don — Peut-être que je vais trop dans les subtilités.

Eruch — Non, pas du tout. C'est de ma faute si je ne t'ai pas donné une vision complète de la Vie nouvelle. On ne pourra jamais donner une vision complète de la Vie nouvelle, car nous la menions en étant intensément absorbés par elle et en concentrant tous nos efforts sur la question de l'obéissance. C'était et cela reste une vie consacrée à l'obéissance et, pour nous, les détails n'avaient aucune importance. Maintenant que tu soulèves ce point, il ne s'agissait pas juste d'une vie passée à mendier sans rien produire. Tu as dû lire que Baba a utilisé la main d'œuvre que formaient ses compagnons pour accomplir de nombreuses choses. Le Dr Donkin a reçu l'ordre d'ouvrir une clinique. Baba nous a demandé d'aller...

Don — L'entreprise du New Life Ghee ?

Eruch — Oui, on a fondé l'entreprise du New Life Ghee. Auparavant, il nous avait dit d'aller en ville ramasser les vêtements sales de maison en maison pour les laver et gagner notre vie. Nos talents étaient donc mis à profit.

La Vie nouvelle avait un schéma bien défini, pour ainsi dire. Quelle que soit sa nature, cela a été une nouvelle vie que nous avons menée avec Baba pendant deux ans et demi. Baba nous a ensuite ramenés à Meherazad pour la période de Manonash. Peu importe la nature du projet qu'il a mis en place, ce projet, nous l'avons entamé dans ce camp d'entraînement à Belgaum, comme je te l'ai raconté. Ensuite, nous avons débuté une vie faite d'errance, dans laquelle nous avons erré d'un endroit à un autre sans se soucier du gîte, du couvert ou de quoi que ce soit. Ne perdons pas de vue qu'en même temps, il y avait cette adhésion à une stricte discipline. Puis nous sommes arrivés à Dehra Dun, la destination dont je t'ai parlé. J'ai toujours appelé cela la destination. Baba avait une destination en tête, ce qui montre bien qu'il n'était pas juste question d'errance sans but. Nous n'étions pas de simples errants. Nous « errions » vers notre destination. Il y avait un départ et une destination. Ceux qui veulent mener cette Vie nouvelle doivent garder tous ces principes à l'esprit.

Après notre arrivée à destination, Baba a réparti tous les compagnons en différents groupes avec des tâches précises à effectuer. Un des compagnons devait faire du jardinage. Un autre devait ouvrir une clinique. Un troisième encore devait être gardien de nuit du fait de sa très bonne santé. Un autre groupe a été envoyé à Delhi pour ouvrir une entreprise appelée New Life Ghee, et pour cela Baba a eu recours aux services de cette fameuse personne qui nous avait apporté toutes ces provisions à Dehra Dun et qui était spécialisée dans la commercialisation de crème.

Don — Ma question ne concerne pas du tout l'aspect spirituel de la Vie nouvelle, Eruch. Ce n'est pas du tout la question. Mais même sur le plan matériel, donc, pendant la Vie nouvelle il y avait une contribution à la société qui s'équilibrait plutôt bien avec ce que vous en receviez.

Eruch — Oui, tout à fait, et sans enfreindre les codes habituels de cette société. Même si nous n'avions que peu de rapports avec la société, nous prenions en même temps grand soin à ne pas aller à l'encontre de ses us et coutumes. Nous ne nous contentions pas de vivre simplement de sa générosité.

Don — Oui, maintenant je me souviens de ces différentes histoires, de la clinique et de l'entreprise de ghee, etc. Mais elles se sont effacées de mon esprit au profit d'autres histoires qui illustrent de quelle façon miraculeuse vous obteniez de quoi manger et comment quelqu'un qui allait mendier auprès d'une seule femme au foyer revenait avec de la nourriture pour toute la journée. Mais oui bien sûr, je discerne bien comment tout cela s'équilibrait, Eruch, et je suis heureux que cela ait été clarifié.

Eruch — Tu as compris cet aspect de la question, mais te rends-tu compte des réactions qui ont dû surgir chez celui qui partait mendier et faire tout le reste? Peux-tu imaginer les changements qui ont eu lieu dans son esprit et dans son cœur quand il a commencé ce périple de mendiant? Imagine une personne qui n'était pas habituée à mendier, une personne qui avait nourri de nombreux convives à sa table, la voir partir mendier! Quel choc que cela a pu susciter dans son cœur et son esprit!

Don — Eh bien, Eruch, tu m'as posé une question et je veux y répondre. J'ai commencé à m'impliquer de manière intense avec Baba juste avant que vous ne commenciez la Vie nouvelle, et je me rappelle ma propre réaction quand j'ai entendu certaines histoires qui ont circulé petit à petit concernant les règles de la Vie nouvelle et la mendicité que vous étiez censés pratiquer. Une idée qui m'avait vraiment terrifié alors, c'était : « Mon Dieu, suppose qu'un de ces jours je sois sous la coupe de Baba et que je doive mettre une tunique et aller mendier ? » Rien que d'y penser était une situation de crise pour moi, donc oui, je suis bien conscient d'un tout petit aspect de cette réaction intérieure.

Eruch — Pendant notre discussion sur notre participation à la Vie nouvelle et sur les instructions à suivre concernant la mendicité, il y a une chose qui m'est revenue à l'esprit. Il s'agit de Baba quand il s'est incarné sous la forme du Bouddha et qu'il est allé mendier pendant un certain temps.

L'histoire est la suivante. Quand le Bouddha s'est mis à mendier sa nourriture après avoir constitué son cercle, il a pris quelques disciples avec lui. Un jour, il a abordé un fermier très riche qui avait d'immenses granges pleines de grain. Il a frappé à sa porte en criant très fort : « Monsieur, donnez-moi quelque chose en bhiksha ». L'homme est sorti de chez lui, a regardé la très forte allure du Bouddha et a exprimé sa surprise, en disant : « Vous, vous venez mendier ? Ne pouvez-vous pas travailler ? Vous êtes un homme fort ! Et pourquoi venez-vous avec autant d'autres compagnons pour mendier de la nourriture ? Pensez-vous que Dieu fait pleuvoir des cieux tout le grain que j'ai dans ma grange ? Rappelez-vous d'une chose, Monsieur, nous devons travailler dur, travailler très dur. Il nous faut suer pour remplir nos granges. Vous êtes bien gentils de venir ici avec tous vos compagnons pour essayer de nous extorquer de la nourriture, mais, rappelez-vous, nous travaillons dur afin de vous donner quelque chose, à vous les mendiants. » Le riche fermier a dit encore bien d'autres choses au Bouddha, continuant à le réprimander de venir ainsi avec ses hommes mendier de la nourriture à sa porte.

Le Bouddha l'a écouté pendant un certain temps, et quand l'homme n'avait plus rien à ajouter, le Bouddha lui a souri et a dit : « Monsieur, je suis d'accord avec tout ce que vous avez dit. Tout ce que vous avez dit est entièrement vrai, mais maintenant laissez-moi vous expliquer mon cas. Je suis d'accord avec le fait que l'on n'obtient rien sans effort. On doit suer pour gagner de quoi vivre. Cela ne fait aucun doute. Mais savez-vous à quel point je dois suer pour récolter mes fruits et les entreposer dans ma grange ? Vous, vous semez une graine dans votre champ, et avec l'aide et la grâce de Dieu vous pouvez moissonner au bout d'un an et remplir vos granges. Mais moi, je sème une graine et je dois m'en occuper et attendre patiemment pendant des générations. Quand je récolte une plante, elle s'est incarnée de nombreuses fois. Je dois attendre patiemment et travailler dur pendant de nombreuses incarnations avant de pouvoir mettre le fruit dans ma grange. J'ai donc besoin d'un peu d'aide généreuse de votre part comme cadeau pour mon travail. »

Don — Un travail bien plus facile, celui du fermier.

Eruch — Oui. Il a suffi à tous les membres de la famille d'écouter ce simple discours du Bouddha pour devenir de fervents disciples. Ils lui ont donné tout le grain qu'il voulait. Mais est-ce que cela veut dire pour autant que le Bouddha et ses compagnons ont mené une vie au crochet de la société ? Non. Bien sûr que non. Le Bouddha possédait la Création et les compagnons possédaient ce qu'ils avaient obtenu de leur Seigneur, et ils étaient « rétribués » en fonction de leur mérite. De la même manière, dans notre Vie nouvelle, nous avons mendié pour de la nourriture et on nous a offert ce que nous méritions et que nous avions gagné. Nous n'avons jamais vécu aux dépens de la société, non.

Don — Eh bien, c'est un point qui vaut d'être noté car il traite aussi de la pratique qu'ont tant de personnes de nos jours de mener une vie sans attache. Je me demande souvent ce qui va arriver si une part importante de l'humanité se met à mener une vie d'errance. Que va-t-il se passer si une partie notable de l'humanité ne redonne pas à la société ce qu'elle en retire ?

Eruch — C'est vrai que de nombreux jeunes gens mènent une vie dont, honnêtement, je ne sais pas grand-chose. Il semble effectivement que leur existence est similaire à celle que nous avons menée, mais je ne sais pas ce qui se passe dans leur cœur et dans leur tête, et c'est ça qui compte. Il ne fait aucun doute que dans la Vie nouvelle, nous devions surmonter certaines pulsions personnelles, et je l'appellerais pour cela une vie de grand courage. La Vie nouvelle n'est pas simplement une réaction contre des codes ou le contexte socio-culturel qui ferait qu'un individu quitte la société pour aller errer d'un endroit à l'autre, sans se soucier de recevoir de la nourriture ou non. Ça c'est différent. Dans la Vie nouvelle, nous devions apprendre à nous soumettre à une discipline et à nous couler dans un moule bien précis.

Il devient ignorant, mais il sait tout
Conversation sur l'humanité de l'Avatar

Don — Cela me rappelle une autre question, majeure, alors que nous atteignons la fin des contes de la Vie nouvelle. J'aimerais bien oser dire carrément – et d'ailleurs, je vais même oser en demandant pardon à Baba – je pense que Baba, quand il a déclaré qu'il avait mis de côté son état d'Avatar pour mener, comme les autres, une vie d'impuissance, nous a raconté des balivernes. Il est resté l'Avatar et il a continué à faire son travail universel. Il était tout aussi occupé à le faire avec vous autres qu'il l'était avant la Vie nouvelle, et je ne peux m'empêcher de me poser la question : pourquoi appeler Vie nouvelle ce qui n'était que la continuité de sa vie précédente ? Pourquoi a-t-il dit qu'il ne serait à vos côtés qu'un compagnon désemparé ? J'exagère mon propos, mais tu vois ce que je veux dire.

Eruch — Oui, je vois ce que tu veux dire, bien sûr, mais considère à présent l'avènement passé du Seigneur Krishna. Il est reconnu maintenant comme l'Avatar, et il semble que le monde occidental ait aussi accepté la Gita et sache maintenant qui est le Seigneur Krishna.

Au cours de son avènement, le Seigneur Krishna a également joué de nombreux rôles et est devenu un compagnon des Gopas et des Gopis. Il leur est venu en aide, il est devenu leur ami et dans la dernière période de son ministère au cours de son avènement, il est même devenu l'aurige d'Arjuna. Cependant, il ne voulait pas qu'Arjuna le reconnaisse, malgré la connaissance approfondie qu'il lui avait offerte, ainsi qu'à l'humanité tout entière, avec la Gita. Il a pris le rôle d'un simple aurige et a assumé ce rôle tout au long de la guerre. Il a enjoint Arjuna de l'accepter en tant qu'aurige et d'oublier qu'il était le Seigneur de l'Univers. Il est dit qu'Arjuna devait le traiter comme s'il était un véritable aurige, jusqu'à mettre ses doigts de pied sur les tempes de Krishna.

IL DEVIENT IGNORANT, MAIS IL SAIT TOUT

Sais-tu comment les chariots étaient conduits en ce temps-là ? On utilisait une méthode très particulière. Arjuna était le maître archer et devait mener la bataille en tant que commandant en chef de toutes les forces armées. Il ne pouvait pas se laisser distraire par la conduite de son chariot. Il devait donc diriger les chevaux sans faire usage de ses mains, les laissant ainsi libres pour donner ses instructions à toute son armée. Pour ce faire, il prenait place sur un chariot spécialement conçu, avec la tête de Krishna placée entre ses deux jambes. Les tempes de Krishna étaient alors dirigées à l'aide des gros orteils d'Arjuna : quand Arjuna pressait son gros orteil sur la tempe gauche de Krishna, celui-ci dirigeait le chariot à gauche, et à droite lorsqu'il sentait une pression du gros orteil droit.

Le Seigneur de l'Univers, le Dieu-Homme, s'abaissant à devenir un aurige ! Mais est-ce que cela signifie pour autant qu'il ne fût pas Dieu sous forme humaine ? C'était le rôle qu'il avait à jouer dans cet avènement-là. De même, l'une des phases de l'avènement de Baba était de condescendre à devenir le compagnon de ses disciples.

Don — Cependant, il continuait sûrement à exercer son pouvoir avatarique et il semble qu'il a certainement continué de vous soumettre, ses proches compagnons, au même genre de discipline et d'apprentissage que vous aviez subi précédemment.

Eruch — Je ne peux pas dire cela, vois-tu. Il est resté l'Avatar, cela nous le savions dans notre cœur. Il nous l'a dit. Nous lui avions dit qu'il nous était impossible d'oublier ou d'éliminer de notre cœur notre conviction de son statut d'Avatar. « Eh bien, a-t-il répondu, alors ne le montrez pas extérieurement. Évitez de vous mettre à me contempler et à m'adorer pendant la Vie nouvelle. » C'est ce qu'il nous a dit ; il nous a donné cette grâce. Il nous a dit : « Concentrez-vous sur une chose : m'obéir, *non pas* parce que je suis le Dieu-Homme, mais parce que je suis le chef du groupe. En tant que compagnon, je suis votre chef, souvenez-vous de cela. Quels que soient les sentiments que vous avez au fond de votre cœur, c'est votre affaire personnelle. Mais extérieurement, vous devez me considérer comme votre compagnon et essayer de suivre mes ordres en tant que compagnon, sans attendre de récompense personnelle, spirituelle ou matérielle de ma part pour le fait que vous menez la Vie nouvelle, car je suis maintenant descendu à votre niveau en tant que votre compagnon. » Nous devions donc accepter cela. Bien sûr, lui, étant Dieu et Dieu sous forme humaine, il est tout.

Don — À la fois Dieu et homme.

Eruch — À la fois Dieu et homme.

Don — Est-ce qu'il est possible de dire, et corrige-moi, Eruch, qu'en Baba, dans la Vie nouvelle, le fléau de la balance entre Dieu et homme penchait plus vers l'homme et moins vers Dieu ?

Eruch — Très bien dit, cher monsieur, très bien dit.

Don — Si cela ne te dérange pas de discuter encore quelques minutes, quelles sont les situations dans lesquelles Baba exerce sa Fonction divine ? Nous parlions l'autre jour, par exemple, de choses qu'il semblait savoir à l'avance et cependant, à d'autres moments, il lui est arrivé de poser des questions comme s'il ignorait tout de l'affaire. Ce sont des choses qui nous déconcertent souvent quand on se retrouve pour parler de Baba.

Eruch — Parfois, quand ce sujet a été abordé en présence de Baba, il nous a confirmé avec beaucoup d'amour que bien qu'il sache tout, il semble pourtant ne rien savoir de ce qui se passe autour de lui et de nous.

Baba nous en a donné l'explication. S'il utilisait son omniscience à notre sujet, rapidement nous ne voudrions plus être en sa présence. Un peu comme si nous étions nus comme un ver en présence de quelqu'un devant qui nous préférerions être entièrement vêtus. Nous ne nous sentirions pas à l'aise et nous ne pourrions pas nous sentir proches de lui.

Don — Cela nous semblerait si étrange que nous ne pourrions pas avoir de relation humaine avec lui ?

Eruch — Nous ne pourrions continuer à avoir de relation humaine si nous faisions consciemment l'expérience constante de son omniscience. Par contre, nous sommes convaincus de son omniscience, à travers ce qu'il nous en a dit et par ce que nous avons parfois entrevu.

Don — Ainsi, parmi les qualités d'omniscience, d'omnipotence et de félicité infinie, l'Avatar les a vraiment toujours à sa portée, et parmi elles, il utilise donc l'omniscience ?

Eruch — Il a déclaré que tout lui est accessible, n'importe quel aspect de Dieu. La félicité infinie est la nature de Dieu – c'est sa nature parce qu'il est Dieu infini. Mais il ne fait pas usage de l'attribut de la félicité infinie. S'il devait l'utiliser, alors il n'aurait plus aucune raison de « venir » sur terre sous forme humaine. (J'utilise le mot « venir » entre guillemets parce qu'il ne vient pas, ni ne descend. Pour aider la compréhension de ce point, on peut dire qu'il « descend », en quelque sorte, sous forme humaine, communiant avec l'humanité). L'un des objectifs principaux de son avènement est de prendre sur lui la souffrance humaine, et il ne serait pas capable d'honorer cet aspect de sa mission dans la Création s'il devait rester constamment absorbé ou submergé dans sa félicité infinie.

Don — Je vois. En d'autres termes, il lui faut souffrir comme toi et moi.

Eruch — Exactement, comme un être humain.

Don — Il doit souffrir comme nous souffrons – sinon, on pourrait dire que les dés sont pipés s'il expiait nos péchés et soulageait notre souffrance d'une façon qui n'était pas significative selon nos termes.

Eruch — À propos de dés pipés. Qui est là pour le questionner et connaître ces choses ? Il est le seul Être, après tout. Mais il doit prendre sur lui la souffrance de ses sujets. Disons que vous êtes chargé d'un fardeau qui pèse cinquante livres. Comment vous soulagerait-il de ce fardeau ?

Don — Il le prendrait de mes épaules et le transporterait lui-même.

Eruch — Oui. Tout à fait juste.

Don — Ou alors il donnerait un coup de baguette magique et le ferait léviter. D'une ville à une autre.

Eruch — C'est également possible.

Don — Je serais stupéfait si je voyais Baba agir de cette manière. J'aurais l'impression qu'il ne m'est pas venu en aide comme un ami l'aurait fait.

Eruch — C'est vrai, mais il peut le faire de cette manière aussi. Et ne sois pas stupéfait, parce que cela a vraiment eu lieu. Baba peut faire tout ce qu'il veut. Mais tant qu'il ne prend pas la souffrance sur lui et ne retire pas le fardeau de tes épaules, il ne lui est pas possible de soulager l'humanité de sa souffrance.

Don — Tu veux dire qu'à aucun moment de son incarnation avatarique sous forme humaine, Baba n'a fait l'expérience de la félicité divine ?

Eruch — Non, il ne peut pas. Il la repousse tout le temps.

Don — Et l'omnipotence ?

Eruch — Baba a dit qu'il utilisait parfois l'omnipotence, mais le faisait rarement, et uniquement dans des cas exceptionnels. S'il utilisait son attribut d'omnipotence, il pourrait tout faire. Il pourrait même défaire les choses pour lesquelles il est venu. Mais il ne l'utilise pas souvent. Il y a recours seulement au moment des grands miracles ; quand il veut donner une impulsion au monde entier, alors il utilise l'omnipotence. Autrement, il n'en fait jamais usage. Mais il utilise toujours l'omniscience.

Don — L'omniscience, toujours, l'omnipotence de temps à autre, la félicité infinie, jamais.

Eruch — Il ne fait jamais l'expérience de la félicité infinie quand il est sous forme humaine. Alors, quand fait-il l'expérience de la félicité ? Quand il « repart », quand il laisse ou se débarrasse de cette forme d'homme, quand il devient Dieu à nouveau.

Don — Sans cette adjonction de forme humaine ?

IL DEVIENT IGNORANT, MAIS IL SAIT TOUT

Eruch — Tout à fait. Le but réel de la prise d'une forme humaine est de se dissocier de l'infinie félicité. Connais-tu les deux vers que Baba m'a donné quelques jours seulement avant qu'il n'abandonne son corps ? La traduction de ces vers dit qu'il devient ignorant mais qu'il sait tout. Il reste ignorant pour nous, sachant parfaitement tout.

Don — Oui, je vois, c'est exactement ce dont nous venons de parler.

Eruch — Ils sont maintenant écrits sur le mur de ma chambre. Baba a donné ces deux vers. Ils sont extraits d'un couplet composé par un poète qui décrit l'état de Baba – c'est-à-dire, l'état de Dieu-Homme. Baba voulait nous rappeler son état. Sachant tout, il vit en tant qu'homme qui ne sait rien. Aimerais-tu que je te donne quelques exemples qui montrent qu'il sait tout ?

Don — Oui, je crois que ce serait très intéressant.

Eruch — Au fait, quand nous parlons de quelqu'un qui sait tout, nous tenons pour acquis qu'il est pleinement éveillé. Mais l'état d'éveil de Baba est continu. Comment peut-il être en sommeil profond ? Cela lui est impossible. Il est Dieu. Et il est conscient de lui-même en tant que Dieu pendant tout le temps qu'il produit la Création, jusqu'à ce qu'un jour il se fatigue. C'est le moment, alors, de *Mahapralaya*, quand le mouvement d'« inspiration » a lieu et tout dans la Création est absorbé en Lui. Il demeure alors dans l'état de Dieu appelé « Dieu-est ».

Mais venons-en maintenant aux histoires qui illustrent son attribut d'omniscience. Un jour, après un voyage très long et fatigant, nous sommes arrivés dans une grande ville. Je me souviens encore de son nom : Junagadh. Nous voulions nous arrêter, et Baba a dit : « Cherchons un endroit pour passer la nuit. » Dans ces moments-là, Baba voulait se retrouver dans un endroit complètement calme, ce qui exclut les hôtels ou les gîtes d'étape connus. Ce que nous faisions souvent alors, quand c'était possible, était de chercher des cimetières, des lieux saints, des mosquées ou des temples. Il y a souvent des petits refuges pour les pèlerins attenant ces lieux sacrés. Ils sont très peu fréquentés : ce n'est qu'une fois tous les trente-six du mois que quelqu'un vient y dormir. Ces chambres sont donc presque toujours vacantes et on peut profiter du calme du lieu. À Junagadh, nous avons trouvé des chambres que nous avons louées. Il était déjà dix heures du soir et nous ne savions même pas où se trouvaient la salle de bains ou les toilettes pour hommes. Je dis cela parce que cela aura une importance pour la suite de l'histoire.

Nous avons pris les dispositions pour que Baba puisse se reposer la nuit dans l'une des chambres et, comme d'habitude, j'ai balayé sa chambre et fait en sorte qu'elle lui soit « confortable ». J'ai pris le premier tour de garde, ai veillé aux besoins personnels de Baba et me suis assis à l'extérieur devant sa porte quand il a commencé à se reposer. J'avais un deuxième tour de garde aux premières heures du matin, avant de le réveiller de son « sommeil ». Après mon premier tour, c'était celui de Gustadji. C'était Baba qui décidait. De temps à autre l'ordre des tours changeait, mais le mien restait fixe.

Après que Baba s'était retiré, Gustadji, Pendu, Kaka et les autres se sont couchés pour se reposer aussi. Et où allaient-ils dormir ? Pas dans des chambres confortables, ni dans des lits ! Ils se couchaient simplement sur la véranda devant la chambre de Baba et dormaient. Ils pouvaient dormir n'importe où parce qu'ils titubaient de fatigue. Ils étaient si exténués qu'ils n'allaient même pas aux toilettes ni ne changeaient de vêtements. Non, rien de tout cela ; ils dormaient tout habillés.

Quand ce fut à Gustadji de prendre son tour de garde, j'ai dû le réveiller. Puis j'ai pris sa place et je suis allé dormir deux ou trois heures pendant qu'il montait la garde. Au bout d'un certain temps, Gustadji a été pris d'une très forte envie d'uriner. Il ne savait pas où aller, et comme l'endroit était sacré, il n'était pas possible de faire pipi n'importe où. Cela ne se fait pas. C'est un sacrilège. Donc Gustadji, qui se rappelait l'ordre de ne pas laisser Baba seul pendant qu'il était de garde et qui avait pourtant cette envie pressante, ne savait pas quoi faire. La seule chose qu'il pouvait faire, c'était d'essayer de séparer les lieux sacrés des lieux « moins » sacrés. À ce moment-là, il était assis sur un parapet, une sorte de long banc sans fin en béton. Il s'est dit que c'était la limite du sanctuaire et que s'il sautait derrière le banc, il y trouverait un endroit tranquille pour faire pipi. Ce ne serait pas sacrilège et en même temps il ne serait pas trop loin de Baba pour l'entendre frapper dans ses mains si celui-ci venait à l'appeler.

Il est tout d'abord allé près de la porte de Baba pour s'assurer que Baba était bien endormi, ce qui était très facile à constater car il pouvait l'entendre ronfler. Au fait, Baba ne ronflait jamais discrètement. Il ronflait comme l'un d'entre nous et plutôt plus fort. Gustadji s'est arrêté pour écouter à nouveau, s'assurant que Baba était profondément endormi et qu'il pourrait le laisser une minute ou deux sans problème. Ce n'était pas trop loin, juste derrière le banc où il était assis.

Il s'est donc mis debout sur le parapet, a passé une de ses jambes par-dessus et a essayé de sentir le sol. Il ne l'avait pas encore touché, mais alors qu'il s'apprêtait à passer l'autre jambe de l'autre côté du banc pour sauter, il a entendu Baba frapper dans ses mains avec insistance. Cela signifiait qu'il lui fallait courir vers Baba immédiatement. Gustadji, concentré sur l'urgence de se soulager, a malgré tout oublié son envie pressante et a couru à la chambre de Baba. Il a ouvert la porte et a lu les gestes de Baba à l'aide d'une lampe de poche. Il faut se rappeler, aussi, que Gustadji, selon les ordres de Baba, observait également le silence, qu'il a gardé le reste de sa vie. Baba l'a sermonné, lui disant : « Où étais-tu quand j'ai frappé des mains ? Tu dois répondre à mon appel immédiatement. » Gustadji a dit qu'il était juste dehors sur le banc. Il était venu auprès de Baba en un rien de temps, malgré le fait qu'il était assis. Baba l'a sermonné à nouveau, et a dit : « Rappelle-toi sans faute de rester à l'endroit où tu es censé être, sans bouger à droite ou à gauche. » Mais c'était l'ordre que Baba donnait toujours : « Rappelle-toi, tu restes assis, sans bouger et sans faire de bruit ». Gustadji, bien sûr, a hoché la tête en signe d'obéissance et est revenu s'asseoir à sa place. Comme tu le sais, quand on est dérangé en plein milieu d'une grande envie d'uriner, on l'oublie pendant un certain temps, mais elle resurgit plus tard. Quand Gustadji avait voulu y aller la première fois, la nuit était très noire et nuageuse et il ne pouvait pas voir exactement où il était. Maintenant, l'envie resurgissait et il ne pouvait plus se contrôler.

Il a à nouveau regardé à gauche et à droite, puis en l'air et a vu les étoiles. Puis il a regardé derrière le parapet pour voir jusqu'où il lui fallait sauter. Et que voit-il, à sa grande surprise ? Il voit le reflet des étoiles derrière le banc. Il était au bord d'un immense lac qui fournissait la ville en eau. Si Baba n'avait pas frappé dans ses mains en plein milieu de son ronflement et si Gustadji était passé de l'autre côté, il aurait sauté directement dans le lac.

Don — À quelle hauteur était-il du lac ?

Eruch — Très haut, à douze mètres de la surface de l'eau. Le lendemain, Gustadji nous a raconté l'histoire en riant. Il m'a tenu la main, m'a emmené auprès du banc, m'a montré le lac et puis il a tout raconté à Baba. Baba a juste hoché la tête comme si de rien n'était.

Don — Rien de plus normal.

Eruch — Je vais te raconter une autre histoire pour te donner un aperçu de l'omniscience de Baba. Cet incident-là concerne aussi son « sommeil profond ». Cela s'est passé à Bombay chez Nariman. Baba avait dit à Arnavaz, la femme de Nariman, qui avait très mal à la tête, de prendre un comprimé d'aspirine avant de se retirer pour la nuit. Ici en Inde, on appelle cela un « aspro ». Il ne voulait pas qu'elle l'avale immédiatement, mais au coucher. Tout au long de la journée, il a dû lui rappeler une demi-douzaine de fois, et elle a promis qu'elle le prendrait à coup sûr.

À environ dix heures du soir, elle s'est soudain souvenue qu'elle avait complètement oublié de prendre l'aspro. Comme Baba lui avait rappelé à plusieurs reprises de prendre le comprimé, elle s'est mise à s'inquiéter. Que pouvait-elle faire ? Comme les boutiques étaient fermées, elle ne pouvait pas en acheter.

Quelqu'un lui a demandé : « Mais n'avez-vous pas d'aspro ici à la maison ? » « Si, mais il est dans la pièce où Baba se repose, et personne ne peut le déranger. » Je lui ai dit : « Ne t'inquiète pas, je m'en occupe. » Puis j'ai attendu jusqu'à ce que j'entende le ronflement familier que Baba émet quand il dort profondément. J'ai dit alors : « Ne t'inquiète pas, je sais où se trouvent les médicaments. » Il y avait une armoire à pharmacie dans la pièce. « Je vais y aller, je prendrai un comprimé et je te le donnerai. Il n'y a aucun souci à se faire. » Elle m'a répondu : « Tu vas déranger Baba. » J'ai dit : « Non, nous, nous savons quand nous pouvons entrer là où Baba se repose. Nous le faisons depuis des années. Nous avons l'art et la manière. Je sais le faire sans déranger Baba. »

Je suis donc entré dans la pièce. Bhau était de garde à l'intérieur à ce moment-là. Tandis que j'ouvrais la porte tout en douceur, Baba continuait de ronfler. J'ai marché sur la pointe des pieds jusqu'à l'armoire. J'ai ouvert l'armoire. Baba continuait de ronfler. Il était dans un sommeil profond. J'ai pris le comprimé d'aspro. Il continuait toujours de ronfler. J'ai marché sur la pointe des pieds vers la porte. Il continuait de ronfler fort.

Juste au moment où j'ai commencé à poser le pied sur le seuil, j'ai eu cette pensée : « Eruch, tu es tellement intelligent que tu peux même venir dans la pièce du Dieu-homme pendant qu'il se repose. » Avec cette pensée – tu sais comment sont les pensées, elles fusent comme l'éclair – j'ai posé un pied de l'autre côté de la porte. Baba ronflait toujours. En posant l'autre pied, j'ai entendu Baba frapper dans ses mains. J'ai donné le comprimé à Arnavaz, qui a eu très peur quand elle a entendu Baba frapper dans ses mains, craignant que je l'aie dérangé. Mais il ronflait tout du long. Bien sûr, Bhau est sorti pour me dire de rentrer. Baba m'a demandé pourquoi j'étais venu dans la pièce. Je lui ai répondu : « Je devais prendre le comprimé pour Arnavaz. » Il m'a dit : « C'est bon, donne-le-lui, dis-lui de le prendre et de ne pas s'inquiéter, c'est tout. » Baba n'a rien dit de plus. Mais Baba voulait que je sache qu'il *savait*, malgré son sommeil profond et son ronflement !

Don — Qu'il sait ce que tu penses.

Eruch — Oui, c'est tout à fait ça. Mon esprit m'avait poussé à penser que je pouvais entrer dans la chambre de Baba pendant qu'il ronflait et que je pouvais prendre le comprimé d'aspro sans qu'il le sache – sans le déranger. Mon ego était tout content que je sois entré dans la chambre sans permettre à Baba, qui connaît tout, de savoir que je l'avais fait ! Je pouvais très bien aller dans la pièce, car j'avais la permission d'entrer à tout moment. En fait, cela m'arrivait assez souvent. Mais cet aspect de mon ego voulait à tout prix défier la faculté qu'a Baba de tout savoir, même quand il est en sommeil profond — alors qu'en fait il est conscient, complètement « réveillé », même quand on l'entend ronfler fortement. Cela a donné lieu à une nouvelle et intrigante expérience dans notre vie avec Meher Baba.

Don — Apparemment, la conscience de Baba n'est pas en suspens quand il dort. Mais son corps se repose néanmoins.

Eruch — Oui, son corps dort du sommeil d'un homme, mais l'omniscience de Baba fonctionne de manière continue.

LE RÉCIT DE MEHERA ET MEHERU

On ne s'en est jamais servi, de toutes façons
Décision et préparatifs du départ

Don — Meherazad. Mehera et Meheru sont installées sur la véranda de la maison pour raconter certaines histoires de la Vie nouvelle selon le point de vue des femmes.

Meheru — Jai Baba. Nous allons raconter quelques faits de la Vie nouvelle qui nous viennent en mémoire. C'était en 1949, quand nous étions réunis à Upper Meherabad (Meherabad-Haut), que nous avons eu la première indication de la Vie nouvelle. La cloche avait sonné pour tout le monde et les femmes s'étaient toutes rassemblées dans la pièce Est ou *East Room*. Baba était assis sur le lit de Mehera et prenait note de toutes celles de l'ashram au moment où elles entraient dans la pièce. Celles de Meherazad étaient venues à Meherabad ce jour-là avec Baba. Norina et Elizabeth étaient parties pour les États-Unis avec pour instruction de débuter le Meher Universal Spiritual Center. Tous les détails concernant le centre avaient été abordés avec Baba, et il avait dit qu'il viendrait en Amérique avec quelques-uns des mandalis quand le centre ouvrirait.

Don — Meheru, est-ce que le site de Myrtle Beach avait déjà été choisi à l'époque ?

Meheru — Je crois qu'Elizabeth possédait déjà cette propriété, qu'elle l'avait en tête pour ce projet et qu'elle en avait discuté avec Baba. Pour reprendre mon histoire, Baba nous souriait tandis que nous entrions et pourtant nous pouvions sentir du sérieux dans son expression. Il nous a dit de nous asseoir. Chacune était venue avec son tabouret et s'est trouvée une place d'où elle pouvait voir Baba. Mehera était assise à côté de lui. Baba Bien-aimé nous a dit à l'aide du tableau alphabétique, avec Mani qui lisait à voix haute, combien nous étions de resplendissants joyaux, à quel point nous lui avions fidèlement obéi durant toutes ces années et quelle chance nous avions de résider dans son ashram et de jouir d'une telle proximité. Il nous a dit qu'à présent aussi, il attendait de l'obéissance de notre part et que quand il aurait terminé, chacune d'entre nous à son tour devait venir vers lui pour déclarer si elle lui obéirait en allant là où il l'avait décidé.

Don — Meheru, à cette réunion avec Baba, n'y avait-il que des femmes, ou bien les hommes mandalis étaient-ils là aussi ?

Meheru — Cette réunion a eu lieu à Upper Meherabad avec les femmes uniquement. Ce qui s'est passé en bas avec les hommes mandalis, nous ne le savons pas. Quoi qu'il en soit, Baba nous a dit qu'il était possible qu'il demande à certaines de rester à Meherabad, à d'autres d'aller à Bombay ou à Poona ou ailleurs, ou même de se marier. Baba lui-même, a-t-il dit, quitterait Ahmednagar avec quelques hommes mandalis et quelques femmes mandalies. Cette décision viendrait plus tard. Chacune à son tour est allée auprès de Baba, qui lui a demandé si elle était prête à lui obéir, quelle que soit sa décision. Certaines dirent oui sans hésiter et d'autres dirent oui après réflexion. L'atmosphère était tendue et solennelle. Mais après que chacune avait donné une réponse affirmative, Baba nous a dit qu'il était très content de nous.

Mehera, Mani, Goher, Meheru et Valu accompagnaient Baba depuis Meherazad. À Meherabad se trouvaient déjà Kitty, Naja, Rano, Katie, Soonamasi, Khorshed, Mansari, Jerbai et ses trois filles Meheru, Jalu et Guloo. Soltoon et Dawla, la femme et la fille de Baidul, étaient aussi présentes.

Don — Je ne m'étais pas rendu compte que certaines des femmes mandalies vivaient à Upper Meherabad à ce moment-là, alors que d'autres vivaient à Meherazad. Est-ce exact?

Meheru — Eh bien, oui. Mais tu vois, Baba nous avait séparées des années auparavant, dès notre séjour à Lahore en 43. La moitié des femmes logeaient près de Baba dans un pavillon et le reste dans un autre à proximité. Puis quand nous sommes retournés à Meherabad en décembre de cette année-là, Baba est allé à Meherazad pour se mettre en réclusion. Ce lieu s'appelait Pimpalgaon à l'époque. Nous avons appris plus tard par Padri que la propriété de Meherazad avait été acquise bien plus tôt, dans les années 1930. Il ne se rappelle pas quelle année précisément. Vishnu avait lu dans un journal local marathi que cette propriété du gouvernement était mise aux enchères et l'avait dit à Baba. Baba avait dit à Vishnu de l'acquérir, donc lui et Padri sont allés à la vente aux enchères ensemble et l'ont achetée. Padri a dit que Baba avait visité l'endroit assez souvent par le passé. Baba venait avec un ou deux mandalis, restait quelques heures, voire un jour ou deux, puis repartait.

Mehera — En 1943, après notre retour de Lahore, Baba était en réclusion à Meherazad pour son travail et il jeûnait. Gustadji et un ou deux mandalis étaient avec lui. Après un certain temps, Baba est sorti de réclusion et est revenu à Meherabad. Nous ne savions pas où il était allé.

Le lendemain quand Mani, Meheru et moi étions dans notre chambre, Baba s'est tourné vers moi, parce que j'étais près de lui, et a dit : « Il y a un très bel endroit, tout près d'un lac et il y a une belle maison là-bas. Cela vous plaira beaucoup. Je vous emmènerai toutes le voir un de ces jours. » Bien sûr, cela nous a rendues très heureuses car nous allions nous y rendre avec Baba. C'était tout un événement pour nous. Deux jours après, Baba nous a demandé de nous apprêter et Mani et moi sommes allées à Meherazad avec Baba ; nous avons visité le lieu, qui comportait de magnifiques grands arbres et un terrain ombragé. Il n'y avait pas de jardin, mais l'atmosphère y était très agréable.

Baba nous a dit d'explorer les lieux pour en apprécier toute la beauté et il nous a désigné la pièce où il était resté en réclusion. Là où le nouveau pavillon se trouve maintenant, il y avait un bâtiment de trois pièces mais pratiquement en ruine. L'autre petite maison était solidement bâtie. Elle avait des murs épais, mais le toit était abîmé.

Baba nous a fait visiter toute la propriété, qui nous a beaucoup plu. Il nous a dit : « On va faire réparer tout cela, construire une petite maison sur ces anciennes fondations et nous viendrons vivre ici. » L'idée de rester ici avec Baba nous a rendues très heureuses.

Don — Est-ce que la partie qui a été construite alors est ce bâtiment à deux niveaux dans lequel nous sommes installés maintenant ?

Mehera — Oui, c'était la vieille maison, mais elle ne suffisait pas, car il y avait juste cette pièce et une minuscule chambre sur le côté. Baba voulait que Margaret et Naja y habitent avec nous. Margaret aimait beaucoup résider à Pimpalgaon, mais dans cette minuscule chambre il y avait juste assez de place pour deux petits lits et une petite table. L'autre chambre était juste assez grande pour nous trois : Mani, Meheru et moi-même. Nous étions très heureuses ici, car Baba était avec nous.

Meheru — Souvent, après notre arrivée à Meherazad, Baba se rendait ailleurs avec quelques-uns des hommes et des femmes mandalis, et à son retour à 'Nagar (Ahmednagar) nous restions quelques jours à Meherabad et puis nous venions à Meherazad pour quelques mois. Au début, Margaret demeurait avec nous. Baba demandait parfois à Kitty ou Rano de venir, ou bien Naja. En plus de Mehera, Mani et Meheru, il y a aussi Valu qui est restée à Meherazad. C'est donc ainsi que nous avons découvert Meherazad pour la première fois et sommes venues séjourner ici.

Pour en revenir à la Vie nouvelle, Baba a dit que l'ashram de Meherabad, à Upper et Lower Meherabad, serait démantelé. Mais peu importe où l'une d'entre nous était envoyée, sa connexion avec Baba continuerait parce qu'elle obéissait à Baba. Ce dernier a déclaré que la décision qu'il allait prendre concernant l'avenir de chacune serait annoncée un peu plus tard.

Les jours précédant la Vie nouvelle ont été une période chargée et très tendue pour Baba et pour nous. Il y avait de nombreux préparatifs à mettre en place. Des familles dont le père ou des frères travaillaient pour Baba dépendaient totalement de lui. Baba a dû prendre des dispositions pour ne pas les laisser en plan. Il fallait leur trouver du travail. Il fallait aussi payer les *arrangementwallas*[1] pour le travail et les responsabilités qui leur étaient confiés. Il y avait énormément de choses à faire pour lesquelles seul Baba était en mesure de prendre une décision. La pression sur ses épaules et celles de ceux qui travaillaient à ses côtés était très forte.

Finalement, Baba a annoncé sa décision. Parmi les femmes des ashrams de Meherabad et de Meherazad, Baba a indiqué que Mehera, Mani, Goher et Meheru allaient l'accompagner dans la Vie nouvelle. Rano, Kitty, Khorshed et Soonamasi devaient aller habiter chez Meherjee à Bombay et aider aux tâches du foyer ou trouver du travail — n'importe quoi. Katie et Naja devaient aussi aller à Bombay et habiter chez Nariman, et Katie devait elle aussi essayer de trouver du travail. De temps en temps, Baba la mettait en garde avec humour en disant qu'elle devrait faire attention car un Chinois pourrait la kidnapper pour la ramener chez lui.

Don — Pourquoi un Chinois, Meheru ?

Meheru — Eh bien, ça, nous l'avons su plus tard.

Mehera — En fait, Baba voulait dire un Japonais. Les Japonais ont le nez comme cela ? (Mehera touche son nez avec son doigt comme Baba le faisait).

Don — Oui, les Japonais ont le nez plutôt plat.

---

1 Néologisme anglo-indien composé du mot «arrangement» («préparatifs») auquel on appose le suffixe indien «walla» qui indique un emploi ou une occupation : «celui qui s'occupe des préparatifs». Apposer «walla» à une occupation est une pratique courante et souvent humoristique. NDT

Mehera — Oui, c'est pourquoi Baba mettait son doigt sur son nez et se moquait de Katie en disant qu'elle travaillerait pour les Chinois ou les Japonais, quoi qu'il ait voulu dire. Nous pensions qu'il voulait dire Chinois.

Don — Vous pensiez que c'étaient des Chinois à cause du nez plat ?

Mehera — Oui, mais c'étaient des Japonais. Il s'est trouvé que lorsque Katie est allée à Bombay, elle a trouvé du travail au Consulat du Japon.

Meheru — On a dit à Rano, Kitty et Naja qu'elles pourraient être appelées à rejoindre la Vie nouvelle à tout moment. Soltoon, Dawla et Valu devaient aller à Poona et habiter chez Gaimai, la mère d'Eruch. Jerbai et sa famille devaient rester à Meherabad, et Mansari (Mansari est Mani Desai) a reçu l'ordre d'aller à Bombay chez son frère ou à Navsari chez ses sœurs. Elle devait dire ce qu'elle préférait. Elle a demandé, cependant, si elle pouvait rester à Meherabad avec la famille de Jerbai. Baba a accepté après avoir hésité et réfléchi un certain temps.

Pour mettre en œuvre ces dispositions, Baba avait besoin d'argent. Tout ce qui, à Meherabad, n'avait pas été personnellement utilisé par Baba devait être vendu. On a sorti tous les objets qui étaient stockés dans la remise en tôle : les pots en laiton et les poêles, les bouilloires, les services à thé, les couverts, la verrerie, les tapis et les choses apportées par des disciples occidentaux ou données par des fidèles orientaux. Il y avait beaucoup de coussins magnifiquement brodés, des tapis et des tapisseries. Nous avons sorti le tout, l'avons emballé pour l'envoyer à Bombay par camion. Une grande partie de ces objets n'avait même jamais servi.

Naja, ou quelqu'un d'autre, marmonnait alors : « On ne trouvera jamais plus une bouilloire comme celle-là... ou des couteaux comme ça », mais les autres lui intimaient de se taire. « Cela ne fait rien », disait l'une, « on ne s'en est jamais servi, de toute façon. Elles étaient tellement bien planquées qu'elles n'étaient pas destinées à notre usage », ou d'autres phrases du même acabit.

Mehera et les autres femmes ont donné à vendre quelques-uns de leurs plus beaux saris de soie et leurs bijoux pour aider Baba. Les meubles, les lits, les armoires, tout a été mis dans le lot. Depuis Meherazad, aussi, des objets ont été envoyés : un réfrigérateur tout neuf qu'Elizabeth avait spécialement commandé d'Amérique, deux voitures De Soto qu'elle avait données à Baba, et une autre petite voiture que Nariman avait offerte. Tout était neuf.

Don — Meheru, puis-je vous demander à toi et Mehera de m'en dire un peu plus sur ces deux De Soto ? J'ai entendu qu'Elizabeth avait donné une voiture à Baba, apparemment une De Soto, et que Baba avait immédiatement dit : « C'est merveilleux – j'en veux une deuxième. » Y a-t-il du vrai là-dedans ?

Meheru — Nous ne nous rappelons pas ce détail, mais nous sommes certaines que quand Elizabeth est venue, elle a apporté une voiture avec elle en disant qu'une deuxième arrivait.

Don — Je vois. Eh bien, cela faisait une histoire si charmante que j'ai toujours espéré que cette version soit vraie. Le simple caprice de Baba. « Très bien, celle-là me plaît, donc j'en veux une seconde. »

Meheru — Je ne pense pas. En tous cas, nous ne sommes pas au courant de cette histoire. Je suppose qu'Elizabeth pourrait te répondre.

Mehera — Baba utilisait les deux voitures. La De Soto verte était la plus utilisée. Les deux étaient confortables et pouvaient loger neuf personnes, voire douze si besoin.

Don — Douze personnes ? Dieu du ciel !

Meheru — Elles étaient comme un break, mais avaient la forme d'une berline.

Mehera — Comme un break, mais de très grande taille. Les deux voitures étaient magnifiques.

Comme le cirque qui arrive en ville
Patience, calme et bonne humeur en toutes circonstances

Meheru — Avant la date du 16 octobre 1949, celles qui devaient aller à Bombay et Poona étaient parties. La Vie nouvelle a débuté le 16 octobre. Baba avait déclaré que ceux qui allaient la mener avec lui devaient toujours être gais et enjoués, et ne pas laisser s'exprimer leur colère ou leur mauvaise humeur, quelles que soient les circonstances. Nous devions obéir à Baba de façon absolue et sans hésitation. Nous devions faire très attention de ne jamais contrarier Baba. Ceux qui n'étaient pas disposés à respecter ces règles ne devaient pas participer à la Vie nouvelle avec Baba. Tôt le matin du 16 octobre, donc, alors qu'il faisait encore sombre, une voiture conduite par Sarosh est venue nous chercher à Meherazad. On était allé prendre les hommes mandalis à Meherabad en bus, je crois.

Don — Meheru, puis-je te demander de m'en dire un peu plus sur le fait d'exprimer sa mauvaise humeur pendant la Vie nouvelle ? Eruch a relaté deux-trois histoires qui décrivent les complications que cela engendrait, notamment une à propos de Daulat Singh. Baba l'avait renvoyé chez lui parce qu'un jour il a laissé couler des larmes devant Baba. Sa fille allait se marier et il s'est laissé emporter par ses émotions. À cause de cela, Baba l'a renvoyé dans sa famille, mais il devait mener la Vie nouvelle là-bas. C'était une histoire intéressante. Y a-t-il eu, dans la Vie nouvelle, à faire face à des emportements, des sautes d'humeur ou des émotions fortes parmi les femmes ?

Meheru — Non, pas à mon souvenir. Mais quand Naja et les autres ont été appelées pour venir vivre avec Baba, elles ne devaient pas parler de ce que les autres faisaient dans l'Ancienne Vie.

Don — Ah bon, donc Naja et une ou deux autres qui n'accompagnaient pas Baba étaient autorisées à venir ?

Meheru — Naja est venue et, plus tard, Rano et Kitty.

Don — Pour des visites ?

Meheru — Baba a gardé Naja un certain temps, et puis il lui a dit de repartir et Kitty et Rano sont venues pendant un certain temps. Naja était un peu contrariée d'être renvoyée et a dit : « Mais Kitty et Rano ont un travail. » Cela a beaucoup déplu à Baba qui a dit : « Tu m'as désobéi rien qu'en mentionnant cela. » Puis Baba lui a pardonné et a dit : « Cela ne doit pas se reproduire. »

Don — Dans la vie de tous les jours, pendant la Vie nouvelle, est-ce qu'il y a eu des problèmes pendant l'exécution des tâches qui vous étaient assignées ? Tu aurais pu être soudain ennuyée par Mani, ou celle-ci aurait pu être irritée par Goher ? Est-ce qu'il y avait des petits problèmes de ce genre, où vous deviez faire attention que Baba n'en ait pas connaissance ?

Meheru — Eh bien, il y a eu des petits tracas. Mais rien de sérieux.

Don — Mais ces petits tracas ? Ils n'ont pas dérangé Baba ?

Meheru — Non, pas vraiment. Nous avons tenté de faire de notre mieux.

Don — Cela allait, du fait que vous aviez tout réglé avant qu'il ne revienne ?

Meheru — Non, ce n'était pas comme cela du tout.

Don — Mais vous pouviez être en colère l'une envers l'autre, loin de Baba ?

Meheru — Non. Cela ne s'est pas passé ainsi. Nous devions toujours surveiller notre humeur. C'était un ordre de Baba. Nous évitions les désaccords. Nous nous efforcions d'obéir à Baba complètement.

Don — Il n'y a donc pas eu de gros problèmes entre les femmes dans la vie quotidienne ?

Meheru — Nous étions toujours très unies et aimantes les unes envers les autres. C'était la Vie nouvelle, et nous avions fait une promesse à Baba, donc si par erreur les choses commençaient à mal tourner, nous nous le rappelions l'une à l'autre.

Don — Même quand vous étiez complètement épuisées, vous gardiez encore ce sentiment d'unité ?

Meheru — Toujours, parce que dans la Vie nouvelle, quand il était l'heure de s'arrêter, nous étions très fatiguées à force de marcher. Tu vois, en chemin, arriver à l'endroit où nous allions camper était notre plus cher désir, mais il fallait encore parcourir des kilomètres pour l'atteindre. Nous marchions encore et toujours, et enfin nous atteignions les lieux. C'était en général un agréable verger avec un puits et de l'eau. Dès que nous nous arrêtions pour camper, on mettait la caravane à notre disposition. Elle nous était destinée à nous, les femmes. Elle contenait toutes nos affaires, ainsi que celles de Baba et les ustensiles de cuisine — qui devaient être en tôle émaillée pour ne pas se casser, pas en verre ni en porcelaine. En tous cas, nous étions heureuses d'arriver à destination, de nous détendre et de nous laver les pieds et les mains. Mais chaque fois, avant même qu'on ait eu le temps de dire ouf, il y avait une foule de gens qui s'attroupait autour de nous : nous ne pouvions donc pas nous détendre. Nous étions comme un cirque qui arrive en ville.

Don — Les gens du voisinage venaient par curiosité ?

Meheru — Oui. Bien que nous puissions être loin du plus proche village, d'une manière ou d'une autre la nouvelle circulait et presque tout le village venait se presser autour de nous. Imaginez la scène ! Comment aurions-nous pu nous reposer ou nous sentir chez nous ? Cependant, nous ne pouvions pas nous mettre en colère contre eux. Nous étions fatiguées. Nous voulions nous reposer, nous laver les pieds. Nous voulions veiller à nos besoins naturels. Nous voulions mettre des nattes sur le sol pour nous reposer. Nous voulions puiser de l'eau pour nos besoins. Il y avait beaucoup à faire et pourtant il y avait cette foule qui nous observait. Nous avions envie de leur dire, « maintenant, allez-vous en ». Mais tout le monde était souriant, donc nous devions garder le sourire.

Ils voulaient voir la caravane. « Qu'est-ce que c'est que ce nouveau véhicule ? On dirait un bus, il a les roues d'un véhicule à moteur et pourtant il est tiré par des bœufs, même pas des chevaux. » Cela les surprenait beaucoup. Ils n'avaient jamais rien vu de tel. Ils se penchaient tous pour observer les roues, ici et là, inspectant tout. Puis ils se mettaient en rond autour en souriant, pleins de gaieté. Ils n'avaient jamais vu des gens comme nous dans cette partie de l'Inde. C'étaient tous des hindous.

Don — Oui, il y avait probablement très peu de Parsis dans ces régions.

Mehera — Aucun. Et notre tenue était d'un genre nouveau. Les mandalis, qui portaient tous des tuniques blanches avec des turbans verts, ressemblaient à une sorte de régiment. Les villageois n'arrivaient pas à deviner qui nous étions, donc ils nous interrogeaient et nous leur disions que nous allions à Haridwar. Ils étaient ravis d'entendre cela. « Donc, vous allez en pèlerinage à Haridwar ? » Cela les impressionnait beaucoup.

Don — Baba vous avait-il déjà annoncé que Haridwar serait votre destination ?

Mehera — Oui. Et Baba nous a effectivement emmené à Haridwar.

Don — Vous disiez que quand vous arriviez au verger avec son puits pour vous reposer et vaquer à vos occupations, des gens venaient se presser autour de vous. Que faisait Baba à ce moment-là ?

Mehera — Baba restait toujours plutôt du côté des hommes mandalis, parce que c'était là qu'avaient lieu toutes les activités importantes, comme nourrir les animaux, etc.

Don — Et les hommes étaient loin de la foule ?

Mehera — Tu sais, les vergers étaient très grands. Nous étions dans une partie du verger et les chars à bœufs, la charrette à dromadaire, le cheval blanc, les deux petits ânes et tout le reste du cortège étaient emmenés de l'autre côté avec les mandalis hommes. Avant de pouvoir se reposer, ils devaient nourrir les animaux. S'il n'y avait pas le bon type de fourrage, il fallait qu'ils préparent autre chose.

Meheru — Ils s'occupaient des animaux avant de s'occuper d'eux-mêmes. En général, la foule se divisait, certains allant d'abord les voir et quand ils en avaient assez vu, ils venaient vers nous pour observer ce que nous faisions. Ils essayaient de savoir qui nous étions.

Mehera — Baidul et les autres – je ne sais pas qui il y avait, parce que nous ne pouvions pas les voir – coupaient en petits morceaux le haut des cannes à sucre. Après avoir nourri les animaux, ils devaient leur apporter à boire et préparer leur litière. Ce n'est qu'après que les mandalis pouvaient prendre soin d'eux-mêmes. C'était très difficile pour eux.

Don — Donc, Baba était avec les hommes tandis qu'ils s'occupaient des animaux et entre-temps il y avait tous ces curieux qui vous tournaient autour. Baba n'était-il pas irrité par leur présence, n'essayait-il pas de les chasser?

Mehera — Non, non. Et Kakaji cuisinait pour nous et Baba surveillait Kakaji – Baba s'intéressait à toutes nos activités.

Don — Donc, Kaka cuisinait pour tout le monde dans le campement des hommes et on vous apportait le repas?

Mehera — Oui. Il fallait cuisiner une grande quantité de nourriture. Baba donnait cette tâche aux hommes car il y avait beaucoup de mandalis hommes et seulement quatre femmes. Il n'y avait jamais d'eau courante. Il fallait la tirer du puits. Les hommes la donnaient à Goher à mi-chemin et Goher l'apportait dans deux petits seaux et la versait dans le samovar. Puis nous nous lavions toutes le visage et les mains et nous apprêtions le thé de Baba, mais la foule était toujours rassemblée autour de nous, hommes et femmes, jeunes et vieux, tous à former un grand cercle autour de nous pour nous observer. Nous étions impuissantes. Il nous était impossible de nous sentir à l'aise: tant de gens qui nous regardaient! Que faire? Nous leur expliquions: «Nous allons prendre le thé à présent. Notre thé va arriver.» «Très bien, allez-y, bien sûr, prenez votre thé», répondaient-ils, tout en restant debout là à nous regarder prendre le thé. Quand le thé arrivait, on se disait que si Baba nous rejoignait avec une telle foule plantée là à nous détailler, il allait se sentir vraiment mal à l'aise.

Alors Goher leur disait, sans colère, sans s'énerver, sans même un ton sec : « Namasté, namasté », exactement comme nous dirions « Jai Baba ». Cela signifie « Salutations ». Elle disait donc : « Namasté, maintenant il vous faut partir. Nos hommes mandalis sont là-bas. Tous les hommes doivent aller du côté des hommes. Les femmes peuvent rester. Nous ne sommes que des femmes ici. Que font les hommes à rester ici ? »

Les hommes acquiesçaient : « Ah oui, c'est vrai » ; et ils s'en allaient tous. Elle avait eu cette bonne idée. Après cela, chaque fois que les hommes du village s'attroupaient, nous les laissions rester quelques minutes pour voir la caravane et puis nous leur disions d'aller du côté des hommes mandalis. Les femmes restaient autour de nous et voulaient nous parler de ci et de ça. Bien sûr, nous n'étions pas d'humeur à discuter. Nous voulions nous reposer et prendre notre thé parce que nous avions marché depuis le matin. C'était très étrange, je peux te le dire, avec autant de personnes qui allaient et venaient. C'était très désagréable de ne pas avoir d'endroit à nous, même pour faire nos besoins privés. C'était très inconfortable, mais nous ne pouvions pas nous mettre en colère.

Don — Mehera, est-ce que cela a duré pendant toute la Vie nouvelle, toutes ces personnes qui se rassemblaient autour de vous chaque fois que vous vous arrêtiez ?

Mehera — Tant que nous marchions, oui, jusqu'à Najibabad, qui n'est pas très loin de Dehra Dun. Il faisait très froid aussi. Nous n'avions jamais connu un tel froid l'hiver. Aller vers le nord, c'est aller vers l'Himalaya, qui était couvert de neige à cette époque. Depuis certains endroits, en allant vers le nord, on pouvait voir les sommets enneigés. Il faisait si froid que Baba nous a fait dormir, nous les femmes, dans la caravane. Il y avait trois bancs à l'intérieur, un peu comme trois sièges, et nous ne pensions qu'à une chose, nous y réfugier pour échapper au froid qui régnait dehors. Avec le crépuscule, les étoiles apparaissaient dans le ciel et l'ombre des arbres s'y détachait, mais nous n'avions pas de toit au-dessus de la tête. Nous attendions dehors jusqu'à ce qu'il fasse sombre et que ce soit le moment d'aller au lit, et alors, quand nous entrions dans la caravane, nous fermions les fenêtres et tirions les rideaux, laissant une petite ouverture pour l'air frais, et nous nous installions pour la nuit.

Quand Goher arrivait, elle était la quatrième, et comme elle n'avait pas de siège pour dormir, elle devait dormir par terre. Mais elle était très heureuse, parce qu'elle avait un toit au-dessus de la tête et qu'il faisait chaud. Les mandalis hommes, eux, n'avaient pas chaud. Beaucoup d'entre eux ne pouvaient pas dormir du tout, tant il faisait froid à la belle étoile. Parfois, il pleuvait. Quand ils n'arrivaient pas à se réchauffer, certains se levaient et tapaient des pieds ou essayaient de faire du feu. Mais tu vois, c'était Baba qui leur donnait la force et aussi l'aide nécessaires pour tout supporter dans la Vie nouvelle. Il nous soutenait tous.

Ce qui est difficile devient étonnamment facile
La phase d'entraînement, octobre-novembre 1949 à Belgaum

Meheru — Retour au tout premier jour de la Vie nouvelle : tôt le 16 octobre, alors qu'il faisait encore nuit, la voiture conduite par Sarosh est venue nous chercher. Baba et les compagnes ont été conduits en voiture. Il pleuvait. Je me souviens bien combien il pleuvait ce jour-là. Au passage à niveau près de la gare, le bus attendait avec les vingt compagnons et tous les bagages.

CE QUI EST DIFFICILE DEVIENT ÉTONNAMMENT FACILE

Don — Meheru, n'est-ce pas tout à fait inhabituel d'avoir des fortes pluies si tard dans l'année? En général, votre mousson est presque terminée en septembre, n'est-ce pas?

Meheru — C'était une mousson exceptionnellement bonne cette année-là et elle a continué jusqu'au mois de novembre, ce qui est tout-à-fait inhabituel.

Don — On a souvent entendu Baba dire que chaque fois qu'il débutait un travail spirituel important, il y avait une tempête ou il pleuvait.

Mehera — Oui, c'est vrai. Je l'ai souvent remarqué.

Don — Est-ce qu'il en a fait la remarque quand avez commencé la Vie nouvelle?

Meheru — Non, pas à ma connaissance. Baba avait dit que personne ne devait venir nous dire au revoir. Je crois que les villageois d'Arangaon avaient décidé que s'ils venaient eux-mêmes à la gare verser des larmes d'amour avant le départ de Baba en lui demandant de ne pas partir, Baba les écouterait. Mais Baba a découvert le projet et leur a dit de ne pas faire cela, que personne ne devait venir au moment du départ.

Quand nous sommes arrivées au passage à niveau, Baba nous a dit de descendre de voiture et de nous mettre à marcher, mais presque immédiatement il s'est mis de nouveau à pleuvoir, donc nous sommes remontés dans la voiture. Nous sommes allés en voiture jusqu'à Supa, au gîte du P.W.D. — département des travaux publics — où nous sommes arrivés tôt le matin. Mehera, te souviens-tu de quelque chose à propos de Supa?

Mehera — Nous sommes restés probablement deux nuits là-bas. Nous étions partis très tôt. Nous nous étions levés à trois heures et demie ou quatre heures moins le quart. Baba voulait toujours que nous nous levions très tôt.

Don — Chaque jour de la Vie nouvelle?

Mehera — Oui, chaque jour de la Vie nouvelle, et même avant la Vie nouvelle. Cinq heures ou cinq heures et demie, c'était notre heure habituelle.

Don — Mais pendant la Vie nouvelle, vous vous leviez encore plus tôt ?

Meheru — Oui, plus il faisait froid plus nous nous levions tôt, en tout cas, c'est ce qu'il nous semblait.

Don — Eh bien, vous ne pouviez sans doute pas dormir de toute façon, vu le froid.

Meheru — Tôt le matin du dix-huit, avant cinq heures du matin, nous avons commencé notre marche vers Shirur. C'est un bourg qui se trouve presque à mi-chemin entre 'Nagar et Poona. Près de Shirur passe la rivière Ghod, donc la ville est aussi appelée Ghodnadi, d'après sa rivière (« nadi » signifiant rivière). On pouvait déjà noter que la tension des jours passés était retombée et que Baba avait l'air plus détendu. Le premier jour de marche a été une longue randonnée de près de trente kilomètres qui nous a tous beaucoup fatigués, en particulier les plus âgés, notamment le Dr Ghani qui avait mené une vie sédentaire. Les compagnons marchaient à l'avant et Baba et les femmes les suivaient à une certaine distance. C'était facile au début, car très tôt le matin, il était très plaisant de marcher dans l'air frais.

Don — Le soleil ne vous dérangeait pas ?

Meheru — Nous nous rappelons très bien que la lune brillait dans le ciel.

Mehera — Le soleil n'était pas encore levé.

Don — Mais qu'en était-il du milieu de la journée quand il se mettait à faire très chaud ? Est-ce que vous vous installiez sur le côté de la route pour vous asseoir à l'ombre un certain temps ?

Meheru — Non, Baba voulait que nous continuions le voyage.

Don — Même en pleine chaleur dans la journée, vous continuiez ?

Mehera — Nous devions arriver à destination le plus tôt possible. Nous ne nous sommes reposés qu'une seule fois sous un arbre pour prendre une tasse de thé. À mi-chemin entre Supa et Ghornadi, nous avons trouvé un bel endroit avec des huttes de paysans, des champs et de grands arbres magnifiques, et Baba nous a dit que nous pouvions nous installer là pendant un certain temps, et a veillé à ce que nous ayons tous du thé. Baba a dit aux mandalis d'aller demander à un fermier s'il pouvait en faire. Ce dernier l'a préparé et il était très bon. Il avait mis un peu de gingembre et nous en étions très reconnaissants — c'était très rafraîchissant. Baba nous a demandé : «Le thé vous a plu?» Il venait de chez les mandalis — je crois que Baba avait pris le thé avec les mandalis, n'est-ce pas?

Meheru — Oui.

Mehera — Nous ne nous rappelons pas tous les détails. Quoi qu'il en soit, Baba a dit que le thé était très bon et nous a demandé si nous l'avions apprécié. Puis il a dit que nous devions repartir le plus tôt possible parce que nous devions arriver à notre destination avant que le soleil ne tape trop fort. Nous nous sommes remis en marche sans nous arrêter. Nous avons marché tant et plus, même lorsque le soleil a commencé à taper dur à partir de dix heures du matin. Le Dr Ghani était très fatigué, même si au début il marchait d'un pas très leste avec un bâton. Plus tard, ce dernier lui a été très utile pour se pousser en avant, ce qui amusait beaucoup Baba. Mais Baba a veillé à ce qu'il arrive à destination sain et sauf. Le Dr Ghani n'avait pas une très bonne constitution, mais il voulait être un compagnon dans la Vie nouvelle de Baba.

Don — Est-ce que vous essayiez d'habitude d'atteindre votre destination de la journée avant que le soleil soit trop haut et trop chaud?

Mehera — Ce n'était pas toujours possible, mais nous partions toujours de très bonne heure.

Don — Et puis dans l'après-midi, vous vous reposiez normalement.

Meheru — Non, ce n'était pas toujours ainsi. Nous marchions en général jusqu'au soir.

Don — Même si vous démarriez tôt le matin ?

Meheru — Oui, même si parfois Baba s'arrêtait en chemin. Vois-tu, parfois Baba s'arrêtait dans un verger, Eruch avec Baba, et nous les filles quelques pas derrière. Puis venaient les compagnons qui menaient les animaux avec les charrettes. Naturellement, nous, à l'avant, marchions rapidement, donc Baba s'arrêtait un certain temps pour voir si le reste du groupe n'était pas trop loin derrière. Parfois nous attendions, mais parfois nous continuions jusqu'à la fin du trajet et ils arrivaient plus tard. À l'occasion, Baba nous permettait de faire une pause sur le trajet, mais de seulement dix à quinze minutes pour se rafraîchir.

Le premier jour, quand nous sommes partis de Supa, il avait été décidé que les compagnons marcheraient devant. Il n'y avait pas d'animaux à ce moment-là. De Supa à Shirur, les compagnons ont marché à l'avant et Baba marchait à une courte distance derrière nous. Au bout d'un certain temps, les mandalis se sont retrouvés loin devant et Baba a dit : « Arrêtons les mandalis maintenant, j'ai quelque chose à leur dire. »

Goher a été envoyée à l'avant pour tenter de les arrêter – ils ne savaient pas qu'on les appelait, et ils n'avaient rien entendu. Goher utilisait le sifflet qu'elle portait. Elle sifflait tant et plus, essayant d'attirer leur attention, mais personne n'entendait. Puis soudain, au lieu de siffler, elle s'est penchée et s'est mise à frapper le sifflet contre le sol de la route. Très surprises et amusées, nous nous sommes dites : « Qu'est qu'il lui prend, à Goher ? Est-ce qu'elle est en colère contre le sifflet parce qu'il ne marche pas, ou quoi ? » Après, elle nous a expliqué son comportement : « Non, la bille était coincée et le sifflet ne marchait plus. » Baba s'est mis à frapper dans ses mains — il était contrarié car les mandalis n'entendaient pas. Il a dit que cela ne devrait pas se reproduire parce que cela allait le mettre de mauvaise humeur, et que tout tomberait à l'eau. Tu vois, c'était ainsi que Baba s'exprimait.

Don — Tomber à l'eau? C'est donc comme ça qu'il disait que sa bonne humeur serait gâchée?

Meheru — Non, que le travail qu'il était en train de faire serait perdu, gâché. Cela « irait dans l'eau » — c'est une expression gujaratie.

Don — Que s'est-il passé concernant les tentatives pour rejoindre les mandalis?

Meheru — Nous avons fini par y arriver, mais Baba a dit que cela ne devait pas se reproduire. Il a finalement été décidé que certains des compagnons iraient devant, suivis de Baba qui marcherait avec certains des mandalis, et puis nous les femmes, nous marcherions à une courte distance derrière. Ainsi, si Baba voulait nous parler, il pouvait se retourner ou s'arrêter pour nous. C'était une meilleure méthode de communication.

Don — Comment avez-vous fini par attirer l'attention des mandalis?

Meheru — Baba a frappé dans ses mains et Mani et Goher les ont appelés en criant très fort. Nous avons essayé de faire autant de bruit que possible pour attirer leur attention, parce qu'ils ne regardaient pas autour d'eux. Ils marchaient encore et toujours vers l'avant.

Mehera — Ils n'étaient pas censés regarder autour d'eux, à moins que Baba ne frappe dans ses mains. Alors seulement ils pouvaient s'arrêter et regarder. Mais ils ont fini par nous entendre et se sont arrêtés.

Meheru — Le premier jour, environ à mi-chemin vers Shirur, les pieds de Baba ont commencé à lui faire très mal car ses sandales étaient neuves, mais heureusement celles de Mehera étaient souples et allaient assez bien à Baba, qui les trouvait confortables; elle a donc pu les lui donner à ce moment-là.

Don — Et que portait Mehera alors?

Mehera — Une autre paire. J'avais pris deux paires. Baba voulait une paire qui serre un peu moins, comme celle que je portais. Tu sais, quand tu portes des sandales, certaines parties frottent toujours au même endroit, donc le fait de changer de sandales ou bien de modèle peut-être, a pu soulager Baba. Baba a porté mes sandales, mais nous avons dû mettre du sparadrap autour de ses orteils.

Don — A-t-il continué à porter ces sandales ? Est-ce qu'elles se sont usées ?

Mehera — Uniquement ce premier jour. Oui, elles se sont usées, mais nous n'avons pas pu savoir de quelles sandales il s'agissait. Nous aurions dû les étiqueter : elles ont été mélangées avec les autres.

Meheru — Il était tout à fait inhabituel de voir des gens comme nous marcher le long de la route Poona-'Nagar, et les villageois nous arrêtaient en chemin pour nous demander : « Pourquoi marchez-vous ? Il y a un service de bus qui fonctionne parfaitement. Pourquoi ne prenez-vous pas le bus ? »

Mehera — « Vous autres, vous vous déplacez toujours en voiture » disaient-ils. « Pourquoi marchez-vous ainsi en plein soleil ? Ne trouvez-vous pas cela pénible ? Vous n'avez pas l'habitude de la marche. Où est-ce que vous allez tous ? » Nous leur répondions : « Non, nous voulions juste faire une randonnée. Nous avons envie de marcher aujourd'hui. » Et ainsi de suite.

Meheru — Juste aux abords de Shirur, je crois, le Dr Ghani s'est retrouvé terrassé par la fatigue et a ressenti une douleur dans la poitrine.

Don — Est-ce qu'il avait déjà eu ce genre de crise ?

Meheru — Non, je ne crois pas. Nous lui avons donné tous les médicaments et les premiers secours dont nous disposions, mais le reste des bagages étaient dans le bus. Mais pour revenir avant la crise du Dr Ghani, le *dak bungalow* où nous devions nous arrêter à Shirur était occupé par des militaires. Juste avant d'atteindre Shirur, près du gîte, tout le groupe s'était arrêté à l'ombre de grands arbres. Baba nous avait dit de faire une halte pour nous reposer. Tout le monde avait chaud et était fatigué car le soleil avait tapé très fort et la route était très poussiéreuse. Sur la fin du parcours, nous pouvions voir le Dr Ghani utiliser son bâton comme support pour se pousser vers l'avant. À ce moment, le trajet était devenu trop dur pour lui et il s'est évanoui. Baba s'est précipité à ses côtés, et les Drs Nilu et Donkin ont pris soin de lui. Goher les a aussi rejoints avec la trousse de premiers soins, et ils lui ont donné les traitements qu'ils pouvaient. Comme le dak bungalow où nous devions passer la nuit était occupé par des fonctionnaires, un marchand de Shirur qui était un Baba-lover nous a offert le gîte dans, tiens-toi bien, son cinéma, qui était fermé et vide. Il se trouvait dans un quartier encombré du centre-ville. Après que la crise fut passée et que le Dr Ghani eut récupéré des forces, nous avons repris notre chemin. Nous nous sommes retrouvés en plein milieu de la foule de la bourgade et notre route était constamment envahie par des enfants et des adultes qui nous regardaient avec une franche curiosité.

Don — Où était Ghani à ce moment ? Que lui est-il arrivé ?

Meheru — Je crois qu'ils ont dû trouver un moyen de transport pour l'emmener, peut-être dans le bus des bagages. Je n'en suis pas sûre.

Ayant vécu une vie recluse dans l'ashram de Baba, les regards insistants de la foule à Shirur nous déplaisaient beaucoup, et nous avons donc gardé les yeux baissés. Nous étions toutes très reconnaissantes d'arriver à notre destination, de pouvoir nous laver un peu et nous rafraîchir avec un verre d'eau fraîche. Baba et les femmes ont occupé la scène du cinéma, derrière l'écran, et les compagnons se sont installés dans la salle. C'était un drôle d'endroit pour se reposer. Nous avions tous les muscles raidis et pouvions entendre grogner les uns et les autres lorsqu'ils essayaient de s'asseoir ou de se lever. Nous avons rapidement pris notre repas du soir afin de pouvoir nous reposer de bonne heure, parce que nous devions prendre le bus très tôt le lendemain pour Belgaum.

Don — Est-ce Kaka qui a fait à manger ?

Meheru — Non, notre nourriture avait été commandée à un restaurant.

Don — Votre hôte a pris soin de cela, alors ?

Meheru — Je crois que cela avait été organisé à l'avance — je ne crois pas que c'est notre hôte qui s'en est occupé. Peut-être Eruch s'en rappelle-t-il.

Don — Mais c'était rare de se faire livrer la nourriture, n'est-ce pas?

Meheru — Cela avait été organisé à l'avance, vois-tu. C'était juste le début, la phase d'entraînement de la Vie nouvelle. C'était un galop d'essai pour le voyage à pied et nous n'avons pas cuisiné avant d'atteindre Belgaum.

Nous approchions de l'époque de Divali — la fête hindoue du Nouvel An, la fête des lumières — où les enfants jouent avec des feux d'artifice et le son des pétards est assourdissant. Bien que nous nous soyons couchés tôt, personne ne pouvait dormir, et cela a beaucoup gêné Baba. Finalement, Baba a donc décidé qu'il valait mieux que nous reprenions la route.

Don — La célébration de Divali dure jusque tard dans la nuit?

Mehera — Oui, très tard. Jusqu'à une heure du matin même. Nous pensions que cela allait s'arrêter vers onze heures, mais non. Puis vers minuit, Baba a frappé dans les mains et a dit : «C'est quoi tout ce bruit? Je ne peux pas me reposer. Cela me dérange beaucoup.» Les mandalis sont sortis pour essayer de faire stopper le bruit, mais à qui le dire? Il y avait tellement de maisons, et on ne pouvait pas les empêcher d'allumer des feux d'artifice, parce que c'était Divali et que c'est dans la tradition de le célébrer ainsi.

Quand minuit a sonné, Baba nous a dit : «Maintenant, levez-vous et faites vos bagages.» Il faut nous imaginer, éreintés d'avoir marché toute la journée, avec l'envie de nous reposer, mais non, pas de repos. Nous avons dû nous lever, rouler nos sacs de couchage et ranger nos affaires. Pas de tasse de thé, ni aucun autre réconfort. Baba nous a dit de monter dans le bus. Nous pensions que grâce à l'heure très tardive nous pourrions nous glisser subrepticement dans le bus et qu'il n'y aurait personne pour demander à Baba de donner son darshan ou pour le déranger. Mais d'une

CE QUI EST DIFFICILE DEVIENT ÉTONNAMMENT FACILE

façon ou d'une autre, la nouvelle de notre départ s'est répandue et les gens ont commencé à affluer dans la ruelle pour voir Baba.

Quand nous avons dit à Baba que nous n'arrivions pas à disperser la foule, il a dit qu'il voulait bien qu'ils restent, tant que personne ne se prosternait devant lui ni ne cherchait à obtenir son darshan. Calmement et solennellement, les gens se tenaient là debout, tandis que Baba et le reste d'entre nous marchions dans le passage étroit qu'ils nous avaient laissé jusqu'au bus. Nous sommes arrivés assez vite sur la route vers Belgaum. Baba et les quatre femmes étaient dans la partie avant du bus derrière le conducteur. Un rideau a été tendu pour nous séparer des compagnons qui occupaient l'arrière.

Les sièges étaient très étroits et ne nous permettaient pas de nous asseoir confortablement, mais avec la fatigue de la journée et le manque de sommeil, nous nous sommes retrouvés à hocher de la tête et à nous balancer au rythme du bus. Goher, je me souviens, était assise derrière le chauffeur et avait une vue imprenable sur l'arrière de sa casquette. Dans la semi-obscurité, il ressemblait à un coussin rond très tentant et Baba l'a prévenue, en blaguant à moitié, de ne pas tomber vers l'avant, de peur qu'elle ne se retrouve en train de se reposer sur cet oreiller séduisant.

Nous avons pris le thé à Poona tôt le matin, et finalement, après un trajet fatigant, nous sommes arrivés à Belgaum tard le soir. Là aussi, il avait plu et il faisait très froid. Baba était censé s'installer dans une structure temporaire avec un sol en ciment et des murs de natte de bambou. Le sol n'était pas encore sec, car il avait été coulé spécialement pour le séjour de Baba là-bas.

Don — Vous deviez rester quelques jours pour, en quelque sorte, vous entraîner?

Meheru — Six semaines. Je crois que Mehera et moi nous sommes occupées de la chambre de Baba et avons essayé de faire ce qu'on pouvait pour la rendre chaude et confortable.

Mehera — Pendant la mousson, il fait très froid et il y a beaucoup de vent à Belgaum, parce qu'il pleut très fort là-bas. Quand nous sommes arrivés, la pluie tombait sans cesse et notre maison était située à l'extérieur dans un champ qui avait été labouré plusieurs fois. Pour l'atteindre, il nous a fallu marcher dans une boue épaisse.

Don — En t'écoutant, Mehera, je suis tenté de penser qu'à ce stade il devait être presque impossible de ne pas se laisser gagner par la mauvaise humeur.

Mehera — Oui, tout à fait. Mais Baba était avec nous, tu sais... Souvent, ce qui est difficile devient étonnamment facile.

Don — Vous avez gardé votre bonne humeur.

Mehera — Cela nous plaisait. Les mandalis étaient logés dans une grande pièce commune construite en vue de leur séjour. Le toit était en tuile et les murs en *tatta* — c'est-à-dire en nattes de bambou.

Meheru — Il ne faisait vraiment pas chaud, et le sol était humide sous nos pieds. Nous avions très peu de bagages, car Baba nous avait demandé de ne prendre que le couchage et très peu de vêtements, ce qui s'avérait spartiate vu les circonstances, surtout quand il fallait s'allonger sur le sol humide. C'est là qu'a débuté la période d'apprentissage, et les tâches ont été réparties entre chacun de nous. Ainsi, certains mandalis avaient comme corvée de tirer l'eau du puits. Ils n'avaient pas l'habitude de faire ce genre de travail, et la corde leur râpait les mains, car le puits était très profond. Goher aidait en allant prendre l'eau pour nous la rapporter. Mani était chargée de faire la cuisine, sous la direction de Mehera, et le reste d'entre nous mettait la main à la pâte. Aucune d'entre nous n'avait jamais cuisiné les quantités importantes qu'il fallait pour tous les compagnons ; c'était difficile.

Don — C'étaient les femmes mandalies, et non Kaka, qui faisaient la cuisine à Belgaum ?

Meheru — Oui, c'étaient les femmes mandalies.

CE QUI EST DIFFICILE DEVIENT ÉTONNAMMENT FACILE

Don — Plus tard dans la Vie nouvelle, c'est Kaka qui faisait la cuisine ?

Meheru — Oui. À Belgaum, les quatre femmes mandalies cuisinaient pour tous les compagnons, pour Baba, et pour elles-mêmes. Le thé, cependant, était préparé par les hommes.

Don — C'était Kaka qui s'en occupait, n'est-ce pas ?

Meheru — Je crois que c'était Baidul. Nous préparions les deux repas et ils s'occupaient du thé. Baba manifestait un grand intérêt pour toutes les activités. La nourriture était végétarienne, et Baba allait, venait et demandait ce que nous préparions. Parfois, s'il pensait qu'un plat manquait de quelque chose, il nous disait ce qu'il fallait ajouter.

Don — Meheru, tu dis que la nourriture était totalement végétarienne ? J'ai demandé auparavant à Mani si Baba avait établi comme règle que la nourriture devait être végétarienne, mais selon son souvenir, non, il n'y avait pas de règle. Avant tout, vous mangiez de la nourriture végétarienne simplement parce que c'était ce qu'il y avait de disponible ?

Meheru — Au début, les tous premiers jours, Baba et tous ceux qui l'accompagnaient étaient strictement végétariens et ne mangeaient même pas d'œufs. Plus tard, les œufs ont été autorisés. Mais ça, c'était durant les premiers temps.

Don — Avant la Vie nouvelle.

Mehera — Oui, à Meherabad. Quand nous sommes arrivés à l'ashram, nous étions toujours végétariens, et Baba aussi. Mais si quelqu'un avait un problème de santé, Baba lui permettait de suivre un autre régime. Par exemple, Elizabeth avait besoin d'œufs et avait la permission d'en manger.

Meheru — Plus tard, quand nous avons eu des poules à Meherabad, nous avions des œufs, mais pas de viande. Mais revenons-en au séjour à Belgaum. La chanson de la Vie nouvelle y a été écrite par le Dr Ghani, avec l'aide de Baba. Elle était chantée tous les jours par Adi en présence de Baba et je crois que Baba l'accompagnait au tambour. D'autres chants qawwalis étaient chantés également, et Baba les accompagnait au tambour. C'était en fait un *dholak*, je crois. Souvent, le soir, Baba nous jouait du dholak dans nos quartiers. Nous nous asseyions pour écouter, fascinés par la beauté du rythme et du son, regardant ses doigts fins et gracieux pendant qu'il jouait, et l'expression d'intense absorption dans ses yeux, comme s'il ne faisait qu'un avec la musique.

Mehera — Le dholak qu'il utilisait dans la Vie nouvelle est au musée.

Don — Celui dont il a joué quand nous l'avons filmé dans le salon à Meherazad en février 1962 ?

Meheru — Oui, c'est celui-là. L'endroit où nous étions, près de Belgaum, était une maison de briques avec un toit de tuiles mais sans plafond. L'endroit était divisé en trois minuscules pièces avec de simples séparations en brique. Chaque fois qu'il pleuvait, ou presque, la pièce principale était inondée, et les mandalis arrivaient alors avec des échelles et tentaient de combler les fuites. Nous avions aussi les souris, qui s'affairaient chaque nuit à ronger le mur, et le matin, avant que Baba n'arrive pour prendre le thé, nous devions balayer les débris.

Une nuit, Mani s'est réveillée, surprise, en se demandant ce qui lui avait mordu le doigt. Mehera était à côté et Goher et moi étions dans l'autre pièce. Nous nous sommes toutes réveillées et avons appris qu'une souris lui avait mordu le doigt. Sa main avait dû dépasser de la moustiquaire, et la souris l'avait grignotée. Cela saignait un peu et Goher s'en est occupée.

Donnez la bhiksha avec amour

Arrivée en Inde du Nord, novembre 1949, Bénarès

Meheru — Après notre séjour à Belgaum, nous sommes partis en train à Bénarès. Juste avant de partir, Baba nous a donné à chacune une ghongadi — une couverture rêche qu'utilisent bergers et villageois. Elles avaient beau être toutes rêches, elles étaient plus que bienvenues, car elles signifiaient que nous aurions moins froid pendant notre voyage dans le nord, où nous savions qu'il ferait froid. Deux des compagnons ont été envoyés en éclaireurs pour dénicher à Bénarès un hébergement offert sous forme de bhiksha, c'est-à-dire offert par charité — malgré le fait qu'ils étaient des étrangers dans la ville.

Don — C'est eux qui ont trouvé le Dr Nath, l'ophtalmologiste ?

Meheru — Oui, et tu vois, ce n'était pas facile pour eux, parce que, entre autres obligations, ils ne devaient pas dépenser d'argent dans les transports. Ils devaient marcher d'un endroit à un autre pour contacter les gens, dans une région où ils étaient de parfaits inconnus. Ce n'est qu'avec l'aide de Baba qu'ils ont finalement réussi à trouver l'endroit où nous sommes restés.

Après deux jours de train, avec un changement à Bombay et à Moghulserai, le reste d'entre nous est arrivé à Bénarès. Baba avait dit qu'aucune des personnes de l'Ancienne Vie ne devait venir le voir à l'occasion de notre changement de train à Bombay. C'était un ordre très strict.

Don — Est-ce que des disciples de l'Ancienne Vie savaient qu'il serait à Bombay, ou est-ce que cela avait été gardé secret comme la plupart des déplacements de Baba ?

Meheru — Je ne connais pas les détails exacts, mais je crois qu'une ou deux personnes étaient au courant, peut-être Nariman et Meherjee.

Don — Ils ont obéi aux ordres de Baba ?

Meheru — Oui. Quand nous sommes arrivées à la gare de Bénarès, il était environ deux ou trois heures du matin et nous avons eu extrêmement froid en attendant qu'on vienne nous chercher. Nous avons fini par atteindre, vers quatre heures du matin, la maison où nous allions demeurer. En nous arrêtant au portail avant d'entrer, nous avons vu à travers la grille métallique deux sentinelles qui étaient debout, à moitié endormies, à côté de l'escalier. Nous nous sommes demandées quel était ce lieu, mais quand nous sommes entrées, nous avons découvert que ce n'étaient que des statues de gardiens. À l'intérieur, nous avons trouvé la maison assez confortable. Nous avons pénétré dans une salle très grande, comme un hall, remplie de chaises.

Don — Était-ce le logement que le Dr Nath avait prévu pour vous ?

Meheru — Oui, c'était l'endroit que le Dr Nath avait préparé pour nous. Nous avons tout d'abord traversé une pièce ; la suivante ressemblait à une salle de conférence pleine de chaises. Nous nous sommes dit que nous ne pourrions pas nous installer là, et avons donc continué jusqu'à une autre pièce qui, heureusement, était vide avec juste un coussin sur de la moquette au sol. Nous nous sommes toutes précipitées vers lui, terrassées par le sommeil et frigorifiées. Le coussin était un de ces longs et épais traversins. Sans perdre un instant, nous y avons toutes les quatre posé nos têtes en nous y cramponnant pour la chaleur. Le matin, quand nous nous sommes réveillées et que nous avons vu notre repose-tête à la lumière du jour, nous avons constaté qu'il n'était pas propre du tout, et nous nous sommes demandées comment nous avions pu y chercher notre confort !

Mehera — Ce matin-là nous avions très, très froid et très, très faim, donc bien qu'il fût encore très tôt, nous nous sommes dit : « Nous sommes le matin et nous allons avoir un bon thé chaud avec du pain et du beurre » ; nous nous sommes levées et lavées rapidement et nous sommes tenues prêtes.

C'est Baba qui s'occupait de nos besoins, il est donc venu nous demander si nous voulions du thé. Nous lui avons répondu : « Oui, Baba » et il est allé voir les mandalis pour leur dire de se dépêcher. Puis il est revenu nous dire : Cela ne va pas prendre longtemps, vous savez, juste un quart d'heure. » « Oui, Baba », avons-nous répondu, et nous nous sommes mises à préparer nos tasses et nos soucoupes. Baba a fait des allées et venues — il aimait beaucoup faire les cent pas comme cela, tu sais. Quand le petit-déjeuner est arrivé, que penses-tu que c'était ? Nous voulions juste du pain et du beurre avec le thé, mais non, il y avait des épinards tout chauds avec du poivre et d'autres épices, et des chapatis. Imagine un tel repas tôt le matin ! Je me suis dit : « Quel étrange petit-déjeuner...? » Et Goher a dit : « C'est probablement ce qu'ils mangent au petit-déjeuner ici — c'est pour ça qu'ils nous ont servi cela. Nous ferions mieux de le manger et d'être reconnaissantes. » Je n'ai jamais aimé les épinards.

Don — Des épinards au petit-déjeuner ! Ça, c'est original !

Mehera — Je n'aime pas les épinards. C'était la première fois de ma vie que j'avais des épinards au petit-déjeuner. Et pourtant, c'est étrange à dire, nous nous sommes toutes régalées, frigorifiées et affamées que nous étions, et le thé chaud par la suite a été plus que bienvenue.

Don — Vous avez donc passé votre première matinée à Bénarès.

Mehera — Oui, notre première matinée. Mais ensuite il fallait préparer l'endroit où Baba allait s'installer. La pièce contenait quelques canapés et tables d'un côté, et comme Meheru l'a dit, le reste était rempli de chaises empilées les unes sur les autres. Personne ne pouvait s'installer là. Nous nous sommes demandées comment nous pourrions nous aménager cette pièce pour nous y installer, parce que l'autre allait être celle de Baba. Nous lui avons expliqué la situation, et il a dit : « Personne ne doit s'asseoir sur les chaises ou sur le canapé. N'utilisez pas les chaises. Vous ne devez pas vous servir du mobilier. » Nous lui avons alors dit : « Mais la pièce est pleine de meubles. Que faire ? » Baba a indiqué qu'il ferait enlever le tout et d'ici là, nous devions toutes attendre dans la pièce où nous avions dormi. Alors les mandalis sont venus, et ils se sont tous mis à l'ouvrage afin de sortir les meubles sur la terrasse. Nous avons fini par vider la pièce et la terrasse s'est retrouvée remplie de meubles.

Meheru — Nous sommes restés environ un mois à Bénarès. Nous ne savions pas ce que Baba avait prévu d'y faire avec les mandalis, mais chacun est allé chercher la bhiksha en ville. C'était une période de formation. Pendu, Eruch et les autres compagnons en sauront plus là-dessus. Deux compagnons partaient ensemble un jour, deux autres le lendemain, etc. Ils devaient accepter tout ce qu'on leur donnait et le rapporter à Baba, qui le partageait entre tous. Si on leur donnait de la nourriture sèche comme des chapatis ou de la farine, elle devait être mise dans une *jholi* (sacoche en tissu) qui était portée sur l'épaule, et si on leur donnait des légumes, ils étaient mis dans un bol en laiton que chacun portait. Une fois, Baba a aussi accompagné les deux compagnons. Mehera avait écrit ces mots en hindi sur la jholi de Baba : « Donnez la bhiksha avec amour ». Ils portaient une kafni blanche et un turban vert, c'était leur tenue. Baba était très beau dans sa kafni et son turban.

Une fois seulement, les femmes sont sorties avec Baba. Il nous a emmenées marcher dans la ville jusqu'à certains ghats composés de marches qui descendent à la rivière. On pouvait sentir l'atmosphère de piété qui émanait des gens, car les dévots hindous descendaient à la rivière pour se baigner et se purifier dans le Gange sacré. Bénarès, qui s'appelle maintenant Varanasi, est une des villes saintes des hindous.

Le vieux jardinier

Le séjour à Sarnath, décembre 1949

Mehera — De Bénarès nous sommes allées à six kilomètres, à Sarnath, qui est un lieu étroitement associé au Seigneur Bouddha. Baba nous a emmenées voir les grottes où les disciples du Bouddha allaient méditer, ainsi que le temple bouddhique à proximité. L'intérieur était magnifique, très haut de plafond. Sur les murs, un artiste japonais avait réalisé des fresques de couleur qui dépeignaient des événements de la vie du Bouddha. Baba a déambulé avec nous tandis que nous admirions les fresques, et nous a expliqué quelques-unes des scènes. Au bout de la salle, il y avait un autel avec une statue du Bouddha, et Baba nous a demandé de nous prosterner devant. C'était une très belle statue, très grande, devant laquelle nous nous sommes toutes prosternées chacune notre tour, puis nous sommes parties. Baba lui-même est resté debout devant la statue pendant quelques secondes avant de repartir.

La maison où nous avons séjourné à Sarnath comportait un grand jardin un peu ensauvagé, avec des arbres fruitiers. Un jour, Goher a entamé une conversation avec le vieux *mali* (jardinier) et a découvert qu'il avait perdu sa femme. Depuis lors, il était devenu un sadhu, mais sans pour autant porter les vêtements habituels de couleur ocre. Baba nous a dit qu'il était un véritable sadhu, qu'il n'avait pas besoin de porter de vêtements ocre, parce qu'intérieurement il était détaché de tout.

Il accomplissait son métier de jardinier, mais il avait en permanence le nom de Ram sur les lèvres. Le matin, il prenait son bain à côté du puits, alors qu'il faisait très froid ! Le temps était si glacial que nous portions toutes des vêtements d'hiver et nous nous mettions au soleil dès que nous le pouvions. Nous n'étions pas habituées à un tel froid. Mais ce mali portait juste un petit linge autour de la taille et un vêtement de coton par-dessus les épaules. Il venait au puits, descendait le seau et puisait de l'eau. Puis il versait de l'eau froide sur son corps, frottait et répétait la même procédure plusieurs fois. Je ne sais pas comment il y arrivait — le simple fait de le regarder nous donnait encore plus froid. Puis il allait chez lui et se préparait à manger, du simple riz blanc pour se nourrir.

Un jour Baba a dit à Goher d'aller voir s'il avait besoin de quoi que ce soit. Il a répondu qu'il ne manquait de rien. Envoyée de nouveau par Baba, Goher a insisté : « Avez-vous besoin de vêtements, ou d'autres choses ? » Il a répondu : « Thakurji me donne mes vêtements. » Mais alors, vous devez avoir besoin de bois pour le feu, par exemple. » « Oh non, ça aussi, Thakurji me le fournit. » Goher en a déduit que le propriétaire des lieux s'appelait Thakurji, qu'il devait être un homme très généreux et au grand cœur, et qu'il donnait au vieux mali tout ce dont il avait besoin. Tout ce qu'il avait lui était donné par son propriétaire.

En en discutant, je me suis demandée ce que possédait vraiment le vieux gardien. Rien, sauf la nourriture de base pour subsister. Et puis, quand Goher a de nouveau mentionné le nom de Thakurji, il s'est produit un déclic dans ma tête. « Thakurji. Mais bien sûr, Thakurji, c'est un des nombreux noms qu'on donne au Seigneur Krishna. En Inde du Nord, Krishna est souvent appelé Thakurji, ce qui correspondait bien au simple mode de vie de ce mali. Dieu, Krishna, lui a tout donné — il ne manquait de rien. »

Puis Baba nous a dit : « Allez maintenant lui dire qu'un ami désire lui donner quelque chose. Qu'il demande ce dont il a le plus besoin. » Tu vois, il se trouve que la nuit, tandis que nous grelottions sous nos couvertures de laine, ce mali, au lieu de dormir au chaud dans sa chambre, passait la nuit dehors dans le jardin malgré le grand froid. Nous ne pouvions pas en croire nos yeux. Il n'avait qu'un lit ordinaire en corde, de sa fabrication et très frêle, couvert de paille, et un dhoti, et il se couvrait d'un drap de coton. Il se levait toujours vers quatre heures du matin et chantait : « Ram, Ram, Sita,

Ram. » Baba, en l'entendant chanter, nous disait : « Vous entendez ? C'est un véritable Sadhu. Il aime Dieu, vraiment. »

Le lendemain, Baba a dit à Goher d'aller le voir et de lui dire : « Notre ami veut vous donner quelque chose. Demandez-lui quelque chose — vous devez demander quelque chose. » Mais il a répondu : « Que puis-je demander ? »

Meheru — Baba a dit à Goher d'y retourner et de demander une fois de plus. Il devait bien y avoir quelque chose dont il avait besoin.

Mehera — Goher est revenue et l'a pressé de répondre.

Meheru — Pour tenter de le persuader, elle répétait sa question.

Mehera — « Que voulez-vous ? Demandez quelque chose. » L'homme s'est concentré très fort et tu sais ce qu'il a dit ? Il a dit : « Je veux une boîte d'allumettes. » C'était très drôle, quand Goher l'a raconté à Baba. Tout ce qu'il aurait demandé, il l'aurait eu. Donc Baba a dit : « D'accord, dites-lui de venir. J'aimerais lui donner une couverture. » Goher a appelé le mali. Elle, Mani, Meheru et moi nous nous tenions toutes sur la véranda. La couverture était pliée dans les mains de Goher. Quand le mali est venu vers nous, Baba lui a dit qu'il voulait lui donner un cadeau : « Mais pourquoi seulement une boîte d'allumettes ? » a-t-il demandé. « Vous devez demander autre chose. » Il a répondu : « Mais Sahib, je n'ai besoin de rien d'autre. Thakurji me donne tout. » Il avait un tel amour pour Krishna-Dieu – que Baba lui-même était venu devant lui pour lui donner son darshan. De toutes les maisons à Sarnath, c'est dans celle-ci que Baba est venu séjourner.

Alors Baba a dit : « Je veux vous donner un *prasad*, un cadeau de ma part. Prenez cette couverture. » Baba lui a aussi donné la boîte d'allumettes, mais il lui a d'abord donné la belle couverture chaude et épaisse. Le mali était très heureux que Baba la lui ait donné de sa propre initiative. Il a dit : « Oh, c'est un cadeau de Bhagwan », ce qui veut dire : « C'est Dieu qui m'a donné ce cadeau ».

Meheru — Il ne regardait pas ce qu'il avait reçu. Il ne quittait pas Baba des yeux.

Mehera — Tu vois, il voulait dire que c'était la grâce de Dieu qui la lui avait donnée, mais il ne savait pas que Baba était Dieu lui-même, debout devant lui. C'était si beau. Puis il s'est prosterné devant Baba avec beaucoup d'amour et de respect et il est reparti très heureux. Il avait finalement reçu un prasad de Baba. Baba voulait le lui donner. C'était un homme qui n'avait aucune possession matérielle; et pourtant il avait tout, parce qu'il était empli de contentement et d'amour pour Dieu.

Mehera conte l'histoire du cheval blanc

Bénarès, novembre 1949

Meheru — Tandis que nous étions installés à Bénarès, les préparatifs pour notre voyage à pied avançaient. Des dispositions avaient été prises pour se procurer les différents animaux et les charrettes. La caravane pour les femmes avait été construite à Ahmednagar et Padri était chargé de son transport en train à Bénarès, avec deux bœufs provenant de Meherabad. L'un de ces bœufs s'appelait Raja ; c'était un bœuf anglais que Baba lui-même avait nourri au biberon quand il était un jeune veau. Les autres animaux ont été acquis dans la région de Bénarès. Le Dr Nath nous offrait son assistance dans tous les domaines, même s'il n'avait jamais vu Baba. Ce dernier avait donné des instructions strictes pour que son identité ne soit révélée à personne. Quand le moment est venu de choisir un cheval, Baba a expliqué qu'il y avait un choix à faire entre deux animaux, et comme Mehera avait une grande connaissance des chevaux, c'est elle qui serait la meilleure juge.

Mehera — Un jour, le palefrenier a apporté un cheval, de taille moyenne, calme ; un beau cheval. Nous l'avons toutes inspecté. Le cheval était dans l'enceinte des femmes ; les hommes résidaient dans un autre pavillon. Je lui ai fait quelques caresses à l'encolure et sur ses flancs et puis je lui ai pris la patte antérieure, car il était calme et me laissait faire, puis enfin la patte arrière. Je l'ai caressé dans le dos et j'ai dit : « Baba, c'est un très bon cheval, il est très calme. » Baba a dit : « D'accord, on verra, mais demain il y en aura un autre à inspecter. Tu pourras faire ton choix entre les deux. »

Le lendemain, l'autre cheval est arrivé. C'était un bel animal, d'un blanc de neige pur et non d'un blanc crème. Il était assez grand, les oreilles bien droites et j'ai vu qu'il n'avait pas l'air calme. Cependant, comme son propriétaire le tenait, il était calme. Je l'ai aussi examiné. Il m'a laissé lui prendre la patte, mais en observant le mouvement de ses oreilles, le port de son cou et de sa tête, j'ai compris qu'il était du genre fougueux.

J'ai dit : « Ce cheval a l'air très bien, Baba. Il se laisse toucher, donc il est habitué à l'homme et n'est pas timide. Ce cheval est bien aussi. » Puis ils ont emmené le cheval, nous sommes rentrés et j'en ai parlé avec Baba. J'ai dit : « Baba je crois que le premier cheval est meilleur. Il est plus petit de taille, donc on peut le contrôler si jamais il commence à faire des siennes. Le second cheval est plutôt grand et les mandalis ne savent pas s'occuper des chevaux ; c'est tout un problème si l'animal est fougueux. C'est pourquoi le premier cheval a ma préférence. Mais c'est toi qui décides — c'est comme tu veux. » Baba a répondu : « Non, tout le monde aime le second cheval qui est superbe, blanc comme neige. »

Don — Un frimeur.

Mehera — Oui. J'ai répondu : « Oui, Baba, il m'a plu aussi, mais il est un peu fougueux, c'est tout. » Baba a dit : « Le Dr Donkin peut s'en occuper. Il avait l'air suffisamment calme. Il t'a laissé le toucher et t'occuper de lui, donc il se comportera bien. » J'ai dit : « D'accord, Baba. » Baba a répondu : « Les mandalis aussi aiment bien ce cheval. » Nous avons donc choisi le second cheval, et Donkin l'a pris en charge et s'en est très bien occupé. Tu veux les détails ?

Don — Oui, avec plaisir.

Mehera — Deux ou trois jours plus tard, quand le cheval nous a été livré, nous l'avons attaché à un arbre près de l'étable. Puis Baba m'a dit que je devais m'en occuper car je savais comment m'y prendre avec les chevaux. Je lui ai donné à manger. Nous devions repartir en voyage quelques jours plus tard et entre temps nous devions prendre soin du cheval. Il y avait un employé de jardin qui devait nettoyer l'étable, mais je devais veiller à l'approvisionnement des céréales, du foin, de l'eau à boire, et ainsi de suite.

Quand nous avons attaché le cheval, Baba nous a expliqué comment lui donner à manger — la quantité de céréales à mélanger avec de l'avoine et du son, placées dans un sac suspendu à la tête du cheval. Ce dernier était ravi de la ration qui lui était offerte. Mani et moi étions dans le jardin à le regarder et quand il a eu terminé, j'étais censée retirer le sac. Finalement, je me suis approchée de lui et j'ai retiré le sac de sa tête. Il m'a très gentiment laissé le faire.

Puis j'ai dit : « C'est à présent le soir, mettons-le tôt à l'étable. » Mani était d'accord. Elle ne savait pas grand-chose sur la manière de s'en occuper, donc elle m'a laissé faire. J'ai détaché la corde et conduit le cheval dans l'étable. Il m'a laissé le mener dedans très calmement. Puis je l'ai attaché dans l'étable pour la nuit à un crochet fixé au mur, avec une corde assez longue pour qu'il puisse se coucher. Le cheval était debout et je me suis assise, même si c'était très risqué. Même à ce moment-là le cheval ne m'a rien fait. Un nouveau cheval, quand il voit un étranger, peut réagir, mais lui ne l'a pas fait.

J'ai dit : « Ça alors, c'est un gentil cheval, il est calme. » Après un certain temps, je me suis levée et j'ai dit à Mani — « Maintenant il me faut pour le cheval le foin qui est dehors et beaucoup d'herbe verte pour la nuit. » Mani me l'a passée de l'extérieur, je l'ai prise de ses mains et je l'ai mise devant le cheval. À peine l'avais-je posée là que le cheval est venu manger. À la deuxième brassée que Mani m'a donnée, quand je me suis approchée du cheval, il a mis ses oreilles en arrière en montrant des signes d'hostilité, donc j'ai vite jeté l'herbe par terre. Il reculait de la manière qu'ont les chevaux quand ils ne sont pas amicaux, en tournant le cou et les oreilles en arrière. « Ah, j'ai dit, il a eu les céréales et l'avoine dans le sac, et maintenant que l'herbe est là, il nous dit qu'il a eu tout ce qu'il voulait. »

Meheru — Maintenant qu'il avait mangé à sa faim, il n'avait plus de raison d'être amical.

Mehera — J'ai dit : « Ce n'est pas bon signe. Qu'allons-nous faire ? » Les mandalis avaient préféré celui-ci et Baba était d'accord. Nous ne pouvions plus l'échanger contre l'animal plus petit que nous aurions pu gérer plus facilement. Celui-ci était grand, et je n'étais pas capable de le contrôler parce que je n'avais pas la force d'un homme. Je l'ai donc laissé faire.

Plus tard Baba est arrivé, et en s'approchant de l'étable, a demandé si tout allait bien. J'ai répondu : « Oui, Baba, il s'est très bien conduit au début, mais il est devenu hostile. » Baba a dit : « Ah bon ? Mais comment donc ? Il se comportait très bien quand les mandalis l'ont vu et je l'ai même caressé. » Baba a commencé à aller vers le cheval, mais avant qu'il ne s'approche de trop près je me suis vite mise devant Baba, de peur que le cheval devienne agressif et ne le blesse. Le cheval a mis ses oreilles en arrière, s'est mis à agiter les pattes arrière et la croupe comme s'il allait donner un coup de pied.

« Oh, j'ai dit, Baba, dépêchons-nous de sortir, il se cabre. » Baba a commencé à partir et nous avons rapidement couru hors de l'étable. Il a demandé : « Mais pourquoi est-il comme cela ? J'ai dit : « Je ne sais pas, Baba, il était très calme au début mais maintenant il se comporte ainsi. » Il a répondu : « Tant pis, il ira avec les mandalis. Les hommes s'occuperont de lui. » J'ai répondu : « J'avais senti à ses oreilles qu'il était facétieux. » Le petit cheval aurait été plus facile à gérer. » Baba a dit : « Tant pis, ils sont tous comme cela. Qu'il en soit ainsi. » Nous avons donc gardé le cheval et Donkin s'en est très bien occupé. Cependant, quand nous sommes arrivés plus tard à Dehra Dun le cheval a finalement été vendu.

C'était un cheval fougueux et pendant le périple à pied on ne lui a donné aucun travail à faire. Il n'avait aucune charge à transporter, ni de tonga à tirer ; il n'a rien fait. Il allait le dos nu, mené par Don avec juste une bride. Le cheval a ainsi pris l'habitude de ne pas travailler. Quand nous sommes arrivés à Moradabad, il a été décidé qu'il ferait du bon travail attelé à un tonga. On a apporté le tonga et on l'a harnaché, mais il ne voulait rien savoir.

Meheru — Il résistait et essayait de donner des coups de pied pour se libérer.

Mehera — Puis on a embauché quelqu'un pour le dresser, et comme il avait perdu l'habitude de travailler, il a dû être dressé pour le tonga comme s'il n'avait jamais été dressé. Il n'appréciait guère tout cela, comme pour dire : «Pourquoi devrais-je tirer un tonga?» L'entraîneur a réussi, avec grande difficulté, à lui fait tirer le tonga. Baba a dit : «Maintenant cela va bien se passer, Kakaji peut voyager devant nous et arriver à destination plus rapidement.»

Don — Kaka avait eu une crise cardiaque, n'est-ce pas, donc vous vouliez le transporter dans le tonga? C'était ça le but?

Mehera — Non, pas à ce moment-là, même s'il ne se sentait pas bien. Baba a dit qu'il pouvait partir avant nous en tonga pour préparer le repas parce que Kakaji devait faire la cuisine.

Don — Je vois; et qu'en était-il du Dr Ghani, qui n'était pas en forme?

Mehera — Il était dans l'autre tonga.

Destination Dehra Dun

Périple et séjour dans le nord, décembre 1949-printemps 1950

Meheru — Quand nous sommes partis de Sarnath, nous avions un dromadaire qui tirait une charrette à dromadaire, deux ânes, la caravane tirée par deux bœufs, et le cheval blanc. À Jaunpur, le dromadaire et la charrette ont été vendus, et à Moradabad nous avons acquis à la place deux tongas et une pouliche pour un des tongas, ainsi qu'un bœuf et une charrette. Le Dr Ghani a déclaré n'être plus capable de marcher. Il a donc été chargé d'obtenir la bhiksha, parce qu'il était très persuasif.

Don — C'était un bon mendiant.

Meheru — Il est parti dans un des tongas avec Adi qui conduisait, et Kakaji et Baidul ont voyagé dans l'autre. Il a vraiment fait sa part du travail. Il était si persuasif que les gens voulaient rejoindre le groupe pour l'accompagner à Haridwar ! Il devait donc les persuader de ne pas se joindre à nous, puisque Baba n'aurait pas été d'accord. Mais c'est certain, à l'époque il réussissait très bien à obtenir la bhiksha.

Une fois, il en a tellement reçu que Baba a dit : « Aujourd'hui, cela va bien vous changer de ce riz sec qu'on a tous les jours. » Le riz habituel était si sableux qu'à chaque bouchée tu avais des grains de sable dans la bouche. Quand Mehera le servait à Baba elle l'inspectait soigneusement pour retirer le sable avant de le lui donner.

Ce jour-là, le Dr Ghani avait obtenu des chapatis et d'autres choses, mais quand le moment du repas est arrivé, nous avons appris que des singes avaient encore une fois volé la bhiksha ! On l'avait accroché aux arbres pour l'éloigner des chiens, mais les singes l'ont trouvé et les mandalis ont essayé de les chasser sans se mettre en colère ni s'énerver contre eux. Les singes ont donc tout pris !

Mehera — Baba était toujours debout très tôt. À quatre heures, il frappait à la porte de la caravane, et nous devions toutes nous extraire de nos bonnes couvertures bien chaudes. Il faisait un froid glacial quand nous allions dehors sous les étoiles, sans toit sur la tête.

Don — C'était à Sarnath ?

Mehera — Non, maintenant nous sommes sur la route, nous avons quitté Sarnath. Nous avons pris un petit-déjeuner très frugal ; un simple morceau de pain de la veille, sans beurre ni thé. Meheru et moi devions rouler le couchage de Baba. Ce dernier dormait sous la tente, une toute petite tente d'une ou deux places. Elle avait appartenu à Norina et Elizabeth. Elles l'avaient laissée à Meherabad. Ce n'était pas une tente bien isolée, il faisait donc tout aussi froid dedans que dehors. Baba a dû la vouloir uniquement pour l'intimité.

Le matin il faisait si froid que nous avions les doigts bleus. Ils étaient raides et engourdis par le froid. Nous ficelions en vitesse le couchage de Baba, du mieux que nous pouvions, pendant que les mandalis pliaient la tente. C'était Eruch qui s'en chargeait. Puis nous nous occupions de notre propre couchage et rangions le tout rapidement avant le petit-déjeuner. Il faisait encore nuit à ce moment-là et nous n'avions qu'une seule lampe-tempête pour faire tout cela. Puis nous nous mettions en route vers cinq heures et demie.

Ce matin-là, nous avons marché longtemps, sur un grand nombre de kilomètres, jusqu'à neuf heures. N'ayant pas eu grand-chose pour le petit-déjeuner et ayant tant marché, nous nous sentions vides et affamées. Baba marchait avec les mandalis hommes. Il menait la marche à une certaine distance à l'avant et nous étions à l'arrière à parler entre nous. Baba s'est arrêté et a dit quelque chose à Eruch. Puis Baba s'est tourné vers nous, est revenu et a demandé « Avez-vous faim ? » Nous étions ravies que Baba nous pose la question parce que nous avions vraiment faim ce matin-là. Baba a dit : « D'accord. Voyons voir. » Il a regardé autour de lui et a vu quelques huttes dans un champ au loin. Il y avait de beaux champs verts autour de nous et de la fumée sortait des huttes comme si quelqu'un était en train de cuisiner. Baba a appelé Eruch. « Tu vois cette hutte ? Va demander de la bhiksha là-bas. »

La femme qui cuisinait dans la hutte de torchis et de chaume lui a dit : « Oh oui, j'ai une bhakri (pain) prête et un autre est sur le feu. Je vais le préparer rapidement. Je vais vous donner deux bhakris. » Il s'agit d'une grande galette de millet, épaisse. Eruch a attendu deux ou trois minutes pendant qu'elle préparait le pain, qu'elle a généreusement recouvert d'épinards fraîchement cuisinés et savoureux.

Don — Oh, je vois que soudain tu t'es mise à aimer les épinards !

Mehera — Baba me les a fait aimer, je crois. J'avais tellement faim que je les ai appréciés. Ils étaient tout frais.

Meheru — Nous avions froid et faim, donc ces épinards et ce pain étaient donc plus que bienvenus. Ils étaient tout chauds. Baba a pris un petit morceau, et a dit que nous ne devions pas manger le reste, mais le mettre dans son bol en laiton. « C'est pour les compagnons. Je vais le leur donner en prasad. » Nous étions si reconnaissantes et pleines de gratitude d'avoir eu cette nourriture.

Meheru — Jusqu'à aujourd'hui nous nous souvenons encore à quel point c'était bon.

Don — Ce genre d'épisode peut être à l'origine des souvenirs les plus vifs et les plus tenaces.

Mehera — Quelle chance a eue cette femme qui a donné avec joie en bhiksha cette nourriture qu'elle préparait pour sa famille, et que Baba a acceptée. Elle ne saura jamais la chance qu'elle a eue.

Meheru — Notre destination était maintenant fixée : c'était Dehra Dun. À Dehra Dun, une nouvelle phase de la Vie nouvelle a commencé. Comme Mehera l'a mentionné, l'époque du Kumbh Mela à Haridwar approchait et des sadhus de toute l'Inde convergeaient vers les villes de Haridwar et Rishikesh.

Mehera — Le Kumbh Mela, tu sais, est un grand pèlerinage. Ce n'est pas une chose ordinaire. Tous les sadhus de l'Inde doivent y aller, parfois dans des vêtements chers. Ils sont des milliers à venir, parfois même à dos d'éléphant. C'est un immense rassemblement. Il y a beaucoup de sectes différentes et il y a des processions.

Don — C'est une fête pour les sadhus ?

Mehera — On appelle ça un *mela*. Mela signifie rassemblement.

Meheru — Les hindous pieux viennent de partout en pèlerinage. Ils viennent pour se plonger dans le Gange à un moment propice de l'année.

Mehera — C'est un lieu très sacré ; ils prennent tous un bain dans le Gange et prient Dieu. Ils se lavent de leurs péchés. Baba, avec quelques-uns des mandalis, était installé à Motichur, qui est à environ 6 kilomètres de Rishikesh. Tôt chaque matin, ils allaient à pied à Rishikesh où Baba contactaient des sadhus aux différents *math*. Le soir ils rentraient très fatigués.

Don — Baba voulait être présent à temps pour ce mela ?

Mehera — Oui, Baba avait ses raisons d'être là. Il y a des milliers de sadhus — de vrais ascètes avec de longues barbes et de longs ongles — qui ont médité sur Dieu pendant des années et ont répété son nom, en jeûnant et en s'infligeant de grandes privations. Il y a de nombreuses sectes différentes et divers genres de sadhus. Baba nous a une fois laissé venir avec lui, mais sans se mélanger à la foule.

Don — Vous étiez à une certaine distance ? Vous dites que Baba ne vous permettait pas de vous approcher ?

Meheru — Nous étions sur la terrasse d'un hôtel. C'était impossible d'aller dans la foule, car on pouvait très facilement s'y perdre.

Don — Je vois. Est-ce que Baba descendait et se mêlait à eux ?

Mehera — Nous étions sur la terrasse et juste en dessous se trouvait le fleuve. Le long du fleuve se trouvait le chemin de terre sur lequel marchaient les sadhus. Baba disait que nous ne pouvions pas nous approcher, que nous devions regarder depuis la terrasse à cause de la grande foule. Il disait que nous pourrions nous laisser emporter.

Meheru — La plupart du temps, nous étions à Dehra Dun, où Baba nous disait, à nous les femmes, de préparer à manger, et pendant notre temps libre, de coudre ou de tricoter des articles qui pouvaient être vendus pour participer au budget du groupe. Nous essayions de vivre aussi frugalement que possible et de faire tenir le peu que nous avions le plus longtemps possible. Même les feuilles extérieures des choux et des choux-fleurs, toutes les feuilles des *kholkhol* — choux-raves — et des betteraves, qui sont jetées d'habitude, nous les utilisions comme épinards.

Don — Ah, les épinards, que Mehera avait appris à tant aimer. Elle a l'air un peu peiné quand je dis cela.

Meheru — Même le Dr Nilu, qui avait été végétarien sa vie entière et connaissait tous les épinards, ne pouvait reconnaître ce que Naja avait cuisiné. Naja avait été appelée de Bombay à ce moment-là. Le Dr Nilu demandait à Vishnu, qui faisait les courses au marché, et Vishnu lui répondait : « Je n'ai pas acheté d'épinards ». Et une fois, plus tard, quand Goher et Nilu avaient dû aller à Dehra Dun, il a interrogé Goher à ce sujet. Il a dit : « Nous ne savons pas d'où sortent les épinards que Naja cuisine. Vishnu ne sait pas. Il ne les a pas achetés. » Alors Goher lui a expliqué et il a compris. Nilu avait l'habitude d'attendre le retour de Baba non seulement parce qu'il aimait être en sa compagnie, mais aussi parce que la nourriture était meilleure quand Baba était là.

Mehera — Oui, il attendait Baba, et demandait : « Quand Baba va-t-il arriver ? Alors Naja nous nourrira bien et nous aurons un vrai repas. » Naja nous donnait beaucoup de sauce et un tout petit peu de pommes de terre, donc il attendait Baba. « Quand Baba va arriver nos repas seront meilleurs », disait-il sans cesse.

Meheru — À propos de nourriture, une fois Goher était en train de montrer où devait être placée la caravane, parce qu'elle devait être située près du quartier des femmes. Elle donnait les ordres et se tenait sous un papayer. Comme la caravane était très haute, elle a secoué les branches de l'arbre et plein de papayes vertes lui sont tombées sur la tête. Quand Goher a poussé un cri, nous ne savions pas ce qui se passait, et peu après elle est arrivée en courant dans la cuisine, heureuse avec toutes ses papayes, en disant : « Naja, Naja, voici quelque chose que tu peux cuisiner. »

Don — Un cadeau du ciel. Vous cuisiniez la papaye aussi ?

Mehera — Oui, c'est un très bon légume.

Meheru — La papaye verte.

Don — Cela doit être plein d'amidon, je suppose, comme une pomme de terre ?

Meheru — Non, le goût est différent. La manière qu'avait Naja de la cuisiner était délicieuse.

Mehera — Certaines étaient à moitié mûres, et c'est celles-là qu'il faut cuisiner.

Meheru — Donc, je pense que le Dr Nilu se demandait quel légume il mangeait ce jour-là également.

Don — Juste une question à propos de Naja. Combien de temps est-elle restée avec vous alors ?

Meheru — Quand nous sommes arrivés à Dehra Dun, peu de temps avant l'anniversaire de Baba le 25 février, le Dr Donkin a été envoyé à Bombay pour aller la chercher. Quand nous sommes allés de Dehra Dun à Satara, elle était encore avec nous. Puis, pour une courte période, elle est repartie et Kitty et Rano sont venues rester avec nous pendant environ un mois quand nous étions à Mahabaleshwar.

Don — Donc les personnes allaient et venaient en alternance pendant la Vie nouvelle ?

Meheru — Je crois qu'elles ont alterné une fois, mais après cela Naja est restée avec nous jusqu'à la fin de la Vie nouvelle. Elle n'était pas là pendant la première partie, quand nous étions sur la route.

Don — Je vois, mais quand vous étiez sédentaires, elle était avec vous.

Meheru — Jusqu'à notre retour à Meherazad. De Satara nous sommes allés à Mahabaleshwar, puis à Hyderabad, et ensuite à Meherazad.

Mehera — Il faisait très froid à Dehra Dun durant notre séjour. Baba se levait à quatre heures du matin et frappait à notre porte. Il dormait en haut, et quand il arrivait nous devions toutes sortir de la pièce et nous laver rapidement à l'eau froide. Il n'y avait pas de véritable salle de bains, donc nous nous lavions sur la véranda. Nous avions très froid, et Meheru allumait le feu rapidement pour chauffer l'eau pour Baba. Après que Baba s'était lavé, il rentrait et prenait le petit-déjeuner avec nous. Le thé venait de chez les mandalis. Après le petit-déjeuner, Baba allait chez les mandalis hommes, pendant que nous préparions à manger.

Nous disposions d'une très grande cuisine, mais elle était assez loin de notre chambre. Nous y allions avec des parapluies, parce que c'était le mois de janvier, je crois, et les montagnes autour de nous étaient couvertes de neige. Quand il neigeait sur l'Himalaya et les collines autour de nous, il pleuvait à Dehra Dun. Mani ne savait pas cuisiner, donc je la supervisais et lui montrais comment préparer le curry avec toutes les épices. Bien sûr, j'écrasais les épices sur la pierre aussi finement que possible pour faire un bon curry pour Baba.

Quand notre repas était à mi-cuisson, Baba arrivait, vers huit heures, et demandait : « Est-ce que le déjeuner est prêt ? » Nous répondions : « Oh non, Baba, encore une heure. Le riz n'est pas encore prêt. » Baba disait : « D'accord. Je reviendrai plus tard. » Mais au bout d'une demi-heure environ

Baba venait à nouveau. Un matin, alors qu'il faisait très froid dehors, Baba est entré dans la cuisine avec un morceau de glace dans les mains. J'ai dit : « Oh, Baba, tu as apporté de la glace ! Nous avons déjà très froid, nous sommes frigorifiées, et rien qu'à regarder la glace on a encore plus froid. » Baba nous a répondu : « Cela vous permet de mesurer à quel point il fait froid — il gèle. Un seau d'eau a été oublié dehors et cette glace s'est formée en surface. Cela donne une idée du froid qu'il fait. »

À ce moment-là, nous avons compris qu'il faisait extrêmement froid. C'est pour cela que nous n'arrivions pas à nous réchauffer les mains et les pieds, et pendant tout le temps que nous faisions à manger, nous voulions être près du feu. Mani disait : « Non, c'est moi qui fais la cuisine, je suis censée être près du feu », et elle se réchauffait les orteils près des flammes.

Don — C'est pourquoi elle voulait faire la cuisine.

Mehera — Oui, exactement.

Meheru — Et Mehera se chargeait de la tâche la plus difficile, qui consistait à écraser le *masala* (épices). Tout était si froid, la noix de coco et tous les ingrédients, que c'était encore plus difficile que d'habitude de les écraser. Elle lavait la pierre à l'eau chaude, et avec le temps qu'il fallait pour y mettre les ingrédients dessus afin de les réduire en poudre, tout était à nouveau froid.

Mehera — Un froid de canard. La noix de coco était tellement gelée que quand tu l'écrasais, elle se collait à la pierre. C'était avec le plus grand mal que nous faisions le curry pour Baba, mais il faisait si froid et nous étions, Baba et nous, tous si affamés que tout nous semblait absolument délicieux.

Don — Est-ce que le froid a eu un impact sur la santé de Baba ?

Mehera — Non... pas en soi.

Don — Il est toujours resté en bonne santé ?

Mehera — Non. Plus tard, quand Baba est allé à Motichur pour effectuer son travail consistant à contacter des sadhus, il a contracté une infection grave. Motichur est à quelques kilomètres de là où nous étions installées. Ce n'était pas à Dehra Dun même, mais à environ huit kilomètres de cette ville. Chaque matin, Baba se levait et se préparait pour aller contacter les sadhus à Motichur, et c'est peut-être là, en faisant son travail, qu'il a attrapé une infection, une congestion des yeux, en fait. Cela lui a causé beaucoup d'inconfort.

Meheru — C'était une conjonctivite.

Mehera — C'était très sérieux. Les yeux de Baba était tout rouges. Goher a emmené Baba voir un médecin, mais celui-ci a donné à Baba un médicament qui a rendu ses yeux encore plus rouges.

Meheru — Une pommade à la pénicilline. Baba a très mal réagi et ses yeux ont rougi encore plus. C'était vraiment... on ne pouvait pas regarder Baba sans avoir les larmes aux yeux, rien qu'à voir l'état de ses yeux à ce moment-là.

Don — Il était peut-être allergique à la pénicilline.

Meheru — En tous cas, il l'était à la pommade.

La découverte de Guruprasad

Retour à Meherazad et premier séjour à Guruprasad (Poona)

Mehera — C'est au prix de beaucoup de difficultés que ses yeux ont finalement guéri. C'était à Dehra Dun. Puis, juste deux jours avant de quitter Dehra Dun, Mani a eu une très mauvaise intoxication alimentaire. Elle a presque perdu conscience, tellement c'était sérieux. Goher et nous toutes sommes restées debout toute la nuit. Goher lui a fait des injections, avec beaucoup d'attention et en prenant grand soin d'elle ; son état s'est amélioré. Puis Mme Nalavala nous a parlé d'un médicament indien très efficace, un remède de grand-mère, et grâce à cela Mani s'est remise sur pied. Bien sûr, c'est par la grâce de Baba que Mani s'est rétablie.

Nous étions censés partir plus tôt, mais nous avons repoussé le départ d'un jour ou deux jusqu'à ce que Mani soit suffisamment en forme. Elle était rétablie quand nous sommes partis pour Satara. Nous sommes restés là-bas quelque temps, et Rano et Kitty ont été appelées.

Meheru — De Mahabaleshwar elles sont retournées à Bombay, ont terminé l'année, puis elles ont arrêté leur travail pour de bon et sont revenues vivre avec nous à Hyderabad. Baba n'était pas avec nous quand nous avons fait notre dernier voyage de Hyderabad à Meherazad.

Mehera — Oui. Il nous a dit que toutes les femmes devaient partir ensemble avec Adi, qui nous emmènerait à Meherazad en voiture. Baba allait rester pendant un certain temps en réclusion à l'extérieur de Hyderabad. Il avait trouvé un endroit qui convenait parfaitement au travail qu'il voulait faire en réclusion. C'était sur une colline ; il y avait là la dernière demeure d'un saint, et quelques chambres. Baba aimait bien l'atmosphère et est resté là. Après cela, Baba a commencé son circuit à pied de Hyderabad à Meherazad.

Don — Il y avait juste quelques-uns des hommes mandalis avec lui à ce moment-là, trois ou quatre d'entre eux.

Mehera — Oui, mais nous ne savons pas combien.

Don — Eruch a raconté ce qui s'est passé avec Baba à cette occasion. Mais que s'est-il passé avec les femmes à ce moment-là ? Vous êtes rentrées directement ?

Mehera — Oui, directement dans les deux voitures avec Adi qui conduisait la première et Vaman la deuxième, s'arrêtant une nuit à Solapur et arrivant ici le lendemain. Après sa réclusion près de Hyderabad, Baba et les mandalis qui étaient avec lui ont rejoint Imampur à pied. Imampur se trouve à quelques kilomètres d'ici, et Baba y a dormi dans une mosquée. Vous êtes au courant de cela ? C'était le dernier arrêt avant que Baba n'arrive à Seclusion Hill.

Don — Oui, Eruch nous a parlé de cette mosquée.

Mehera — Après cela, quand Baba était sur le point d'arriver, il a envoyé un message pour dire que Mehera et Mani devaient venir le voir au pied de la colline. Mani et moi étions très contentes et tout excitées, nous sommes parties toutes les deux et sommes restées au pied de la colline de Baba. Nous avons vu Baba approcher. Il était très beau dans sa robe blanche et avec son turban vert. Il avait quelque chose à la main, je pense la jholi, la sacoche pour la bhiksha, une sacoche en coton. Elle est dans le musée. Elle porte l'inscription *prémsé bhiksha didjiyé* (donnez la bhiksha avec amour).

Baba est venu vers nous, nous a saluées et m'a embrassée. Il a demandé à Mani comment elle allait, comment nous allions toutes, si le voyage s'était bien passé, si cela avait été confortable, et ainsi de suite. Puis Baba nous a dit ce qu'il fallait lui procurer sur la colline — de l'eau chaude le matin et du thé noir léger sans lait, etc. Baba nous a donné les instructions pour tout ce qu'il désirait, puis il a nous a dit au revoir et s'est mis à grimper la colline. Nous l'avons regardé un certain temps, puis il s'est retourné vers nous et a mis sa main comme cela pour dire, bon, maintenant vous devez rentrer à la maison. Mani et moi sommes donc parties.

Plus tard, les mandalis ont suivi Baba. Ils n'étaient pas en vue quand nous étions en train de parler à Baba. Baba était tout seul à monter la colline. C'était très beau, comme Jésus. Baba était vraiment très beau. Ses cheveux étaient défaits sur ses épaules avec la robe blanche. Baba était magnifique.

Meheru — Le travail de réclusion que Baba avait eu l'intention de faire sur Seclusion Hill n'a pas pu y être achevé car le vent, terrible là-haut, le gênait dans ses projets. Les deux cabanes en fibro-ciment ont donc été descendues. Baba est resté quelques jours dans la partie des hommes pendant le déménagement des cabanes, puis il a continué son travail de réclusion durant la période de Manonash. C'est seulement après cela que Baba a mis fin à sa réclusion et que nous l'avons vu.

Don — Mehera, quel est ton sentiment personnel sur les difficultés, les épreuves et le froid de la Vie nouvelle ?

Mehera — Cela manquait un peu de confort, mais nous étions très heureuses car Baba était avec nous et c'est ce qui comptait le plus pour nous. C'était exactement ce que nous voulions. Cela ne nous dérangeait pas de traverser toutes ces difficultés parce que Baba était avec nous tout le temps. Il y a eu diverses difficultés, tu sais, des petits inconforts, de ci de là, mais cela nous a plu. Tu vois, nous ne ressentions pas le manque de confort. Il *y avait* certes de l'inconfort, mais nous n'y accordions pas d'importance. Nous nous sentions très heureuses de traverser tout cela pour Baba, en étant avec Baba, en marchant avec Baba.

Maintenant je vais te parler de l'épisode qui a suivi. Au bout d'un certain temps passé à Meherazad nous sommes parties pour Mahabaleshwar. Tout cela était un prolongement de la Vie nouvelle. Baba n'est resté que quelques jours avec nous à ce moment-là. Sa chambre était en haut. C'était une belle villa. La plupart du temps, il était avec les mandalis. Mais il venait manger avec nous et se reposer un peu. Mani faisait la lecture à Baba et puis Baba retournait chez les mandalis. Mais au bout de quelques jours, il est retourné en réclusion pour faire son travail universel.

Il résidait dans une petite maison séparée, à une courte distance de notre villa. Elle surplombait la vallée et ses beaux arbres. Elle était très bien, une petite maison calme avec juste une ou deux pièces. Il ne voulait pas se mettre en réclusion dans la plus grande pièce parce qu'elle n'était pas assez en retrait. Dans l'autre pièce, Baba avait fait construire une séparation en verre avec une petite porte parce que la pièce avait de grandes baies vitrées. Quand son travail était terminé, Baba venait dans la grande pièce.

Chaque jour, quand il sortait de sa réclusion, il nous appelait, Mani et moi, pour que nous venions le voir. Cela a continué un certain temps — je ne me rappelle pas combien de temps — jusqu'à ce que sa réclusion soit terminée. Le fait d'être en réclusion, c'est-à-dire enfermé dans la pièce à faire un travail universel intense tout en jeûnant, a affecté sa santé, et le corps de Baba a souffert comme n'importe quel corps humain. De nombreuses fois, nous avons vu que Baba prenait sur lui la souffrance physique humaine pour son travail. Goher, les Drs Donkin et Nilu étaient là pour lui dispenser des traitements médicaux.

Quand Baba est allé mieux et que la période de réclusion s'est terminée, nous sommes allés à Poona pour un court séjour. La première villa où nous sommes allés ne convenait pas du tout. C'était une maison immense à Wanowrie, pleines de recoins, qui n'était pas meublée ; pour couronner le tout, elle était proche d'une tannerie. Baba ne l'a pas aimée du tout et il est parti immédiatement avec les hommes mandalis pour trouver une autre maison. C'était la première fois que Baba venait à Guruprasad, et l'endroit lui a plu tout de suite. Nous pouvions rester là parce que Chimnabai, la douairière Maharani de Baroda, nous en avait donné la permission. Baba est retourné à Wanowrie, a pris son déjeuner, et nous sommes partis tout de suite avec lui à Guruprasad. Nous étions heureuses de quitter cette maison.

Don — L'odeur de la tannerie devait être excessivement désagréable.

LA DÉCOUVERTE DE GURUPRASAD

Mehera — Oui, c'était si terrible que je ne sais pas comment nous aurions pu vivre là. Nous étions du côté opposé de Poona par rapport à Guruprasad. Nous avons traversé la ville, et quand nous sommes arrivés près de Bundgarden nous avons dit : « Mon Dieu, nous arrivons dans un quartier très bien. La maison doit être superbe ». Nous ne nous doutions pas de ce qui nous attendait. Puis notre voiture a tourné au niveau de l'entrée avec ses portes de métal immenses, toutes peintes, et tout le reste était si beau. Nous étions très surprises de découvrir ce qu'il y avait autour de nous. « Quel est cet endroit ? » Il y avait un jardin spacieux, qui manquait un peu de fleurs, et une longue allée vers la villa. Tout nous paraissait magnifique.

Comme la voiture arrivait vers la véranda, nous avons vu que celle-ci était fraîche et ombragée, avec un grand porche magnifique. Nous ne pouvions pas en croire nos yeux. Comme Baba l'avait dit, c'était vraiment une grande surprise. Nous étions ravies, avec l'impression d'arriver dans un palais. En grimpant les marches, nous avons vu les statues et toutes les autres choses magnifiques et nous avons simplement admiré ce qui était autour de nous.

Nous avons demandé : « Allons-nous rester ici ? Baba a dit : « Dépêchez-vous d'aller à l'intérieur, défaites vos bagages et installez-vous. » Bien sûr, comme d'habitude, Baba était très occupé à aller à droite à gauche. « J'ai demandé du thé, vous allez avoir du thé ; cela va vous revigorer et vous vous sentirez bien. »

Après avoir pris le thé, nous avons fait le lit de Baba et préparé sa chambre pour la nuit. Mais cette nuit-là, pendant notre repos, il y avait du bruit provenant de l'extérieur du domaine, chez les voisins, et on entendait jouer des percussions. C'était de notre côté de la maison. La chambre de Baba était à l'avant et la nôtre était à l'arrière. Les tambours continuaient et ne se sont pas tus, même pas à minuit, une heure, deux heures... jusqu'à cinq heures du matin. Nous n'avions aucune idée du type de musique dont il s'agissait.

Le matin, nous étions très inquiètes car nous étions persuadées que Baba n'avait pas pu trouver le sommeil. Quand les mandalis sont partis, nous sommes allées à la chambre de Baba sur la pointe des pieds pensant que Baba n'avait pas été bien toute la nuit et n'avait pas dormi. Quand nous avons vu Baba nous lui avons demandé : «Baba, vous êtes-vous bien reposé?» Baba a répondu : «Parfaitement bien». Nous étions alors ravies et nous nous sommes rappelées que cette chambre était à l'avant de la maison, et que Baba n'avait donc pas été directement exposé au bruit du battement des tambours.

Don — Je suis surpris qu'il n'ait rien entendu, malgré tout, car il était tellement sensible au bruit.

Mehera — Oui. Mais nous étions très heureuses que Baba se soit bien reposé et que tout aille bien. Bien sûr, Guruprasad avait une très belle atmosphère.

Don — Oui, charmante. Vous avez dû tant l'aimer.

Mehera — Oui, c'est vraiment dommage que la maison ait été détruite, mais elle n'était pas si neuve, elle ne serait pas restée debout longtemps. C'était très beau, comme si elle avait été construite pour Baba. La salle de darshan, tout était parfait. Les jardins à l'arrière de la maison, un endroit si beau et grand. Vous étiez là en 1962?

Don — Oui, c'était parfait en 1962.

Mehera — Parfait pour le darshan avec l'immense tente, suffisamment d'espace pour le rassemblement Est-Ouest. C'était comme si cela avait été construit pour Baba. Donc, après que le travail de Baba a été terminé...

Don — Cela s'est effondré.

Mehera — Il n'y en avait plus besoin. Le travail de Baba était fait. Maintenant nous essayons de conserver une petite pièce sur le même terrain.

Don — Ce serait magnifique.

Mehera — Donc nous disons, Jai Baba! Nous vous envoyons notre amour à chacun de vous, qui nous êtes si chers, de la famille de Baba. Jai Baba! Jai Baba!

LE RÉCIT DE MANI

Une trace de pas

Réflexions sur la Vie nouvelle et ses conséquences

Don — Nous sommes à Meherazad, en octobre 1972. Mani va continuer la narration de différents récits de la Vie nouvelle avec Baba.

Mani — Eh bien, Don, je ne crois pas qu'il y ait grand-chose à dire à propos de la Vie nouvelle...

Don — Pas grand-chose ! Nous n'en avons parlé que pendant quatorze heures jusqu'à présent !

Mani — En fait, je pense qu'il n'y a rien que l'on puisse dire sur la Vie nouvelle. Tu sais, la Vie nouvelle ne peut pas être expliquée — elle doit être vécue. Nous pouvons parler seulement des choses extérieures, des activités qui ont eu lieu, des choses que tu peux mettre dans un journal ou un carnet. Mais la Vie nouvelle n'a pas de limites, elle est hors du temps. Baba a dit : « La Vie nouvelle continuera de vivre par elle-même même s'il n'y a personne pour la vivre. » Donc la Vie nouvelle vit à jamais. C'est parce que Baba le Dieu-homme lui a donné vie lui-même en la menant, en traçant un chemin pour tous dans le temps éternel à venir.

Don — Il en a fait un prototype vivant. Est-ce ton interprétation de ce que Baba a fait dans la Vie nouvelle ?

Mani — Peut-être que l'expression idoine, c'est « trace de pas ». Tu vois, Dieu lui-même a mené la Vie nouvelle, et c'est *cela* qui a donné vie à la Vie nouvelle. La Vie nouvelle a déjà été vécue parce que Baba l'a vécue au nom de tous ceux qui la suivront. Quand la Perfection fait un acte dans l'Illusion, cet acte est parfait. Nous ne pourrons jamais égaler ne serait-ce qu'une once de ce que *lui* peut faire. Comme Baba l'a dit une fois : « Si vous tous aviez gardé le silence pendant toute votre vie, cela n'équivaudrait pas à une heure de mon silence. Et si chacun d'entre vous jeûnait toute sa vie cela n'équivaudrait pas à une journée de mon jeûne. »

Don — Dieu merci pour cela. Je n'aime pas jeûner.

Mani — Moi non plus ! Baba étant universel, quand il fait quelque chose, c'est au nom de nous tous. Quand il récitait la prière du Repentir en y participant, c'est-à-dire, en se tenant debout les mains jointes parmi nous tandis que l'un d'entre nous lisait la prière à voix haute sous sa direction, lui, au nom de nous tous, se repentait pour tout ce que nous avions fait. Si nous nous étions repentis toute notre vie, nous n'aurions jamais pu réparer les torts que nous avions causés. Mais lui, en participant à notre repentir dans cette prière du Repentir, a fait pour nous ce que nous ne pouvons jamais faire pour nous-mêmes. Dieu a offert la prière du Repentir au nom de ses créatures. Celui qui est Parfait, qui le fait au nom de l'imparfait, rend toute action fructueuse, vivante, réelle, par le sceau de sa Réalité.

Don — Mani, j'aimerais connaître tes impressions, ou peut-être ta connaissance, à travers des conversations avec Baba, de ce qu'est la Vie nouvelle ? Est-ce une manière de ressentir ? Est-ce une manière d'errer ? Ou est-ce un mélange d'action et d'émotion ? Quelles sont les caractéristiques de la Vie nouvelle ?

Mani — Eh bien, je ne peux exprimer que mon propre point de vue, qui est bien sûr limité à l'aspect extérieur. Comme le dit le Dr Donkin dans *The Wayfarers*, nous ne pouvons voir que la pointe de l'iceberg de ce que Baba accomplit. Le reste est caché de notre vue, submergé dans l'océan. Tandis que Baba a dit : « Je travaille sur tous les plans en même temps », nous ne pouvons voir que le travail qu'il fait sur le plan physique. Cependant nous pouvons sentir l'invisible, comme tu peux sentir la profondeur de l'océan même si tu es debout sur la plage et n'y as pas plongé. Nous savons que quoi que Baba ait fait, même ses actions les plus ordinaires ont servi des buts multiples et ont donné des résultats multiples.

L'un des buts de la Vie nouvelle était de nous offrir, individuellement et collectivement, un entraînement et une discipline, et en échange il nous a utilisés de toutes les manières dont nous pouvions servir dans son travail. Mais ce n'est pas tout. La Vie nouvelle a existé pour toi, tous ceux qui lui sont proches, tous ses *lovers* et tout l'univers, à des degrés divers.

C'est comme lorsque tu lances un caillou dans un lac ; après le plouf, il y a des ondes concentriques. S'ensuivent une suite de cercles, plus grands en taille et moindres en intensité jusqu'à ce qu'à la fin le lac entier soit couvert. C'était vrai de tout ce qu'a fait Baba. Nous avons appris cela de situations dans lesquelles nous pensions qu'un projet ou une action étaient dirigés vers une situation ou une personne en particulier, mais par la suite, une remarque en passant de Baba rendait très clair pour nous que ce n'était pas juste pour ceci ou cela, mais au contraire pour son travail, dont la portée est universelle.

C'est pourquoi je peux dire que, quand nous parlons de la Vie nouvelle, nous ne pouvons donner qu'une image limitée de ce que nous avons observé, et décrire seulement en mots que « nous avons marché d'ici à là » et que « nous avons fait ceci, et il a dit cela ». Comme je le dis, par le fait que le Dieu-homme a marché dans la Vie nouvelle, je ressens qu'elle est déjà vécue.

Don — Et nous, le reste de l'humanité, ferons progressivement et inévitablement l'expérience du schéma qu'il a mis en place.

Mani — Automatiquement ! Nous en voyons déjà certains signes, il y a de nombreux changements dans les anciens schémas et valeurs que nous pensions immuables. Nous constatons que les jeunes se débattent pour se libérer des vieux liens du matérialisme, commencent à ressentir la soif de Dieu, à chercher quelque chose au-delà de ce qu'ils voient! Ce bond dans l'éveil de la jeunesse, nous n'en aurions jamais rêvé il y a quelques années.

Don — Même il y a dix ans?

Mani — Même il y a dix ans. Donc, Don, tout ce que je peux faire maintenant c'est ajouter quelques détails à l'histoire de la Vie nouvelle. Eruch, bien sûr, t'en a donné une image très complète, et Mehera a décrit ce qui a été observé, autant qu'on peut s'en souvenir, du point de vue des femmes. Je ne peux que mentionner quelques notes intéressantes de mon journal, qu'elle n'a peut-être pas abordées.

Mais avant de continuer, je dois dire que je pense que même si nous avons été interrogés sur la Vie nouvelle et avons discuté de la Vie nouvelle, un de ses aspects n'a pas été évoqué comme il aurait dû l'être. Il concerne ceux qui n'ont pas accompagné Baba dans la Vie nouvelle : ceux qui avaient vécu avec Baba comme nous l'avions fait, mais que nous avons quittés et qui ont dû vivre dans des endroits comme Bombay, Poona ou Meherabad, ou qui ont été envoyés en Occident ; et ceux qui n'avaient pas vécu avec lui mais qui étaient constamment sous sa direction et lui rendaient visite chaque fois qu'il les appelait ou le permettait. Tous ces individus, ces cœurs brûlants qui l'aimaient tant, ce sont eux qui devaient affronter le plus grand défi, parce qu'ils pensaient que la séparation serait permanente. Baba leur avait dit : « Vous devez me croire quand je dis que quand je partirai pour la Vie nouvelle, moi et les compagnons, vous n'aurez plus de contact ni de communication avec nous. Vous ne devez même pas essayer de le faire, je ne reviendrai pas et vous ne nous reverrez plus. »

Don — Quelle séparation! Eruch a dit que vous croyiez totalement que vous ne verriez jamais plus ces personnes et qu'elles ne verraient plus jamais Baba.

Mani — C'était un déracinement complet. Nous pensions que nous ne reverrions plus jamais Meherazad. La plupart de nos affaires de maison – les meubles et ainsi de suite, tout comme nos affaires personnelles – avaient été données ou vendues. Plus tard, à notre retour mouvementé, nous ne pouvions nous empêcher de penser : «Oh, si seulement nous avions gardé cette bouilloire qu'Elizabeth nous avait apportée en telle année! Une bouilloire en émail tellement belle, ça ne se trouve plus aujourd'hui, une qualité pareille, et ce couteau à pain» et ainsi de suite. Comme des femmes!

Don — Elizabeth doit avoir été le cheval de somme. Tout ce dont tout le monde parle, c'est «Elizabeth avait apporté ceci, Elizabeth avait donné cela», et ainsi de suite.

Mani — Oui, en effet! Mais Arnavaz et Nariman, en tant que gardiens de Meherazad, ont conservé tout ce qu'ils ont récupéré, pour que Baba puisse en faire ce qu'il voulait s'il avait le caprice divin de revenir. Ils ont fait cela sans réfléchir. Ils sont allés racheter tout ce qu'ils pouvaient, même ce qui avait été donné ou vendu.

Pour ceux qui ont laissé partir Baba, croyant qu'ils ne le reverraient plus jamais, c'était très dur. Mais pour nous qui voyagions avec Baba, quoi que nous ayons traversé dans la Vie nouvelle, nous avions Baba avec nous. En y repensant, nous pourrions avoir toutes ces difficultés encore un million de fois et continuer à faire le choix d'accompagner Baba dans la Vie nouvelle. Mais pour ceux qui sont restés patiemment derrière, leur rôle dans la Vie nouvelle n'était pas moindre.

Je sais quel profond choc cela fut pour nombre de proches. La santé de certains en a été grandement affectée. Prenez le cas de la mère de Vishnu, Kaku. Elle était très proche de nous, particulièrement de Mehera et de moi-même. Elle a vu Baba partir – le meilleur, le plus grand, celui qui était toute sa vie – ainsi que son fils Vishnu, plus Mehera, plus moi-même. Elle en a eu le cœur brisé. Elle est morte avant notre retour. Le choc était grand pour les autres, aussi. Ils sentaient que c'était la fin. Mais ils ont continué, et Baba a tout remis d'aplomb, comme il le fait toujours.

Maintenant que j'ai trop parlé avant même d'en arriver à la Vie nouvelle elle-même, je répète que je n'ai pas grand-chose à dire sur la Vie nouvelle parce qu'on t'a déjà presque tout dit. Mais j'ai ici quelques notes de mon journal qui compléteront peut-être le récit d'Eruch, de Mehera et de Meheru. Quand nous sommes partis pour la Vie nouvelle, le 16 octobre 1969...

Don — Nous en sommes très proches, n'est-ce pas ?

Mani — Absolument. Nous sommes aujourd'hui le 14. Il est écrit dans mon journal : 16 octobre 1969. Quand nous sommes partis pour notre Vie nouvelle il pleuvait à torrent, avec du tonnerre et des éclairs.

Don — Un temps caractéristique de Baba.

Mani — C'est vrai.

Une autre voix — 1969 ? J'ai entendu plusieurs fois 69.

Mani — Oui, c'est ce que j'ai dit en effet, je suis désolée.

Don — Oh, c'est ce que tu as écrit, aussi.

Mani — Oui, je vais le corriger. Le 16 octobre 1949. Quand nous sommes partis pour notre Vie nouvelle – juste alors que nous commencions à marcher — cela s'est passé sous la pluie, le tonnerre et les éclairs.

Don — Étiez-vous tristes ?

Mani — Non, pas du tout. Tu vois, comme toujours avec Baba, nous avions été très occupés avant de partir.

Don — Pas le temps de penser.

Mani — Non, avec Baba, on n'a pas le temps de se prélasser et de remâcher les choses. On joue juste son rôle parce que Baba conduit le tout comme un orchestre symphonique et chacun s'occupe de son propre instrument. Nous ne pouvons pas voir le résultat dans son ensemble, mais chacun d'entre nous est occupé à participer à cet ensemble.

Notre première véritable halte a été à Belgaum, où nous nous sommes installés pour un certain temps. C'était une sorte de période d'entraînement pour nous, la période précédant la véritable Vie nouvelle, comme Baba l'appelait. Mon journal dit que nous y sommes arrivés le 20 octobre. Il faisait très froid, et nous n'étions pas du tout équipés pour cela. En fait il faisait si froid qu'Adi, comme on me l'a confié plus tard, se levait à environ deux heures du matin, sortait et courait dans tous les sens pour se réchauffer.

C'est là que Baba a donné à chacun une couverture appelée *kamli*. C'est une couverture rêche, tissée à la main dans les villages, faite de laine d'agneau. Incidemment, c'était à partir d'une couverture comme celle-là que l'ancien manteau de Baba avait été fabriqué – le *kamli coat* qu'il a porté tous les jours pendant des années.

Don — C'est ce vieux manteau rapiécé que vous avez dans la pièce du musée à Meherabad ?

Mani — Oui. Au départ il avait été cousu à partir d'une couverture kamli. Il a été fabriqué par Yashwantrao, un des vieux disciples d'Upasni Maharaj. Yashwantrao l'a donné à Baba quand ce dernier a quitté Upasni Marahaj.

Mais, pour en revenir à la Vie nouvelle – à Belgaum, Baba nous a donné à chacun une couverture kamli. En temps ordinaire, nous l'aurions trouvée terriblement rêche, mais il faisait si froid et la couverture était si bienvenue que nous n'aurions rien pu imaginer de mieux ou de plus désirable !

Don — Mani, comment dormait Baba pendant la Vie nouvelle ? Est-ce qu'il avait un sac de couchage ou une couverture et une natte ? Comment dormait-il ?

Mani — Eh bien, tu vois, la caravane était là (pour que nous les quatre femmes puissions y dormir la nuit), et à côté de la caravane se trouvait une sorte d'auvent pour Baba, une demi-tente qu'Eruch accrochait au sol chaque nuit. Une fois, pendant nos voyages dans le Nord il a plu si fort pendant la nuit que la pluie est entrée dans la petite tente.

Eruch était de garde au-dehors, assis sous un parapluie. Les hommes qui dormaient à l'extérieur étaient, bien sûr, complètement trempés. Les hommes dormaient toujours dehors, sous les arbres, et Baba avait juste cette demi-protection au-dessus de lui.

Pendant que nous étions à Belgaum, nous nous sommes rendus compte que Baba était vraiment le compagnon qu'il disait être : il travaillait dur avec les autres compagnons masculins. Mon journal dit : « Ils ont monté des tentes et Baba les a aidés à puiser l'eau du puits et a transporté les légumes du côté des hommes. Rappelle-toi, quoi qu'il se passât, où que nous nous arrêtions, où que nous restions, dans la Vie nouvelle et avant et après, les femmes étaient logées séparément et à une certaine distance des hommes, et Baba allait et venait d'un côté à l'autre. Quand Kaka préparait la cuisine du côté des hommes, Baba portait les légumes depuis le côté des femmes, parfois dans un panier posé sur sa tête. Non seulement Baba transportait les légumes et aidait les hommes à tirer de l'eau du puits, mais il participait également à tous les autres travaux.

À partir du 1er novembre, nous les femmes avons repris la préparation des repas et Baba nous a aidées à la cuisine. Je me souviens qu'un jour, nous avons préparé un potage, en y mettant tous les légumes que nous avions, et puis quelque chose a mal tourné! C'était une bouillie épouvantable, nous ne savions pas quoi en faire, et il fallait livrer la ration réservée aux hommes! J'ai écrit dans mon journal : « Baba sauve le plat en nous faisant rajouter toutes sortes de choses. Cela s'est finalement avéré tout à fait délicieux. Tout le monde a aimé le potage et en a fait les louanges, y compris les hommes.

Don — Il était bon cuisinier!

Mani — Ah ça, oui! Il pouvait transformer un plat avec juste ce petit rien, cette touche qui fait toute la différence.

Don — Il a cuisiné un certain nombre de potages dans sa vie, quand j'y pense.

Mani — Et pour les croquettes de pommes de terre — quand c'était Baba qui les faisait, elles étaient tout simplement à mourir. Nous n'avions jamais rien mangé de semblable auparavant !

La note suivante dans mon journal dit : « Chaque soir nous chantons la chanson de la Vie nouvelle. Baba indique clairement qu'il veut une obéissance immédiate à ses ordres. »

Don — Qui a composé le chant de la Vie nouvelle ? Était-ce Baba lui-même ?

Mani — Baba a donné les idées et Ghani l'a composée en vers. Finalement Baba a ajouté des vers, en a retiré et en a ajouté quelques autres. Comme ma soupe. Sa patte magique en a fait ce qu'elle est.

Plus tard durant nos voyages, quand nous étions à Bénarès, nous avons reçu un ordre inattendu de Baba : fabriquer des marionnettes ! Tu vois, j'avais fait des marionnettes il y a longtemps quand nous étions à Meherazad et j'avais donné un spectacle de marionnettes pour Baba. Je me souviens qu'après le spectacle Norina avait dit : « Si un jour tu as besoin de trouver un travail, Mani — si Baba te dit d'aller te trouver du travail, ce que tu devrais faire, ce sont des marionnettes. » Nous en avions ri à ce moment-là, mais quand nous étions à Bénarès dans la Vie nouvelle, dans cette immense maison grandiose dont Eruch et Mehera ont dû te parler, Baba nous a dit : « Vous allez faire des marionnettes, parce que lorsque nous aurons quitté cet endroit et que nous aurons repris la route, il vous faudra vous mettre à gagner de l'argent. Vous pourrez le faire en donnant des spectacles de marionnettes. Chaque fois que nous nous arrêterons, les gens pourront venir assister au spectacle. Ils l'apprécieront et se feront un plaisir de payer. Ce sera aussi une forme de bhiksha. »

Nous nous sommes donc mises à fabriquer des marionnettes. J'ai fait les visages et les mains (avec du papier et de la colle), tandis que Mehera et les autres fabriquaient les vêtements et les bijoux.

Don — Est-ce que c'étaient des marionnettes à gaine ou à fil ?

Mani — Des marionnettes à gaine. Une petite marionnette était le seigneur Krishna et Mehera a fabriqué tous ses bijoux et sa couronne ; Meheru et Goher ont aidé à coudre les vêtements. Nous avons fabriqué tout cela, et nous nous apprêtions à en faire beaucoup plus quand Baba a soudain laissé tomber l'idée.

Comme tu le sais, Baba propose et Baba dispose.

Don — C'est ce que Dieu est censé faire, dit-on.

Une autre voix — L'homme propose et Dieu dispose.

Mani — Oui, mais là c'est Dieu propose et Dieu dispose. Bon, pour en revenir à mon histoire, le 1ᵉʳ décembre nous étions à Sarnath, qui n'est qu'à quelques kilomètres de Bénarès. Je sais que Mehera t'a raconté notre séjour là-bas. Sarnath est l'endroit où le Bouddha a donné son premier sermon à ses disciples.

Don — Est-ce qu'il y a encore beaucoup d'activités bouddhiques là-bas ?

Mani — Il y a un beau stupa. Baba nous a emmenées le voir, ainsi que les ruines, le monastère, et un temple avec de très belles peintures qui dépeignent la vie du Bouddha. Un matin, Baba m'a demandé d'écrire sur une feuille de papier tous les noms des Avatars connus : Zoroastre, Ram, Krishna, le Bouddha, Jésus, Mahomet et Meher Baba — tous — et il a mis le papier dans sa poche. Je ne sais pas ce que ce papier est devenu, mais après l'avoir mis dans la poche, il a marché dans les passages souterrains des ruines, là où il s'est assis plus tard avec les compagnons hommes. Eruch t'a raconté cela.

Alors que nous étions à Sarnath, des préparatifs étaient en cours pour la marche «*fakiri*» (pauvreté), comme Baba l'appelait. Les hommes avaient leurs kafnis blanches et leurs turbans verts, qu'ils s'étaient mis à porter à Bénarès, mais comme les femmes n'avaient rien, Baba nous a fait faire des kafnis bleu clair en laine et nous a procuré des morceaux de tissu en coton gris pour nos turbans. Puis, pour nous montrer comment nouer un turban, Baba a noué le mien sur ma tête. Mais ensuite Baba a laissé tomber l'idée et les femmes n'ont jamais vraiment porté le turban ou la kafni pendant nos pérégrinations. Au lieu de cela, il a décidé que le premier jour de notre marche fakiri, nous porterions un sari. On s'est donc procuré des saris de coton bleu ciel, que nous avons portés ce premier jour, le 12 décembre, quand nous sommes partis à 7h30 du matin.

Voici ce que dit mon journal : « Course effrénée comme d'habitude. Les Drs Nath et Khare et les autres se tenaient à distance. Notre longue procession a débuté, d'abord le cheval blanc (mené par le Dr Donkin), suivi par la charrette à dromadaire (conduite par Baidul), le char à bœufs (conduit par Vishnu), une vache blanche, deux veaux (l'un d'entre eux tout petit, et souvent transporté par le Dr Nilu sur ses épaules), la caravane tirée par les bœufs (conduite par Pendu), deux ânes obstinés, et ensuite venaient certains des compagnons masculins qui étaient suivis à quelque distance par Baba et Eruch (tous en kafni blanche et turban vert), et encore un peu plus loin, nous les quatre femmes en saris de coton bleu — que nous n'avons portés que ce premier jour-là. »

Nous avons dû faire un beau tableau, et à part des gens comme les Drs Nath et Khare, qui nous avaient donné tous ces animaux et qui avaient eu la permission de rester à distance, seul Padri assistait au passage de cette procession unique en son genre. Padri était venu d'Ahmednagar sur ordre de Baba pour livrer la caravane, sans le rencontrer. Padri avait reçu l'ordre de ne pas prendre de photo, de ne pas parler, uniquement de se tenir à distance pendant que passait la procession.

Plus tard, Padri nous a dit que cette scène inoubliable avait été imprimée dans son esprit de façon indélébile. Il a dit « Vous ne pouviez pas savoir car vous étiez dedans. Mais c'était vraiment hors du monde, une scène extraordinaire qui a régalé mes yeux tandis que je regardais en silence cette longue procession passer à l'aurore.»

Notre dromadaire de la Vie nouvelle avait une adorable clochette persane en argent autour du cou — la même cloche qu'Aloba fait sonner le soir pour vous rappeler qu'il est près de six heures, c'est-à-dire l'heure de quitter Meherazad. La clochette du dromadaire est mentionnée dans les versets de Hafiz, le Maître parfait dont Baba aimait tant la poésie. La clochette portée par le dromadaire de tête d'une caravane est un symbole d'avancée. Elle sonne pour rappeler à une caravane qui s'est arrêtée à une oasis et qui ne veut pas repartir dans le désert : « Allons-y. Ce n'était qu'une étape. En avant, en avant ! »

Notre charrette à dromadaire transportait la nourriture des animaux : le foin, le fourrage et ainsi de suite. Les hommes se levaient avant trois heures du matin et s'occupaient d'abord des animaux. Nous pouvions voir les compagnons de loin à la lumière de leurs lampes à kérosène, couper du fourrage et nourrir les bœufs, les vaches, les ânes et le dromadaire avant qu'ils ne puissent faire du thé pour eux-mêmes. Parfois ils avaient juste le temps de s'occuper des animaux avant le départ, et devaient donc prendre la route sans avoir bu de thé.

Un jour notre procession s'est arrêtée sur le bord de la route et Baidul a laissé la charrette à dromadaire pour aller retrouver les autres compagnons. En moins de temps qu'il ne faut pour le dire, une foule d'enfants enchantés s'était rassemblée autour de la charrette, en admiration devant le dromadaire. Ce qui s'est passé ensuite, nous l'ignorons, mais le dromadaire a pris peur et est parti en courant. Il courait dans la rue, avec sa cloche qui tintait et la charrette qui valsait derrière, Baidul criait et courait derrière, et les enfants suivaient en courant aussi. Les gens de la ville, se demandant ce qu'il se passait, ont rejoint la course. Tout le monde courait et criait, et finalement, on ne sait comment, Baidul a réussi à rattraper le dromadaire et à le ramener là où nous attendions avec Baba.

Voilà le genre d'aventures que nous avons vécues tout au long de notre parcours dans la Vie nouvelle. Où que nous nous arrêtions pour la nuit, souvent à l'extérieur d'un village ou d'une petite ville, souvent dans un verger de manguiers, ou parfois sous un abri en ruines, ou même dehors à la belle étoile dans les champs près d'un puits, la nouvelle se répandait comme un feu de brousse qu'un groupe étrange de pèlerins campait à proximité. Alors, avant même que nous puissions nous installer, après notre épuisante marche de toute une journée, à peu près tout le village voisin venait nous observer. Les femmes se rassemblaient autour du site où nous, les femmes, étions, et les hommes entouraient les compagnons hommes. Ils n'avaient jamais rien vu de semblable. Un cortège si étrange d'hommes, de femmes, et de véhicules ; une charrette à dromadaire, différente dans sa forme de ce qu'on voyait d'habitude là-bas ; un char à bœufs tiré par un bœuf anglais et un bœuf indien ; une caravane qui ressemblait à un bus mais qui était tirée par des bœufs ; des hommes et des femmes qui semblaient très différents de ceux qui font d'habitude un pèlerinage à pied ; et, par-dessus tout, Baba. Il était clair qu'il était le chef du groupe et tout-à-fait au-dessus des autres.

Quand nous marchions sur la route, kilomètre après kilomètre, épuisés, passant parfois des villages et des bourgs sur la route, ou marchant sur des routes de campagne isolées, les passants n'étaient pas vraiment intrigués par le groupe en robes et turbans (les Indiens sont tolérants sur la manière qu'ont les autres de s'habiller), mais quand leurs yeux tombaient sur Baba, ils s'arrêtaient de bavarder et restaient immobiles, regardant simplement Baba qui passait, puis se tournaient et le suivaient des yeux jusqu'à ce qu'il soit hors de vue.

Don — Baba était toujours le centre de l'attention ?

Mani — Oui, bien sûr, Baba. Nous avons remarqué cela dès les premières années, quand nous voyagions en train — Baba portait des lunettes noires et avait la tête couverte pour ne pas être reconnu. Là, sur un quai de gare incroyablement bondé, où tout le monde se précipitait pour rentrer dans le train qui venait d'arriver, poussant, criant, les bras chargés de paquets ou de bébés, le regard de certaines de ces personnes tombait sur Baba et se laissait momentanément captiver, créant un tableau parfait. Puis lorsque Baba était rapidement passé devant eux, leur folle précipitation reprenait.

Laisse-moi te décrire un incident amusant pour illustrer comment nous pouvions facilement laisser notre ego déraper. Une fois, pendant notre voyage dans la Vie nouvelle, dans le nord de l'Inde, la caravane progressait à l'avant et nous les femmes marchions à une courte distance derrière elle. Tu vois, la caravane n'était utilisée que par nous quatre pour dormir quand nous nous arrêtions pour la nuit. À cette occasion, un char à bœufs vide est passé avec juste un homme pour le conduire. Nous voyant marcher toutes les quatre, il a dit à Meheru et à moi-même : « Pourquoi ne prenez-vous pas place dans ma charrette ? » Nous avons répondu, plutôt vertueusement je pense : « Oh, non, merci beaucoup, mais nous ne pouvons pas accepter votre offre. Nous sommes en pèlerinage à pied vers Haridwar et nous devons marcher. Nous ne pouvons monter dans un char à bœufs ni dans rien d'autre. Il nous faut marcher à pied. » L'homme était visiblement impressionné — il s'est prosterné avec révérence et nous nous sommes prosternées en réponse.

L'homme et sa charrette n'avaient pas disparu depuis plus de cinq minutes que Baba a claqué des mains et donné des instructions pour que nous, les femmes, montions dans la caravane. Monter dans la caravane ? Nous étions surprises, mais c'est ce que Baba avait dit, donc nous l'avons fait ; nous étions toutes contentes. Meheru et moi nous sommes assises sur le siège et nous avons tiré le rideau des petites fenêtres pour sortir la tête. C'était amusant de pouvoir tout regarder sans avoir à marcher !

Au bout d'un certain temps, la caravane est passée devant un char à bœufs. Il se trouve que l'homme qui conduisait a tourné la tête et nous a regardées, et je me suis dit : « J'ai déjà vu cette tête ». Son visage a pris un air très blessé, et ses yeux se sont remplis de reproche, comme quelqu'un qui a été dupé. Alors nous nous sommes soudain rappelées que c'était notre ami qui avait offert de nous transporter dans son char à bœufs quelques minutes auparavant. Trop tard. Meheru et moi, toutes honteuses, avons rapidement baissé la tête.

Tu vois, c'est comme cela que Baba dégonflait notre égo, tout simplement. Juste quelques minutes après cet incident, Baba a fait transmettre le message suivant : « Les femmes, descendez de la caravane. Marchez. » Nous avons marché, mais nous ne faisions plus les fières.

Nous étions à Moradabad, en Inde du Nord, le 1e janvier 1950. Mon journal dit à cette date : « À partir d'aujourd'hui, chaque matin, les compagnons doivent réciter les prières en quatre langues : zoroastrien, hindou, chrétien et musulman. Ces quatre langues sont choisies pour symboliser toutes les religions. » Cette pratique a elle aussi duré un certain temps puis a cessé.

Le village de Manjri Mafi, juste à l'extérieur de Dehra Dun, maintenant officiellement connu sous le nom de Meher Mafi parce que Baba y est resté pendant la Vie nouvelle, était pendant un certain temps la base arrière des voyages qu'entreprenait Baba avec quelques-uns des hommes pour contacter des sadhus et des chercheurs. Mon journal à la page du 3 avril (1950) dit : « Baba a fini son travail avec les sadhus aujourd'hui, les a contactés en se prosternant et en touchant les pieds de chacun d'entre eux. Il s'est ainsi prosterné devant trois mille d'entre eux en une journée, ce qui lui a pris environ onze heures. »

Don — Baba s'est prosterné devant trois mille personnes ? Tant que ça ?

Mani — Oui, trois mille en une journée, se courbant pour toucher les pieds de chacun, leur touchant les pieds de ses mains et puis portant ses doigts à son front.

Don — Mani, quel est le nom de ce merveilleux docteur à Bombay qui s'occupait du cou de Baba durant la dernière partie de sa vie – le neurologue ?

Mani — Ginde. Dr Ram Ginde.

Don — Je me souviens d'avoir discuté avec le Dr Ginde quand Baba était encore dans son corps. J'étais très préoccupé par la douleur de Baba au cou et je me suis demandé si ce n'était pas lié à un genre de goutte. Cela a un rapport avec ce que tu viens juste de lire, à propos de Baba s'inclinant trois mille fois en une journée. Ram Ginde a dit : « Non, Don. J'ai regardé les radios de Baba avec grand soin et je peux voir que c'est en fait dû à l'usure de deux des vertèbres de son cou, qui a entraîné un rétrécissement du conduit par lequel passe la moelle épinière. » Et il a ajouté : « Ce type d'usure, je ne peux l'expliquer que par le fait que Baba s'est prosterné pendant tant d'années aux pieds de tant de personnes que cela a effectivement usé ces os, et ainsi rétréci le conduit par lequel passe la moelle épinière. » Mais je n'avais jamais entendu auparavant un nombre pareil, trois mille. Cela ne m'étonne pas. C'est extraordinaire.

Mani — C'était le temps du grand Kumbh Mela qui se tenait à Haridwar, quand des sadhus affluaient en grand nombre pour se rassembler sur les berges du Gange pour le grand jour. Baba est allé avec les compagnons masculins de Manjri Mafi jusqu'à l'endroit appelé Motichur, dont Eruch t'a parlé, et y est resté un certain nombre de jours. Il faisait froid à Motichur, et le vent soufflait très fort. Chaque matin à quatre heures, Baba marchait depuis Motichur jusqu'à Haridwar pour contacter les sadhus dans leur *akhada*, c'est-à-dire leurs campements. Eruch l'accompagnait. Baba nous a dit que, quand il se prosternait devant des milliers de personnes, il y en avait quelques-unes dont il était vraiment content, et il nous parlait d'elles.

Le trois avril était le dernier jour de ce travail particulier avec les sadhus. Mon journal note : « Il est revenu de Motichur, mort de fatigue. » Le quatre avril, Baba est revenu à Manjri Mafi. J'ai écrit dans mon journal : « Baba est complètement épuisé — tout son corps lui fait mal et il est fiévreux. » Il a terminé son travail là-bas, qui consistait à contacter en tout plus de dix mille sadhus, en se prosternant devant eux.

Le douze avril était le jour du grand Kumbh Mela, et Baba a emmené tout le monde à Haridwar pour y assister. C'est impossible de décrire ce que nous avons vu — la masse incroyable d'humanité, des millions d'hindous pieux de l'Inde entière, rassemblés sur les berges du fleuve Gange, se baignant dans les eaux sacrées pour se laver de leurs péchés, priant, faisant sonner des cloches, psalmodiant, chantant.

Nous les femmes, avons admiré le spectacle avec Baba depuis la terrasse d'un hôtel – l'hôtel de Gohal. Le propriétaire nous a permis d'utiliser sa terrasse, mais il n'a pas reçu la permission de voir Baba. On lui a juste demandé de faire en sorte que Baba et nous puissions rester sur la terrasse pour observer l'événement sans être dérangés. La rivière était juste devant nous, flanquée d'une masse humaine totalement compacte. Le fleuve était constellé de minuscules bateaux fabriqués avec des feuilles qui transportaient des fleurs et des lampes à huile. Tout était très coloré et bruyant, et pourtant très simple et exaltant en même temps. Nous étions déçus, cependant, de ne pratiquement rien voir de la magnifique procession de sadhus, d'éléphants et d'autres merveilles qui passait non loin de là où nous nous trouvions.

Les pauvres compagnons hommes avaient la vie dure, en-dessous de nous dans la foule. Ils ne demandaient qu'une chose : pouvoir quitter les lieux au plus vite. Baba leur envoyait des messages chaque fois qu'il y avait quelque chose à faire. Il était mécontent parce que la terrasse n'était pas aménagée comme il l'avait souhaité. Je ne sais pas quelle en était la cause exacte, mais il était en colère. Il a envoyé des messages pour dire à Gohal, le propriétaire de l'hôtel, qu'il était mécontent. Cela signifiait que quelque chose s'était passé qui rendait le travail que Baba faisait à ce moment-là insatisfaisant.

Mais en peu de temps, comme d'habitude, toute l'histoire s'est évaporée et tout est redevenu serein. Seul Baba sait faire cela.

Don — Il fait disparaître les mauvaises humeurs.

Mani — Oui, tout l'incident était complètement clos. Mais alors que Baba et nous les femmes quittions l'endroit, nous avons vu le propriétaire debout en silence à une certaine distance. Baba m'a dit d'aller lui dire qu'il était très satisfait de lui et du service qu'il lui avait rendu, et qu'il lui demandait pardon pour s'être mis en colère.

Je suis allée lui communiquer le message. Transmettre des excuses de la part de Baba est en soi difficile, c'est le moins qu'on puisse dire, mais quand j'ai vu la tête du propriétaire, la tâche est devenue vraiment très difficile. Il était là debout, les mains jointes, désireux d'entendre le message de Baba. J'ai commencé rapidement à dire ce que j'avais à dire, mais quand je suis arrivée aux excuses le pauvre homme a juste baissé la tête et ne l'a pas redressée. Il ne pouvait pas. Il était manifestement si humble et honteux que je suis sûre qu'il désirait que les entrailles de la terre s'ouvrent pour l'avaler.

Don — Mani, un détail technique. Quand Baba marchait avec vous comme cela et que soudain il voulait donner un message au propriétaire de l'hôtel, est-ce qu'il le faisait par gestes ou est-ce qu'il avait toujours un tableau alphabétique sur lui ?

Mani — Je crois qu'à cette époque Baba utilisait un tableau alphabétique.

Don — Par exemple, quand il est sorti de l'hôtel et t'a donné ce message, est-ce qu'il s'est arrêté et a sorti son tableau alphabétique ?

Mani — D'habitude, nous transportions le tableau alphabétique pour lui, bien qu'après l'avoir utilisé, il le gardait parfois un certain temps.

Don — Et donc il faisait en sorte de l'avoir rapidement disponible ?

Mani — Oui. Il communiquait soit par le tableau alphabétique soit, si le message était court ou que quelqu'un savait bien l'interpréter, avec des gestes.

Don — Donc à cette époque il préparait déjà son passage ultérieur à une communication par gestes uniquement?

Mani — Oui, il utilisait les deux méthodes. Pour en revenir à mon journal, celui-ci dit : « Le premier mai, Baba va avec les hommes en kafni et turban pour demander la bhiksha à trois familles de Baba-lovers à Dehra Dun. À partir d'aujourd'hui, c'est le Nouveau Plan, tout le monde se retrouve dans le groupe B. » Cela veut dire que chacun d'entre nous doit travailler et gagner de l'argent, par exemple en faisant du ghee (beurre clarifié) pour le vendre.

Don — On dirait une équipe de football avec ses différentes phases de jeux codés que vous allez mener à bien.

Mani — « Pour célébrer l'inauguration du Nouveau Plan, un dessert est servi *et* les hommes se font enfin couper les cheveux. Puis le 22 mai, Baba est allé à Delhi pendant une semaine pour élaborer de nouveaux projets pour ces pauvres mandalis qui produisaient du ghee là-bas, sous une température d'enfer et en suivant un régime de famine. »

Don — Donkin participait à ce projet aussi, n'est-ce pas?

Mani — Oui, en effet! Pendant l'absence de Baba, nous les femmes cousions et préparions diverses choses à vendre, pour participer aux efforts afin de gagner de l'argent et travailler de manière constructive. Nous avons fait des créations en appliqué et de très beaux couvre-lits. Nous avons réalisé un bénéfice de deux cents roupies en deux mois. Les choses que nous avons créées étaient belles, mais nous devions les vendre.

Le 25 juillet nous nous trouvons à Satara. « Baba dit que c'est le jour le plus important de la Vie nouvelle. Baba envoie des messages personnels et transmet ses salutations à tous les disciples et fidèles en Orient et en Occident. Il jeûne toute la journée, ne prenant que de l'eau. Le matin a lieu un programme de prières et de lectures d'une traduction anglaise de la Bhagavad-Gîtâ, et un *qawwal* de Bombay chante le Chant de la Vie

Nouvelle. L'après-midi Baba travaille avec les fous et les masts qui ont été trouvés et qui lui ont été amenés. Il les rase, leur fait prendre un bain et les habille. »

Don — Est-ce que Baba a dit pourquoi il a choisi le 25 juillet ? Est-ce que cela avait une signification particulière ?

Mani — Pas que je sache. Mais cela en a certainement une. Puis, « le 27 juillet, Baba a mendié la bhiksha deux fois, une fois dans une famille hindoue, et une fois dans celle d'un musulman. »

Eh bien, Don, je n'ai pas plus de notes, mais je pourrais ajouter quelques remarques, par exemple sur la manière dont Baba travaillait avec les animaux. Pendant toute notre vie avec Baba il était clair qu'il travaillait à tous les niveaux, avec et à travers toute la création, toutes les créatures. Pense à tous ces animaux domestiques que Baba a eus, tous les oiseaux et les animaux que nous avons gardés et dont nous nous sommes occupés pendant toutes nos années avec Baba. Dans mon journal de 1938, j'ai noté : « Le soir avant de retourner dans sa chambre, Baba allait avec nous voir chacun des animaux, à chaque cage, chaque enclos, chaque endroit où les animaux étaient gardés. » Imagine, la dernière chose qu'il faisait avant de se retirer pour la nuit était de rendre visite à chaque animal ! Ça c'était quand nous vivions à Meherabad, sur la colline. Et quand nous voyagions dans toute l'Inde avec Baba dans le bus bleu, nos visites « touristiques » avec Baba comprenaient toujours une visite au zoo local. C'était la manière qu'avait Baba de contacter le monde animal à travers un représentant de chaque espèce dans le zoo.

Il ne faisait aucun doute que ces sorties n'avaient pas lieu juste pour notre plaisir, mais pour son travail. Baba nous donnait à peine le temps de s'amuser à regarder les animaux. Souvent, il marchait si rapidement que nous devions trotter pour le rattraper. De cette façon, aussi, il ne laissait jamais notre attention s'éloigner de lui.

Ce que je veux dire, c'est qu'il était là sous forme humaine, non seulement pour nous mais aussi pour les animaux, les oiseaux et toutes les créatures. Dans la Vie nouvelle aussi, les animaux accompagnaient Baba, aux côtés des hommes et des femmes. Quand cette phase a été terminée, certains de ces animaux ont été donnés, d'autres ont été vendus, d'autres mis aux enchères, et certains gardés pour un certain temps.

Don — On dirait presque une arche de Noé, mais à pied.

Mani — N'est-ce pas ?

Don — Mani, quelle était la réaction des animaux et des oiseaux face à Baba ?

Mani — Tu veux dire dans la Vie nouvelle ?

Don — Non, en général.

Mani — Eh bien, ils étaient très réceptifs à l'amour dont Baba les abreuvait. Baba était très exigeant sur le soin donné aux animaux domestiques, et nous réprimandait si quoi que ce soit leur arrivait. Baba aimait nourrir les oiseaux et les animaux — en fait, il les nourrissait trop. Même après que nous les avions nourris, ils pleuraient ou mendiaient de la nourriture dès qu'ils voyaient Baba. Puis venait le reproche : « Vous ne vous occupez pas bien des animaux. Regardez, ils ont faim. Ils doivent être bien nourris. Va en chercher encore. » Alors il leur en donnait plus, et ils avalaient tout d'un coup comme s'ils étaient affamés !

Son humanité a révélé sa Divinité

L'exigence et les attentions gracieuses de Baba

Don — Mani, quel était ton sentiment général de la Vie nouvelle ? Est-ce que c'était une période difficile ?

Mani — Eh bien, c'était difficile sur le plan physique, ça c'est indéniable, mais pas seulement. C'était une vie rude, mais il y avait aussi l'aspect de l'obéissance stricte. Nous devions être constamment vigilantes pour ne pas enfreindre les règles que Baba avait instaurées pour la Vie nouvelle.

Don — Baba exigeait beaucoup d'attention de votre part, n'est-ce pas ?

Mani — C'est vrai, pas tant d'attention *personnelle* mais une concentration *totale* lorsque nous faisions ce que Baba nous avait demandé. Parfois nous nous relâchions sans même en être conscientes. Mais Baba était là pour s'en rendre compte et nous ramener dans le droit chemin.

Don — Il insistait encore plus que dans la pré-Vie nouvelle sur une obéissance stricte dans le moindre détail ?

Mani — Oui, c'était une accélération, une amplification de cela. Quand nous étions à Belgaum, par exemple, Baba a ordonné : « Aucune lecture d'aucune sorte ». Eh bien, cela ne signifiait pas simplement que nous ne pouvions pas lire de livres ou de romans policiers — cela voulait dire que nous ne pouvions pas lire quoi que ce soit, même pas un journal qui traînait. Comme tu le sais, le journal est très utilisé dans les foyers indiens pour emballer facilement toutes sortes de choses. Pour nous aider à éviter de lire les journaux dont nous avions besoin pour emballer ou allumer le feu, Vishnu nous apportait d'un marché des vieux journaux imprimés en langues étrangères, des langues extraordinaires dont nous ignorions la disponibilité en version imprimée en Inde ! Je crois que c'était du bulgare, du hongrois ou du tchécoslovaque ou quelque chose de ce genre. Ainsi nous étions à l'aise, sachant que nous n'avions pas d'effort à faire pour éviter de regarder les papiers d'emballage.

Don — Oui, mais même si un camion passait avec un signe dessus, vous deviez vous empêcher de le lire.

Mani — Exact, c'était comme marcher sur une corde raide.

Don — J'imagine que cela doit être une pression énorme sur quelqu'un. Est-ce qu'il y a eu des crises de nerfs ?

Mani — Oui, mais cela pouvait se produire pour n'importe quelle raison, à n'importe quel moment. D'un autre côté, Baba était avec nous, et la présence de Baba faisait toute la différence.

Don — Donc il te donne un défi incroyable, mais il te soutient pour surmonter le défi ?

Mani — C'est cela. Comme je l'ai déjà dit, si d'une main Baba te frappe avec un marteau, de l'autre il te soutient. Il ne te laisse pas sans soutien quand il travaille sur toi. Si la noix doit être cassée, il tient la noix dans sa main.

Don — Tu sais, cela constitue un choc pour beaucoup de jeunes, parce qu'après une phase d'amour total pour Baba, un individu se trouve soudainement confronté non seulement à certains de ses anciens problèmes, mais parfois aussi à de nouveaux problèmes, et des problèmes plus compliqués aussi. À ce moment il peut se dire : « Oh, j'ai perdu le contact avec Baba. Comment cela a-t-il pu m'arriver ? Quelque chose doit clocher au niveau de mon attitude. » Cela les inquiète terriblement.

Mani — Non, cela veut dire que Baba n'a fait que commencer à travailler. La « lune de miel » est terminée et le travail commence pour de bon.

Don — Le travail réel commence et le point important, comme tu l'as dit, est que Baba soutient l'individu, si seulement celui-ci veut bien avoir foi en Baba et s'accrocher à son dâmane (lui faire confiance et lui obéir implicitement).

Mani — Cela ne fait aucun doute. Penses-tu que nous pourrions traverser ce que nous traversons et nous abandonner à lui par notre seul mérite ? Nous devons faire l'effort, oui, mais ce n'est pas par notre mérite que nous pouvons nous abandonner complètement à Baba. Non, c'est *lui* qui nous aide et nous soutient. C'est *son* amour – on en revient toujours à cela — c'est l'amour de Baba et sa compassion qui rendent tout cela possible, qui rendent même notre amour pour lui possible. Il nous permet de sentir que nous donnons, que nous servons, que nous aimons. Il lui arrivait même de faire semblant d'être faible pour que nous puissions croire que nous le soutenions.

Un exemple : le dernier mois de sa vie (janvier 69), Baba était assis dans cette chaise (dans le Mandali Hall à Meherazad). Il avait l'air fatigué et faible. Quand il a indiqué qu'il était l'heure de retourner dans sa chambre, Eruch et Francis se sont précipités et chacun a tendu la main à Baba pour l'aider à se lever de sa chaise. J'étais là à ce moment-là. Baba leur tenait la main, et ils étaient prêts à le soulever quand il a donné un tout petit coup, les tirant vers lui. Ils ont instantanément trébuché vers l'avant, évitant comme ils le pouvaient de tomber sur Baba. Et pourtant, la seconde d'avant, Baba semblait si faible ! Retrouvant ses esprits, Francis s'est exclamé : « Baba, vous êtes fort ! » Baba a acquiescé d'un clin d'œil et, redevenant faible, a dit : « Mais bon, aide-moi à me lever quand même ».

Cela, comme tout ce qu'il faisait, est l'expression de sa compassion ; il nous donne ainsi l'opportunité d'exprimer notre amour avec des petits riens. C'est en permanence Baba qui nous soutient et nous tient près lui, c'est lui qui nous aime, lui qui nous tolère. Je peux affirmer cela maintenant, mais au début, nous aussi nous étions de la matière à l'état brut. Maintenant, nous regrettons de ne pas avoir été plus malléables. Nous avons appris, nous avons grandi, jusqu'à un certain point, mais on ne pourra jamais grandir suffisamment pour égaler l'amour de Baba, jamais.

Don — Donc le vrai défi pour chacun est de persister pendant les moments difficiles. Le vrai défi est de chercher et de trouver qu'en fait, l'amour de Baba est là pour nous soutenir, et de traverser les problèmes inhérents à la dissipation de nos sanskaras, avec l'amour de Baba.

Mani — Il n'y a pas d'autre moyen. Baba ne va pas te permettre d'échapper à ce genre d'expérience, une fois que tu es pris dans son filet. Certains peuvent craindre d'être perdus, mais nous devons nous rappeler que tant que nous nous accrochons au dâmane de Baba, il nous tient la main. Baba ne rend jamais les choses faciles, mais il les rend toujours possibles. Il les rend possibles en beauté, quand nous nous reposons complètement sur lui. Cela arrive au moment où on ne vit plus pour soi, mais pour Baba. Son amour t'arme pour faire face aux défis de la vie d'une façon qui lui plairait.

Don — Donc on trouve de nouvelles ressources pour y arriver ?

Mani — Oui. Pour nous, constater que Baba était content de quelque chose que nous faisions était le paradis absolu. Par contre, quand nous l'avions mécontenté d'une manière ou d'une autre…

Don — L'enfer absolu. Mani, qu'est-ce qui était le plus dur pour toi dans la Vie nouvelle ? Eruch a dit que le plus dur pour lui était d'être en permanence de bonne humeur.

Mani — Oui, bien sûr, être de bonne humeur signifiait que nous ne devions pas nous plaindre, ni avoir l'air triste ou sombre. C'est pour les hommes que c'était le plus dur. Nous devions aussi rester de bonne humeur, mais l'accent était mis sur les hommes. Je me souviens de la fois où nous nous étions arrêtés pour la nuit dans une petite salle de cinéma, imagine-toi. Nous les femmes devions dormir sur la scène, juste derrière l'écran de cinéma. Une lumière était allumée et je faisais des jeux d'ombre avec mes doigts, créant des lapins, etc. Baba était avec les hommes. Nous ne pouvions pas les voir, mais nous entendions Eruch, qui interprétait ce que Baba leur disait.

Une des choses que nous avons entendu Baba dire était : « Vous devez être les seigneurs et maîtres de votre visage pendant la Vie nouvelle, quoiqu'il arrive », ce qui signifiait ne jamais laisser son visage trahir aucune émotion malheureuse. Mais se contenter de mettre un masque sur son visage n'était pas vraiment une solution non plus, parce que Baba était capable de déceler la plus petite trace d'émotion qui naissait en nous. Il la détectait et l'étalait au grand jour.

Une autre voix — Vous deviez être de bonne humeur même si vous ne vous sentiez pas de bonne humeur ?

Mani — Être de bonne humeur ne voulait pas dire qu'il fallait sourire en permanence. Si tu le faisais au mauvais moment, c'était tout aussi mauvais, et Baba te réprimandait : « Pourquoi tu arbores ce rictus ? » Nous ne comprenons pas toujours la vraie signification des mots « bonne humeur, heureux ». La bonne humeur peut être silencieuse ; elle peut être un silence absolu en soi. La joie est une tranquillité, il ne s'agit pas juste de danser et chanter. C'est quelque chose qui n'a pas encore été développé, que Baba sculptait peut-être en nous.

Une autre voix — Comme Eruch l'a dit, il arrivait que l'on ressente de la colère. Mais comment peux-tu te sentir de bonne humeur si Baba te parle à ce moment-là, alors que tu es en colère ?

Mani — Il faut demander à Baba comment faire !

Don — Baisse le rideau sur la colère. Laisse-là. N'y prête pas attention. Il y a une partie dans le supplément de *Dieu Parle* de Baba sur l'oubli. Il y décrit la nécessité absolue pour l'aspirant spirituel de développer une technique pour la pratique de l'oubli.

Mani — Oubli de soi. Ou contrôle. Quand nous étions avec Baba à Bangalore en 1940, Baba y a fait allusion. Elizabeth, Norina, Nadine, Kitty, Margaret et toutes les femmes occidentales étaient là, aussi. Quelque chose était arrivé ; quelqu'un était contrit d'avoir ressenti de la colère. Baba a dit :

« À quoi ça sert de ne pas se sentir en colère ? Je ne veux pas des *pierres* autour de moi ; en quoi cela m'aiderait-il dans mon travail ? Par contre, contrôler la colère quand tu la ressens, c'est ça qui compte ! »

Une autre voix — On dirait que Baba fait naître cette nouvelle aptitude à la bonne humeur, et puis l'énergie qui était dans la colère est dirigée vers la bonne humeur. Est-ce que c'est quelque chose comme cela ?

Mani — Je ne sais pas, mais il y a eu des moments où Baba ne voulait pas que nous paraissions de bonne humeur ; des moments où Baba disait à l'un ou à l'autre : « Je ne vais pas bien, et toi tu es là de si bonne humeur ! » Nous devions apprendre à développer cette sensibilité au plaisir de Baba en tout temps. Ce n'est pas une chose sur laquelle on peut coller une étiquette, ou que l'on peut couper en carrés comme un bonbon au caramel. C'est une chose très subtile, comme de l'eau qui coule, et tu dois apprendre à la sentir et la prendre dans tes mains sans la laisser couler entre tes doigts ; et tu es vraiment béni si tu y arrives.

Une chose est sûre. Avec Baba, il n'y a pas de compromis. Tu peux faire quelque chose qui va lui déplaire et te trouver mille excuses pour l'avoir fait. Un millier de raisons viennent et se présentent devant toi, te tendant la main pour t'aider. Mais cela ne sert à rien ; tu serais le seul dupe. Comme l'a dit Baba, ce qui compte n'est pas que tu sois bon ou mauvais, mais que tu lui appartiennes, que tu te sois complètement abandonné à lui. « Donne-toi entièrement à moi. Alors c'est à moi, ce n'est plus à toi. » C'était beau de regarder Baba travailler sur et avec nos faiblesses, transformant les débits en crédits.

Don — Mani, tu as mentionné, et je crois qu'Eruch l'a fait aussi, que jusqu'au jour où Baba a abandonné son corps, malgré son état de santé déplorable, il venait toujours au Mandali Hall au moins une fois par jour pour s'asseoir avec les mandalis comme il l'avait fait pendant tant d'années.

Mani — Il est venu au Mandali Hall jusqu'à environ la mi-janvier.

Don — Mi-janvier ? Mais c'est juste deux semaines avant qu'il n'abandonne son corps !

Mani — Nous estimons que c'était jusqu'au 13 ; c'est ça, presque jusqu'à ton anniversaire, le 14 janvier.

Don — Oui, et il m'a envoyé un télégramme pour mon anniversaire. C'était magnifique. Penser à faire cela à un tel moment. Mais le fait qu'il ait continué à aller au Mandali Hall m'a beaucoup impressionné. Beaucoup de personnes pensent qu'il est complètement artificiel d'avoir des habitudes ou de suivre une routine, mais nous avons là l'exemple de cette routine, de cette habitude, sur laquelle Baba a insisté tant que son corps pouvait le supporter, d'être avec les mandalis chaque jour et de s'asseoir avec eux.

Mani — C'est surprenant de voir comment son humanité a révélé sa Divinité. Cela ne le rendait pas moins Dieu, cela le rendait encore plus divin. Il fallait être avec lui pour comprendre cela.

Tout en étant assise ici au Mandali Hall à te raconter tout cela, je ne peux m'empêcher de me rappeler comment Baba venait ici chaque matin, et avant de s'asseoir dans ce fauteuil, faisait une petite marche dans le hall. Il déambulait d'un bout à l'autre, et refaisait le chemin en sens inverse, une main sur le bras de Kaka et l'autre sur celle de Francis ou d'Eruch. Baidul était assis parmi les autres mandalis, peut-être se sentant un peu envieux de Kaka et des autres dont les bras soutenaient Baba pendant qu'il marchait, désirant ardemment une petite attention personnelle de Baba, et soudain Baba s'arrêtait devant Baidul et le caressait sous le menton. Bien que Baidul ne disait pas un mot, tu pouvais le voir s'épanouir en recevant cette attention gracieuse, ce geste d'amour opportun. Même si Baba était, et est là pour tous, à travers des centaines de petites attentions, il pouvait faire en sorte que chacun sente qu'il était là pour lui. En Inde, chaque fois qu'on appelle Baba, par coutume on s'exclame : « Oh mon Baba ! », et en vérité, chacun peut dire « Mon Baba » et chacun aura parfaitement raison.

CHRONOLOGIE

1949

22 juin au 31 juillet : La Grande Réclusion. Meher Baba entame une réclusion, principalement dans le Bus bleu à Meherazad et pour une dizaine de jours à Poona.

15 au 31 août : Réunions à Meherabad au cours desquelles Meher Baba annonce la Vie nouvelle, décrit ses conditions et en choisit les compagnons.

16 octobre : La Vie nouvelle débute avec le départ d'Ahmednagar de Meher Baba avec ses vingt compagnons.

19 octobre au 12 nov. : Période d'entraînement à Belgaum. Le Dr Ghani compose « La chanson de la Vie nouvelle ». Baba envoie le Dr Daulat Singh vivre la Vie nouvelle depuis chez lui à Hyderabad.

15 au 31 novembre : Vie de mendicité à Bénarès. Les Drs Nath et Khare et leurs familles fournissent à Baba et ses compagnons le gîte et le couvert. Le Dr Nath donne en bhiksha une ménagerie d'animaux, pour le projet de vie d'errance dans le Nord de l'Inde.

1ᵉʳ au 12 décembre :	Vie de « langoti » à Sarnath. Baba et les compagnons visitent des sites sacrés en lien avec le Bouddha.
12 déc. au 12 janv. 1950 :	Voyage de Sarnath à Manjri Mafi. Baba et sa troupe partent avec une caravane et une ménagerie d'animaux, mendient leur nourriture et endurent les rigueurs de l'hiver en Inde du Nord. La « période d'entraînement » s'achève le 31 décembre, et le lendemain la Vie nouvelle débute pour de bon.

1950

12 janvier :	Baba et sa troupe arrivent à Dehra Dun et sont accueillis par Keki Nalavala, Shatrughan Kumar et leurs familles. Un pavillon à Manjri Mafi, aux environs de Dehra Dun, est mis à disposition pour servir de quartier général.
Fin janvier :	Todi Singh et sa famille fournissent et préparent la nourriture pour tous les compagnons. Baba rédige les plans I, II et III de la Vie nouvelle. Environ la moitié de ses compagnons optent pour le plan I-C et rentrent chez eux mener la Vie nouvelle, coupés du contact extérieur avec Baba.
Mars-avril :	Baba déménage avec quelques compagnons au village de Motichur et, s'en servant de

CHRONOLOGIE

	base, contacte les saints et les sadhus au Kumbha Mela à Haridwar.
14 avril à début mai :	Baba se réinstalle à Manjri Mafi
Début mai au 24 mai :	Baba déménage à Delhi et un groupe parmi ses compagnons dans la phase de travail crée l'entreprise du New Life Ghee. Le projet, qui n'est pas un succès financier, est abandonné au bout d'une quinzaine de jours.
14 juin au 16 octobre :	Baba et ses compagnons se rendent dans le sud de l'Inde et s'installent à Satara. De la fin août à la mi-septembre, Baba transfère ses quartiers à Poona puis Bombay. Il retourne ensuite à Satara.
16 octobre :	Baba retourne pour une seule journée dans l'ancienne vie, à l'occasion d'une réunion à Mahabaleshwar avec un groupe de disciples sélectionnés. Il donne divers messages, dont le « Sermon de Baba » et formule des plans pour les mois à venir.
Fin octobre-janvier 1951 :	Baba accomplit du travail avec les masts et les pauvres en voyageant à travers l'Inde entière. Ce travail comprend une période de langoti dans le temple de Ramakrishna à Dakshineshwar, de l'aide humanitaire contre la famine à Calcutta, et du service rendu à des familles dans le besoin ayant perdu leur ancienne fortune.

1951

Février-mai :	Baba entre en réclusion pour cent jours à Florence Hall à Mahabaleshwar.
Fin juin :	Baba annonce la période de Manonash lors d'une réunion à Hyderabad avec certains disciples de l'ancienne vie. Il choisit comme compagnons pour cette période Gustadji, Pendu, Eruch, Baidul et le Dr Daulat Singh.
Juillet à début octobre :	Préparatifs de Manonash. Baba fait réaliser des maquettes en albâtre représentant les cinq grandes religions. À la mi-août, Eruch rencontre le commissaire Reddy qui veille à ce que la police n'harcèle pas les compagnons durant leur périple. Une grotte est trouvée dans les environs de Hyderabad, à Khojaguda.
16-24 octobre :	Baba débute la période de Manonash par une réclusion dans la grotte. Baba travaille considérablement avec les cinq maquettes.
24 octobre-7 novembre :	Baba voyage à pied et en véhicule, avec ses compagnons, de Hyderabad à Aurangabad.
8-21 novembre :	Baba continue son travail de Manonash dans les environs d'Aurangabad, en lien notamment avec les grottes d'Ellora et des lieux soufis à Khuldabad.
21 novembre-16 décembre :	Baba voyage avec ses quatre compagnons (le Dr Daulat Singh était tombé malade et rentré chez lui) jusqu'à Meherazad et

	s'arrête en cours de route à Imampur pour la nuit, et commence sa réclusion dans une cabane sur la colline de la Réclusion.
16 déc.-31 janv. 1952 :	Padri déplace la cabane du sommet de la colline à la résidence de Meherazad. Baba y continue sa réclusion et achève la phase de Manonash.

1952

6 février :	Dans la première *Life Circular*, « Circulaire de vie », Baba parle de la fin de Manonash et annonce l'émergence de la « Vie » comme nouvelle phase. Sur le plan extérieur, la Vie nouvelle touche à sa fin.

TABLE DES MATIÈRES

Préface de l'édition française — i

Avant-propos, par Don E. Stevens — v

Cette Vie nouvelle n'a pas de fin, par Meher Baba — vii

Introduction, par Don E. Stevens — 1

Chanson de la Vie nouvelle, par le Dr Ghani — 2

Le récit d'Eruch — 5

    Nous avons commis une grave erreur
        Les oiseaux de la mosquée d'Imampur, décembre 1949 — 5

    Il a consumé les rituels dans le feu
        Manonash, décembre-janvier 1951-52 — 11

    Les prémices de la Vie nouvelle
        Meherabad, août-octobre 1949 — 29

    Les tribulations du Dr Daulat Singh
        Belgaum, octobre 1949 — 32

    Le seul être libre du monde entier
        Sur la route, destination Dehra Dun, décembre 1949 — 40

    Cette vie-là, ce n'était pas qu'un voyage
        Bhiksha à Calcutta et autres anecdotes, novembre 1950 — 55

    Une véritable offrande d'amour
        Le séjour à Bénarès, novembre-décembre 1949 — 65

Les mandalis en grève
La caravane voyage vers le nord, novembre-décembre 1949   *86*

Un bienfaiteur inspiré
Dix jours à Moradabad, décembre 1949   *96*

Baba sait
Dehra Dun et le généreux Todi Singh, janvier 1950   *104*

Le dressage du cheval blanc
Moradabad, janvier 1950   *117*

Moi aussi, j'ai tenu ma promesse
L'histoire de Shatrughan Kumar   *119*

Travail de famine au Bengale
Levée de fonds à Mahabaleshwar, 16 octobre 1950   *123*

Sa simple présence signifiait l'oubli de nous-mêmes
Quelques anecdotes au sujet des humeurs   *128*

Acceptez ce cadeau comme un don de Dieu
Le travail avec les familles aisées ayant subitement tout perdu   *143*

Nous étions avec l'Empereur
Eruch rencontre le commissaire Reddy, août 1951   *154*

Passera demain, qui s'en soucie ?
Une prière en forme de devise pour la Vie nouvelle   *160*

Impuissance, inespérance et discipline
Discussion vagabonde sur la mendicité et la liberté   *162*

Il devient ignorant, mais il sait tout
Conversation sur l'humanité de l'Avatar   *172*

Le récit de Mehera et Meheru 185

On ne s'en est jamais servi, de toutes façons
Décision et préparatifs du départ 185

Comme le cirque qui arrive en ville
Patience, calme et bonne humeur en toutes circonstances 192

Ce qui est difficile devient étonnamment facile
La phase d'entraînement, octobre-novembre 1949 à Belgaum 198

Donnez la bhiksha avec amour
Arrivée en Inde du Nord, novembre 1949, Bénarès 211

Le vieux jardinier
Le séjour à Sarnath, décembre 1949 215

Mehera conte l'histoire du cheval blanc
Bénarès, novembre 1949 219

Destination Dehra Dun
Périple et séjour dans le nord, décembre 1949-printemps 1950 224

La découverte de Guruprasad
Retour à Meherazad et premier séjour à Guruprasad (Poona) 233

Le récit de Mani 241

Une trace de pas
Réflexions sur la Vie nouvelle et ses conséquences 241

Son humanité a révélé sa Divinité
L'exigence et les attentions gracieuses de Baba 262

Chronologie 271

www.ingramcontent.com/pod-product-compliance
Lightning Source LLC
Chambersburg PA
CBHW020923090426
42736CB00010B/1016